古典·新知

精勤传旧业　黾勉树新篇

古農新起

严佐之 著

古籍版本學概論

顧廷龍

长江出版传媒｜崇文书局

序

严君佐之，英年劬学，笃嗜流略之业。一九七三年执业上海图书馆，泛览古籍，神会颇深，以余同有专业之好，过从无间，窥其志趣，具有天马长鸣、秋鹰整翮之势。不数年，即录选华东师范大学研究生，旋晋硕士学位。君益孜孜穷研目录版刻之学，广搜博览，罗集古今载籍，凡有关版刻传授源流者，掇拾靡遗。积数年之功力，写成《古籍版本学概论》一编，洋洋洒洒，几及二十万言，囊括古今，集其大成，穷千载之秘奥，启来学之津筏。发函披诵，老眼惊奇。其书区分五章，始之以版本认识，藉资开章明义之助；次之以雕版历史，具述自宋迄清传刻渊源，辨析公私流别，了若指掌，兼及抄校稿本，明其支流；次之以鉴定，别其真赝，昭人明眼；终之以考订，比勘是正，涉及治学之心法。举兹数端，以见君用力之勤，为不可及也。书成，闻将讲贯学府，津逮后生，宏愿恢强，尤足以明志矣。顷君携稿见视，谬以识途老马，属系数言。自惟衰晚病老，五十年来，世故迁流，风雨侵寻，冉冉八十耄荒，才穷笔秃，即此蝇鸣鸦涂，何足以为斯书重，第念与君切磋之旧，遇合深长，姑陈芜辞，聊当曝献。至斯编内容之赡富，读者自能领会，无待余之赘语矣。君正年富力强，诚愿继斯宏业，日进日新，得以旷廓见闻，明识真义，收去芜存精之效，庶君之述作，为未可言量也，当不以鄙言为河汉乎！

一九八七年七月

鲲叟潘景郑序于沪滨西康路寓楼

时年八十有一

序

　　在中央的大力提倡下，古籍整理事业正在蓬蓬勃勃、方兴未艾地向前发展，全国各高校建立了许多古籍研究所，招收了不少研究生。我一向从事于斯，目睹盛况，感到无限欢欣鼓舞，从而更愿竭其绵薄，共襄其成。

　　古籍整理之学，离不开目录、版本、校勘。其中目录学一门，研究者最多，研究校勘学的少些，研究版本学的更少。我认为版本学和目录、校勘二学关系密切，在图书馆工作、古籍整理工作中具有十分重要的功用，而其本身也有很丰富的内容，固当引起我们充分的重视。研究版本的历史很长，但形成专门之学还是近世之事，第一部专论版本的书是辛亥前后叶德辉的《书林清话》，虽是草创之作，未成体系，却真正引起了学人对版本学研究的注意。建国后出版了毛春翔的《古书版本常谈》，通俗可读。多年来，流传最广的版本学专著就是这两部，可见其发展之缓慢。最近几年，随着古籍整理事业的兴盛，研究版本学的人才多起来，发表了不少专著和论文，而且不囿于一般的知识介绍，开始对版本学的性质及其研究对象、范围、内容、任务等问题作深入的、科学的理论探讨，前景可喜。

　　华东师大古籍研究所，自一九七八年招收研究生之始，就开设了版本学课程，当时由我承乏。由于没有现成的讲义，只能自编，当然是大辂椎轮的，权作入门之砖而已。不久中央召集古籍研究专家开会，讨论教学大纲，版本学一门也被排在必修科之列。不过各研究所使用的版本学教材仍各自为政，要统一教材，还有待于将来的努力。五十年前，我曾在嘉业藏书楼服务多年，建国后又在华东师大图书馆参考部工作，不少善本都曾经眼。虽对版本极有兴趣，却从未写过这方面的专著。有时也想写一些心得体会，但由于种种原因，终究未能实现。现在，我的这个愿望由严佐之同志替我实现了。佐之同志本在上海图书馆古籍组工作，该馆收藏古书善本，向称富甲东南。佐之同志承版本专家顾起潜、潘景郑、瞿凤起诸公悉心指授，打下了扎实的基础，积累了不少实际经验。但他不以为足，考入我校古籍研究所再作深造，研究生毕业后以优秀成绩留所工作，在古籍整理实践中，对版本研究又有了更全面、深入的认识和提高。近年来，我因年老体衰，不克亲自指导研究生，遂由佐之同志代我授课。他博采众长，融入己见，理论结合实际，颇得学生好评，并在自编讲义的基础上，精益求精，几经增删，终成《古籍版本学概论》一书，以新颖而详备的论述，填补了一门空白。

读了此书，我觉得它有以下几个特点值得介绍。第一，版本研究应包括版本形式和内容两方面，这个理论问题虽早已提出，但历来的版本学著作都向以论述版刻形式和版刻史为主，鲜及版本内容的研究，不可不谓是一种缺憾。此书不仅从理论上阐明了这一观点，而且在"版本的考订"一章里具体论述了研究的内容和方法，虽非尽善尽美，但就理论与实践相结合这一点来说，确实具有首创意义。第二，抄本、校本、稿本是版本的重要组成部分，在版本研究中具有特殊的意义，而自来论者甚鲜。此书则有系统评述，多探本溯源之论。第三，自来述版刻史者最多，但说得清楚却也不易。此书叙其源流突出各历史时期的发展特点，抓住典型，删冗削繁，既避免了陈袭之嫌，读来又颇有新意。第四，引用材料比较丰富，学术观点比较新颖。作者尽可能搜集现有的版本学论著，汲取其材料与观点的精华部分，并时时参入己见，基本上反映了目前版本学研究的水平。第五，全书结构新颖，自成体系，熔知识性与学术性于一炉，很适宜于教学使用。以上仅约略举出我个人读后的看法，书中许多精彩之处不能一一列举了。

总之，这书是目前探讨版本之学最为完备而系统的专著，虽非绝后，可谓空前。月旦之评，佐之同志足以当之无愧。区区短文，实不足尽其精华，读者试取而读之，定能各有收获。

一九八七年六月
吴兴周子美撰于华东师大
时年九十有二

目　录

第一章　版本的认识

第一节　版本的意义

一、版本的定义

古籍版本有广狭二义。狭义的古籍版本专指雕版印本，广义的古籍版本泛指包括写本、印本在内的，用各种方法制作而成的古代图书的各种本子。"版本"一词最早出现在宋代文献中，它的本义就是雕版印本。如沈括《梦溪笔谈》说："板印书籍，唐人尚未盛为之，自冯瀛王始印五经，已后典籍皆为板本。"朱熹《上蔡语录跋》说："熹初到括苍，得吴任臣写本一篇，后得吴中版本一篇。"叶梦得《石林燕语》说："世既一以板本为正，而藏本日亡。"陆游《老学庵笔记》说："尹少稷强记，日能诵麻沙版本书厚一寸。"此类记载，都是宋人为区别传统的抄本图书而对新兴的印本书籍的专称。至于"版本"一词的构成，或说是藉"版牍"之"版"与"书本"之"本"字义的合成，或说是"锓椠之木称'版'，模印之文称'本'"，都有一定的道理。用"版本"泛指图书的各种本子，那是后来对"版本"本义的引申。叶德辉《书林清话》说，"自镂版兴，于是兼言版本"，"知辨别版本，宋末士大夫已开其风"。他所指的显然是广义的版本。但古人对图书"版本"现象的认识和研究，在宋代镂版大兴、"版本"一词出现之前，早已有之，只不过当初都是简帛书和纸写书，所以用"本"、"本子"、"书本"等词来表达而已。如汉刘向《别录》云："一人持本，一人读书，若怨家相对为雠。"图书版本问题是随着校理古书工作的开展而展开的，校书必兼言本子，汉代士大夫已开其风。《书林清话》说"自镂版兴，于是兼言版本"，若专指目录版本尚可。自宋以来，雕版印书迅速发展，逐渐取代写本而成为古代图书的主要形式，而当校理、著录图书的各种本子时，总需要有一个统一的总称。于是，原为图书主要形式专称的"版本"，就被用来作为一切形式图书的总称了。在扩大了"版本"概念外延之后，"版本"的本义并未遗弃。也就是说，古籍版本的广狭二义在后世一直是相提并用的。比如作为版本学研究对象，版本当然指广义，但在版本学术语中，"宋版"、"元版"又大都是专指宋元刻印之本，《明代版本图录初编》、《中国版刻图录》等书，事实上也都是谈的印本书籍。把这一点说清楚是非常必要的，因为在学习、使用、研究古籍版本时，经常会碰到这个问题。

按照一般的说法，古籍主要指 1911 年以前的图书。因此，古籍版本是指包括我国近代辛亥革命之前的一切图书的各种本子。古籍版本的范围很大，大到什么程度？有说应该包括远古时代的甲骨文和青铜铭文在内。也有人认为"简册具备了图书的要素而成为最早的正式图书，于是开始有了版本"。刘国钧《中国书史简编》是这样给图书下定义的："图书是以传播知识为目的而用文字或图画记录于一定形式的材料上的著作物。"根据这个定义，他认为"甲骨文是我国最古的文字记载，就其本质来说，它是档案而不是书籍"，青铜器铭文"仍然是一种我国古代早期的文字记载，而不是正式的书"，"我国最早的正式的书籍是用竹片或木板做的"，"简册是我国最早的书籍形式"。因此，从理论上看，以简册书为古籍版本之始的说法比较合理。从汲冢孔壁以来的文物考古发掘也证明，竹简之书确实是古籍版本的最早形式。1977年山东银雀山西汉古墓中发掘出竹简书《孙子兵法》和《孙膑兵法》，不仅证实了尚有怀疑争议的《孙膑兵法》的确存在，还发现竹简本《孙子兵法》与传本的字、词、句有一百多处差异，并多佚文一篇。说明作为古籍版本一种类型的竹简本，正在古籍整理的工作实践中发挥它应有的作用。而甲骨文和青铜器铭文，虽然具有原始书籍的意义，却还不是正式的书，因而也不能算为版本的一种类型。甲骨文、青铜器铭文虽然也能用于文献考证，如证实《尚书》所载殷帝姓名的确凿可靠，但却只是一般意义的文献佐证，而不是特殊意义的版本校证。

　　根据《中国书史简编》的观点，石刻文字"已接近于正式的书籍"。接近当然还不是正式的书籍，但石刻文字有所例外。如历代所刻各种石经文字，是刻在石头上的儒家经典。刻石经的目的是传播儒家思想，让读书人获得统一的标准文本，这就自然赋予了石刻经书以图书版本的意义。此外，还有刻在石头上的佛书——房山石经等。石刻书的传播主要靠拓印，所以古籍版本还包括拓印本这种类型。

　　从公元十九世纪中叶到辛亥革命前后，我国图书出版事业处于一个剧烈变动和空前发展的阶段，从技术上看，引进了西方先进的铅印、石印、影印法；从形式、内容上看，出现了许多完全不同于传统图书的版本。所以，把辛亥革命之年划为古籍版本的下限，其实是藉用历史分期的一种模糊界限。正像辛亥革命以前的图书中还有不属于古籍的版本一样，辛亥革命以后的图书也仍有应归属于古籍的版本，如吴兴刘承幹嘉业堂刻本、上海商务印书馆影印和排印的古籍等。

二、版本的价值

版本的价值是什么？研究版本有什么价值？这是认识版本的基本问题之一。版本的价值同图书的价值基本一致，都具有文物和文献两种主要的价值。"文化之源，系于书契；书契之利，资于物质"。图书是人类思维和知识的载体，人类物质生活水平的表征。与古代青铜器、陶瓷器、书画、雕塑一样，古代图书也是具有历史、艺术价值的古代文物。每一种图书、图书的每一种版本，都反映着一定社会阶段和历史时期的生产力水平，不仅是古代书史的"活"见证，还是考察古代科学技术（印刷、造纸、装帧技术等）和文化艺术（书法、雕刻、装帧艺术等）水平的重要实证。所以，古籍版本的文物价值就是古代图书的文物价值，图书的文物价值就是通过不同形式、种类的版本来体现其差别的。在版本研究中必须反对那种把古本旧椠当作古董来玩赏的态度。但这并不意味着否定或轻视版本的文物价值。我们否定的是那种纯商业性的习气和只知其表不知其里的片面观点，因为版本价值自有其更重要的一个方面——文献价值。"古籍本身——尤其是一些稀见本古籍的本身，当然各具有其在文物、艺术上的以及其他方面的意义和作用，但其最为主要的作用是在于其内容上，也即是其可资提供研究古代科学文化并为发展现代科学文化的参考借鉴的文献资料方面的作用。而其在这一方面的作用又有很多是因对某些书籍的某种版本的深入研究而得到更大的发挥的。"（参见北京大学图书馆学系、武汉大学图书馆学系编《图书馆古籍编目》）在人类社会生产活动中，古籍的文献价值比它的文物价值更大更显著。不同的古籍各有不同的文献价值。与此同时，每一种古籍都有各种不同的版本，古籍的不同版本在内容文字上都或多或少存在着差异，这些文字差异直接影响着古籍的文献价值，因此古籍的不同版本又各有不同的文献价值。这就是版本文献价值之所在。由此可知，版本的文献价值并不等于图书的文献价值，但它却又是依附从属于图书文献价值而从中派生出来的。版本的文献价值主要体现在整理文献、校勘古书的过程中，所以通常又把它称作版本的校勘价值。

一切古籍版本都有文献和文物两方面的价值，差别在于有的文献价值较高，有的文物价值更突出，或者两者都高或都不高。版本的文献价值不仅在人类社会活动中比它的文物价值更重要，而且更有它的独立性、特殊性。因此说，"我们之所以重视版本，乃是由于其在反映原书内容的特殊作用上，从这一意义讲，所谓某书某本，在一定程度上说，其实际的意思也就是具有着某些内容特点的某书的同意语"（参见《图书馆古籍编目》）。认识这一点，对版本研究和版本学建设来说是非常重要的。

三、版本的研究

在我国，版本研究虽然有着悠久的历史（有说"版本的研究应以刘向父子对简策图书的搜集整理时为始"），但其独立成一门专学的时间却不久（有说"版本学在清代确已自成为清代学术领域中与目录、校勘等等并存的一门专学了"），而作为以辩证唯物主义、历史唯物主义为指导的科学版本学才刚刚着手建立。所以，许多版本学的一般理论问题还处于探讨争鸣的阶段。比如关于版本学的研究内容和范围，说法就很多，归结起来主要有三种。一种主张研究版本鉴别，如《辞海》修订本："研究图书版本的特征和差异，鉴别其真伪和优劣，是为版本学。"一种主张研究版本源流，如谢国桢《明清时代版本目录学概述》："说明书籍刊刻和抄写流传下来的源流，叫做版本学。"第三种主张鉴别和源流同时研究，如郭松年《古籍版本与版本学》："古籍版本学是从古籍的版本源流，研究古籍版本的异同优劣，鉴定古籍版本的真伪，并从中总结工作规律和方法的科学。"又如来新夏《古典目录学浅说·版本学概述》："由于有许多不同的本子，就会出现彼此间在文字、印刷、装帧等等方面的差别，也会有各种版本的源流、相互关系等等复杂现象。为了研究和鉴别这些差别并从许多复杂现象中寻求共同规律，于是渐渐形成所谓'版本之学'。版本学的研究范围是：（1）研究各种图书版本发生和发展的历史，如雕版源流的演变、传抄源流等等。（2）研究各种图书版本的异同优劣，加以鉴别以判定时代，品评优劣，指明特点。并从直接和间接经验中总结和概括出规律性的东西。（3）研究版刻、印刷、装帧各方面的技术和它的演变发展与成就，如印刷墨色、字体刀法、藏书印记、版式行款、装帧式样等等，为版本的鉴定提供技术条件。"这是目前为较多人所接受的观点。

　　版本学的研究内容和范围是由版本的特性所决定的。图书版本之所以既有文献价值又有文物价值，是因为它是一种同时具有内容和形式的两个方面的特殊之物，版本价值的差别高低正是通过其内容和形式的差异优劣来体现的，而不同版本在内容和形式上的差异优劣又是在版本发生发展、传写翻刻过程中形成的。因此，作为一门以版本为研究对象的科学，就必须同时研究版本形式和内容的两个方面，研究不同版本在内容和形式上的差异优劣，以及产生、形成这些差异优劣的历史源流和规律。历史上的版本研究家由于各有不同的目的和要求，其研究的方面也往往各有侧重。清洪亮吉《北江诗话》说："藏书家有数等：得一书必推求本原，是正缺失，是谓考订家，如钱少詹大昕、戴吉士震诸人是也。次则辨其板片，注其错讹，是谓校雠家，如卢学士文弨、翁阁学方纲诸人是也。次则搜采异本，上则补石室金匮之遗亡，下可备通人博士之浏览，是谓收藏家，如鄞县范氏之天一阁、钱唐吴氏之瓶花斋、昆山徐氏之传是楼诸家是也。次则第求精本，独嗜宋刻，作者之旨意纵未尽窥，而刻书之年月最所深悉，是谓赏鉴家，如吴门黄主事丕烈、乌镇鲍处士廷博诸人是也。又次则于旧家中落者，贱售其所藏，富室嗜书者，要求其善价，眼别真赝，心知古今，闽本蜀本，一不得欺，宋椠元椠，见而即识，是谓掠贩家，如吴门之钱景开、陶五柳，湖州之施汉英诸书估是也。"洪氏论的虽然是藏书家，评的也不尽恰当，但仍可以从中看出古人研究版本的不同侧重，以致形成的不同流派。考订家重在考订版本源流，校雠家重在比较版本内容优劣，赏鉴家重在鉴别版本形式特征。版本研究历史中的不同流派，实际上是对版本学研究内容的不同分工，尽管这种分工和流派至今仍有存在的必要，但分则分，流则流，最终仍当归于版本学一体之中。卢中岳《版本学研究漫议》提出："根据建立科学版本学的要求，版本学的研究内容和范围，大致包括以下一些方面：版本学的一般理论，包括版本学的对象与任务，图书版本现象和社会政治、经济、文化现象之间的关系，研究版本的原则和方法，版本学的社会职能及其体系，版本学与其他学科的关系等。图书版本的内容和形式的研究，指图书版本方面的内容和形式的辩证关系，图书版本方面内容的各种成分，图书版本方面形式的各种成分，版本的种类，版本鉴别与考定的方法等。图书版本发展过程的研究，它探讨图书版本的历史发展，解答某种图书版本现象在什么样的时间、地点、条件下产生和发展变化的，这通常需要研究一种图书的版本源流、一个类型图书的版本源流、一个作者作品的版本源流，以及一个时代图书版本的演变等。版本学史，它研究历史上各时代的版本学思想，研究版本学理论与方法的发展，总结版本实践活动的经验，阐明版本学的发展规律。"这些设想和建议，对于版本学建设是很有启发作用的。

虽然版本研究的内容是多方面的，版本研究的作用和意义也是多方面的，但其最主要的任务和最终目的却是为了给历史研究提供最真实可靠的古籍版本。这不仅因为版本最为重要的作用在于内容，在于文献价值，还因为版本研究本来就是为古籍整理的需要而开始的，版本之学本来就是由文献学的发展而派生出来的一门专学。钱基博《版本通义》说："版本之学，所从来旧矣，盖远起自西汉，大用在雠校。"因此，尽管不能排斥或偏废版本研究各项内容中的任何一个方面，尽管不能对版本研究中的分工和流派妄论高下，但主次轻重毕竟存在，鉴定版本时代也好，考订版本源流也好，其最终目的还在于比较、确定版本内容的优劣，在于研究版本"在反映原书内容的特殊作用上"。从这一意义上讲，版本学乃是以研究版本文献价值为主的一门科学。

第二节　版本的结构

版本包括形式和内容两个方面，版本的形式和版本的内容都由一定的要素构成，这就是版本的结构。构成版本形式和内容的各种要素，是研究版本的具体对象，鉴定版本时代，考订版本源流，比较版本优劣等等研究工作，无一不是由此入手进行的。因此，分析和认识版本的结构，乃是研究版本的基础。

一、版本形式的结构

版本的形式就是图书的物质形式，它由四个要素构成：文字、材料、制作方法和形态。版本的形式特征和差异就是通过这四个要素表现和展开的。

1. 文字

文字在版本形式上的意义，在于字体。几千年来，汉字的形体几经变革，经历了篆、隶、草、行、楷的发展过程，自印刷术发明后，又逐渐产生了以楷书为基本字体的印刷体，各个历史时代的图书版本就是由这些字体书写、刊印而成的。况且各种字体在不同的历史时期和历史区域内，又各有不同的风格和流派。因此，版本的字体及其书法特征，是版本的重要时代特征之一，在版本鉴定中尤为重要依据。

2. 材料

古籍版本最早是用竹木为书写材料的简册本，以后是以丝织品为书写材料的帛书本。纸发明以后，版本就逐渐以纸为主要材料了。流传至今的古籍版本绝大部分是写或印在纸上的。版本用纸反映着不同时代和地区造纸技术的水平和特点。常见的古籍版本用纸品类繁多，以造纸原料称名的有麻纸、皮纸、棉纸、竹纸，以纸质特征称名的有蚕茧纸、罗纹纸、硬棒纸，以纸张产地称名的有麻沙纸、开化纸、宣纸、高丽纸、美浓纸等等。各类纸张的生产和使用，都有一定的时间范围和空间范围，所以也构成了版本形式的时代特征，而成为鉴别版本的依据之一。

3. 制作方法

古籍版本分手写的抄本和印刷的印本两大类。印本又分雕版印本、活字印本、套色印本，以及用现代印刷技术工艺印制的铅印本、石印本、影印本等等。不同制作方法的版本类型是版本鉴定的内容之一。

4. 形态

版本的形态指版本的式样，包括版面式样和整书式样、装帧式样。在构成版本形式的四大要素中，版本的形态不仅变化最大，而且本身的结构、特征也最复杂。所以，一般就把版本的形态结构看成是版本的形式结构。由于印本是古籍版本的主要类型，且其版式结构具有相对的稳定性和代表性，所以一般也就把印本的版式结构看成是版本的形态结构。印本的形态结构包括版式结构和整书结构两部分。

版式结构，印本书页都有相应的书版印成，每块书版都有一定的格式，这种版面的格式就叫版式。版式由如下几部分构成：

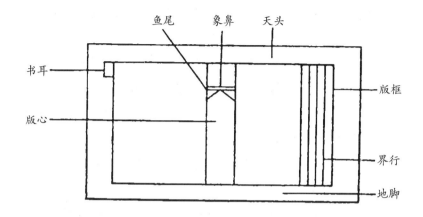

（1）版框：印页版面用直线构成的四周方框叫版框。版框主要用以框隔版面上刻字与非刻字的区域，所以又叫边框、边栏。版框上方的直线叫上栏，下方的直线叫下栏，两边的直线叫左右栏（或左右边线）。一条直线叫单栏，两条直线叫双栏。版框有四周单栏、四周双栏、左右双栏三种形式。四周单栏即为四条单线构成的版框，四周双栏即由四组双线构成的版框，左右双栏即由上下两单线和左右两双线构成的版框。除直线外，还有少数版本的边栏用"卍"字、竹节、花纹等图案构成，分别称作卍字栏、竹节栏、花栏等。

（2）界行：版框内用直线分开的直行叫界行，也叫界格。分隔界行的直线叫行线或行栏。印本界行是从古写本的格式演变而来的。帛书中有红线划成的朱丝栏和墨线划成的乌丝栏。在卷轴装的纸写本上也有用墨或铅划写的行线，唐代称作"边准"，宋代称作"解行"。版面的行数和每行的字数称作行格，或叫行款。行格字数或以半页计算，语称"每半页若干行，行若干字"，或以一页计算，语称"每页若干行，行若干字"。行格字少，版面就显得宽松醒目，行格字多，版面就显得跼促邋遢。版本的行格是鉴定版本，特别是宋元旧刻本的重要依据之一。

（3）版心：印页版框中心的一条窄行叫版心，因其位于书页正中折缝处，也叫中缝。版心中缝一为对折书页所用，二为记录书名、卷数、页码、字数、刻工姓名、出版单位所用，是鉴别版本、考订版本源流的重要依据之一。

（4）鱼尾：版心中间的冈形图案，叫做鱼尾，因其下部开叉，状如鱼尾。鱼尾是对折书页的标准。位于版心上端的叫上鱼尾，位于版心下端的叫下鱼尾。上下都有鱼尾的称作双鱼尾或对鱼尾、顺鱼尾，只有一只鱼尾的叫单鱼尾，或上下有三只鱼尾的叫做三鱼尾。单线构成的中空的鱼尾叫白鱼尾，用墨填黑的鱼尾叫黑鱼尾，用双线构成的鱼尾叫线鱼尾，鱼尾中空处刻有花纹的叫花鱼尾。

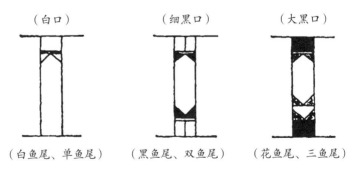

（白口）　　　　　　（细黑口）　　　　　　（大黑口）

（白鱼尾、单鱼尾）　（黑鱼尾、双鱼尾）　（花鱼尾、三鱼尾）

（5）象鼻：从鱼尾到边栏这一段版心中间的直线叫象鼻。无线的称白口，细黑线称小黑口或细黑口，粗黑线称大黑口或阔黑口。靠近上栏的叫上黑口，靠近下栏的叫下黑口，上下都有黑线的称上下黑口。

（6）天头：印页版框上栏以上的空白处叫天头。

（7）地脚：印页版框下栏以下的空白处叫地脚。

（8）书耳：印页左右边栏外侧上端、与边线贴紧相连的一个小长方格叫书耳，或叫耳子。书耳是宋代刻本版式的特征，专以记识篇名、书名简称或卷号等标志。

整书结构，指印页装订成册后的书籍形态。古籍版本的装帧形式经过了卷轴装、旋风装、经折装、蝴蝶装、包背装和线装等几个阶段。版本的整书结构取决于它的装帧形式，由于流传至今的古籍版本大多是线装本，所以一般所说版本的整书结构，即指线装本的整书结构，它由以下几个部分构成：

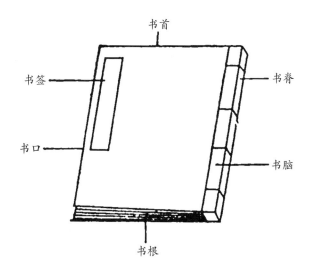

（1）书皮：即书页装订成书册后，覆加在外面的空白纸，一般采用质地比较坚韧的有色纸，可起保护作用，故又称书衣、封皮。

（2）书签：即贴在书皮上的书名题签。

（3）封面：又叫书名页、封页、封面页、内封面、封面大题等。封面是书皮内的首页，主要用以题写书名以及作者、出版单位等。

（4）扉页：附于书皮内的空白纸页叫扉页，衬在封面前的叫前扉，衬在封面后的叫后扉。扉页大多用较薄而半透明的纸做，也起保护书页的作用，故又叫做护页、副页。有的扉页用药物纸做，如广东刻本常用广东的土纸万年红纸作护页，以防虫蠹。空白的扉页常被藏书家利用来撰写题跋。

（5）书脑：书册靠装订线右侧的空白部分叫书脑。

（6）书脊：书册靠装订线的侧面部分叫书脊，或叫书背。

（7）书口：书册靠折页版心中缝一边的侧面部分，掀开书页的地方，叫做书口。

（8）书首：书册上方的侧面部分叫书首，或叫书头。

（9）书根：书册下方的侧面部分叫书根。书根上常被收藏者写上书名、卷册数、卷册顺序等，以为收藏检索之用。

二、版本内容的结构

图书的内容是指用文字（或图画）记录下来的知识，所以图书内容的好坏是指其所记录的知识的进步、科学与正确与否。版本的内容则是指用以记录知识的文字，所以版本内容的优劣主要是指文字是否确切反映、符合作者的原意和著作的本来面目。图书内容好坏取决于作者，版本内容优劣则取决于校勘者、刊印者、抄写者等。所以好书有优劣不同的版本，坏书也有优劣不同的版本。善本并非一定是好书，劣本也并非一定是坏书。版本内容的文字意义与版本形式的文字意义不同，后者专指文字的字体及其书法特征，前者则指文字的字义，即文字的正确与否，以及篇章的多寡、编纂的优劣等等。所以，版本的内容结构即指版本的文字内容的构成。

版本的内容文字大致由如下几个部分构成：

1. 正文

正文是图书记录知识的主要部分，也是版本内容的主体。版本内容的优劣与否主要看正文的文字。正文一般按篇幅的多少长短来划分卷次，各卷页数自为起讫，卷与卷之间用顺序号码表示。正文的分卷和存卷一定程度上反映着图书版本内容的合理性与完整性，也是比较版本优劣的一个方面。正文各卷首页的首行称作卷端，卷端为刻印题写书名、篇名、卷数、作者、校刻者、注释者等所用，对鉴别版本、考订源流都有参考作用。

2. 书序

书序是写在正文之前，专为概述图书内容，评论得失，介绍作者生平，叙述著述原委、刊印源流等而作的文章。书序是瞭望全书的窗口，是对图书正文的补充说明，所以也是古籍版本内容的重要组成部分。作者自撰的序叫作自序，由校刻者、注释者等与该书写作、刊印有关的人员，或由作者的亲朋师友等熟识之人撰写的序文叫做他序。序言或作于稿成之后，或写于刊刻之际，或撰于重修翻刻之时。除本版书序外，往往还加刻原版的书序，所以图书刻印次数越多，版本的书序也就越多。书序是鉴定版本、考订版本源流的重要依据，因此版本书序的完整与否也影响到版本内容的优劣。

3. 书跋

书跋是写在全书之末的短文，又称书后、后序。书跋大多是校刻人所撰，跋文内容以叙述版刻源流为主。跋文是对序言的补充，故常以序跋并称。

4. 附录

附于正文前后的、与本书有关的文字材料称为附录。附录的内容范围较广，如正文未收入的佚文遗编，如有关作者生平考绩的行状、年谱、传略和碑记、哀诔、唱和等，如有关本书的历代书目著录、题跋札记、引用参考书目，以及各种图表、大事记等材料。版本附录的丰富内容，对研究该书版本作用甚大。原书版本附录的完整与否，直接影响到版本内容的完整性。

5. 目录

正文前面的篇章名目叫目录。目录是全书的纲目，反映一书的章节体例，通过目录可以了解图书的基本内容，及其在编排上的特点。目录的篇章名目按例应与正文内容相符，若不相符，则有残缺遗漏。偶尔也有正文篇章名目已经修改，目录却按原样而不相符合的例外，遇到这种情况，倒也给考订成书源流提供了线索。有些大书的目录很长，以至要独立成卷。

6. 凡例

凡例即图书的编撰体例，多位于序言之后、目录之前，是了解该书特点的窗口。凡例长的也可独立分卷。

7. 牌记

牌记是出版者的专用标志，又叫牌子、书牌。牌记内有注明该书刻印年代、地点、出版者姓名、堂号，以及刊刻经过、版本特点等情况的文字，是鉴定版本、考订版本源流的重要依据。

第三节 版本的名称和类别

各种版本有各种具体的名称，版本名称主要根据版本的形式特征和内容特点来命名，每种版本名称都代表着某种特定意义的版本，按其性质分类，就能把版本名称分成各种类别。在古籍编目的版本著录中，版本类别只"是指一部书的制版种类和印刷方法"，具体指"习见的版本种类（如刻本、写本、活字本等）"（参见《图书馆古籍编目》），与本节所要介绍的版本类别显然不同。版本名称及其类别也是认识版本的基础知识。

一、按时代类分的版本名称

1. 按朝代类分的版本名称
如南北朝写本、唐写本、五代写本、宋刻本、辽刻本、金刻本、蒙古刻本、元刻本、明刻本、清刻本等。

2. 按建元类分的版本名称
如南宋绍兴刻本、元大德刻本、明万历刻本、清乾隆抄本等。

3. 模糊时间类分的版本名称
如古写本、旧刻本、旧抄本、宋元间刻本、明初刻本、清初刻本、近抄本等。

二、按地区类分的版本名称

1.按大区域类分的版本名称

如江南本、浙江刻本（浙刻）、四川刻本（蜀刻）、福建刻本（闽刻）、江西刻本、广东刻本等。

2.按小区域类分的版本名称

如浙刻中的临安刻本（杭州刻本）、吴兴刻本（湖州刻本）、衢州刻本、明州刻本等，蜀刻中的成都刻本、眉山刻本等，闽刻中的建阳刻本、麻沙刻本，徽刻中的歙刻本，江苏刻本中的金陵刻本、苏州刻本、无锡刻本，以及北方的大名刻本、汴梁刻本、燕京刻本、平水刻本等。

3.按国别类分的版本名称

如高丽刻本、朝鲜刻本、日本刻本、东洋本、越南刻本等。

三、按出版者（刊印、抄写）类分的版本名称

1.官刻本、官抄本

即由政府各级机构出版的版本。

（1）中央政府机构出版的版本名称：

国子监刻本，简称监本。如五代长兴监本、五代蜀监本、北宋监本、南宋监本、明南监本、明北监本等。

内府刻本、抄本。如秘阁抄本、明司礼监刻本、明内府抄本、清武英殿刻本、清四库馆抄本等。

其他官署刻本、抄本。如秘书监本、崇文院本、兴文署刻本、

钦天监刻本、太医院刻本等。

（2）地方各级政府机构出版的版本名称：

地方官府刻本。如宋公使库刻本、漕司刻本、茶盐司刻本、转运司刻本、临安府刻本，元建康路刻本等。凡以历代地方行政建置为称的，如路、道、省、州、郡、府、县刻本都是。

地方官学刻本。即地方政府所属各级学校的刻本，又称作儒学刻本、郡庠刻本、泮宫刻本等。

书院刻本。如宋婺州泽丽书院刻本、元杭州西湖书院刻本、明大梁书院刻本、清南菁书院刻本、诂经精舍刻本等。

藩府刻本。专指明代藩王府刻本，如秦藩、宁藩、赵藩、周藩刻本等。

地方官书局刻本。专指清同、光时代各省书局刻本，如金陵书局刻本、浙江书局刻本、湖南思贤书局刻本、江西书局刻本等等。

2.私家刻本、私家抄本

即指私人出版的、非商业性的刻本和抄本。

（1）以出版者姓名相称的版本。如《史记》的段成子刻本、《盐铁论》的涂桢刻本、《旧唐书》的闻人铨刻本、《老子》的吴勉学刻本、《西厢记》的屠隆刻本、《陆宣公奏议》的年羹尧刻本和《十三经注疏》的阮元刻本等。

（2）以出版者姓氏及室名相称的版本。如宋廖莹中世䌽堂刻本《昌黎先生集》和《河东先生集》、元范氏岁寒堂刻本《范文正公集》、明袁褧嘉趣堂刻本《大戴礼记》、清顾嗣立秀野草堂刻本《元诗选》，以及明范氏天一阁抄本、祁氏澹生堂抄本、毛晋汲古阁抄本、清鲍廷博知不足斋抄本、缪氏艺风堂抄本等等。

3. 书坊刻本

即由私人经营的商业性书店出版的版本。

（1）以书坊、书棚、书铺、书堂、书林、书肆、书店、书局等相称的书坊刻本。这种坊刻本从出版者就能作出确认，如宋"临安府棚北睦亲坊南陈宅书籍铺"刻本《唐女郎鱼玄机诗》，元建安"余氏勤有书堂"刻本《国朝名臣事略》，明"书林刘龙田"刻本《西厢记》，"金陵书坊唐对溪"刻本《白兔记》，"金台书铺汪谅"刻本《文选注》等。

（2）以斋、室、堂、居相称的书坊刻本。这类坊刻本的出版者题名同私家刻本一样，所以在未确认的情况下，不能贸然判断究竟是坊刻还是私刻。至于像宋建安余氏万卷堂刻本、元刘氏翠岩精舍刻本、叶氏广勤堂刻本、明金陵唐氏富春堂刻本、陈大来继志斋刻本、清席氏扫叶山房刻本、陶氏五柳居刻本等等，则是大家都公认并熟知的坊刻本。

四、按形式特征类分的版本名称

1. 按版式特征类分的版本名称

如大字本、小字本，十行本、十一行本，黑口本、白口本，两节本、三节本等。

2. 按制版方法类分的版本名称

如刻印本、排印本，活字排印本中的泥活字印本、铜活字印本、锡活字印本、木活字印本、铅活字印本以及聚珍本等，影印本中的石印本、珂罗版印本、铜版印本等。还有钤印本、拓本（搨本）等。

3. 按刻印、抄写特点类分的版本名称

如初刻本、原刻本、重刻本、翻刻本、覆刻本、修补刻本、递修本、仿刻本、影刻本、写刻本、精刻本、初印本、后印本、蓝印本、红印本、套色印本、邋遢本、三朝本，以及影抄本、影宋抄本、传抄本、蓝格抄本、红格抄本、黑格抄本、无格抄本等。

4. 按装帧特点类分的版本名称

如卷子本、简册本、蝴蝶装本、包背装本、经折装本、梵夹装本、旋风装本、线装本，以及书帕本、巾箱本、袖珍本等。

五、按内容特点类分的版本名称

1. 按版本文字内容特点类分的版本名称

如校刊本、批校本、题跋本、增补本、增订本、删节本、白文本、注疏本、双行夹注本、评点本、批评本、圈点本、满汉合璧本、配补本、校点本、绘图本、绣像本、插图本、音释本、重言重意本、足本、残本、丛书本、名家抄本、稿本等。

2. 按版本作用、价值类分的版本名称

如善本、珍本、秘本、孤本、俗本、劣本、普通本、通行本、真本、伪本、祖本、底本、对校本、参校本、工作本。以及一些具有特殊意义的版本名称，如四库进呈本、四库底本等。

上述各种类别的版本名称在以下各章节中将作较详细的解释和介绍。

第四节　版本的著录

一、古籍的著录

所谓古籍著录，就是把古籍的形式和内容特征按一定的规则和方式记录下来，让使用者通过文字记录就能够了解和确认这部书，从而起到揭示藏书、宣传藏书的作用。古籍著录是古籍编目工作的基础，把每部书的著录按一定的规则和方法组织、排列、编纂起来，就成为古籍书目。古籍著录属于目录学研究范畴，不是版本学的研究内容。但版本学与目录学是两个关系密切的兄弟学科。古籍著录必须反映古籍版本的特点，并因此而需要不断吸收版本学的研究成果。同样，版本研究也离不开目录学，必须通过古籍著录来了解版本的基本状况，通过历代书目著录来获取许多版本知识。可以说，除了版本本身之外，目录著录是认识版本、研究版本最重要的工具。故特地在此介绍古籍版本的著录方法，以为认识版本之用。

最早著录版本情况的古代书目是宋尤袤的《遂初堂书目》和陈振孙的《直斋书录解题》。但最初的著录方式和内容十分简单，更没有统一的著录规则。经过数百年的实践和发展，才对版本著录的方法、内容、格式等形成比较成熟、完整、系统的认识和规定。清孙从添《藏书纪要》"编目篇"说："写某书若干卷，某朝人作，该写著者、编者、述者、撰者、录者、注者、解者、集者、纂者，各各写清，不可混书。系宋版、元版、明版、时刻、宋元钞、旧钞、明人钞本、新钞本，一一记清。校过者，写某人校本。下写几本、几册，有套、无套。"余嘉锡也曾说："余谓欲著某书之为何本，不当仅言宋刊本、明刊本已也。刻书之时有不同，地有不同，人有不同，则其书必不尽同。故时当记其纪元干支，地当记其州府坊肆，人当记其姓名别号。又不第此也，更当记其卷帙之分合，篇章之完阙，文字之同异，而后某书之为否，庶乎其有可考也。"现在国内图书馆采用的古籍著录方法，就是在吸取了历代藏书家的著录经验和传统的基础上，结合现代目录著录的科学方法而制订的。

古籍著录法（条例）规定，著录项有以下几个内容：

1. 书名项，著录书名及其卷数、回数等。

2. 著者项，著录著作者的时代、姓名和著作方式。

3. 版本项，著录书的出版情况，即出版时间、出版地点、出版人和版本类别等。

4. 稽核项，著录书的册数、页数、函数、书内附图表及善本书的装订形式、纸张、刻工、行款等。

5. 附注项，著录以上四项中的补充内容和有关说明，如批校、题签、印章等。

6. 提要项，概述书的内容、评价书的价值及叙述版刻源流等。

统一使用标准的古籍著录法，是目录学工作者正在为之努力的工作目标和研究项目，而现在所见所用的书目大多是历史的遗物，是既未统一，也无标准的著录，但框廓其大体，仍不出以上几个方面的内容。关于古籍著录的标准法，不是本书叙述的内容。这里仅从使用者的角度来谈谈怎样从古籍著录的各项项目中，迅速、准确地认识、掌握版本情况。

二、版本项的著录

顾名思义，版本项是古籍著录中专门反映版本情况的款项。查考书目著录中的版本情况，主要看版本项著录。版本项著录包括以下几个方面：

1. 出版年

即版本的刻印或抄写年代。出版年代是区别版本的基本标准，是鉴别版本的根本任务。因此出版年是版本项中最重要的著录内容。著录出版年有以下几条规则：

（1）著录的年代应是版本最终完成的年代。图书版本的制作都需要一定的过程和时间才能完成，除正常的工作时间外，还有因各种非正常原因造成的中间过程，前后相隔数年是常有的事，或许还会长隔十数年、数十年，甚至跨朝越代。而著录则应以版本最终完成的年代为准。现存古籍书目中著录的年代一般都是如此。

（2）著录出版年应包括朝代、建元和年份三项内容。年份难考的，即著录前两项。建元也难考的，只能著录朝代，那就是比较模糊笼统的著录了。有的朝代时间跨度比较长，前后期的刻本形式颇不相似，所以在著录上又有或与前朝相连，或与后朝相连的区别。如一《新刊注释尔雅》，即著录为明正德、嘉靖间刻本。

（3）重刻、翻刻年应与原刻年分别著录，以显示它们之间的源流关系。这样，在版本著录中就会同时出现两种年份。正确的著录应把出版年放在前面，把原刻本的出版年放在后面。如汉陆贾《新语》的明天启元年（1621）朱谋㙔覆刻弘治十五年（1502）李

廷梧刻本，《越绝书》的明嘉靖三十年（1551）梅守德重刻正德四年
（1509）刘桓刻本，《大唐六典注》的清传写明嘉靖二十三年（1544）
浙江按察司刻本，《晏子春秋》的明崇祯十三年（1640）郭绍孔传抄
万历十六年（1588）吴怀保刻本等。

（4）重印本、修补印本的年份也应与原刻原印的年份分别著
录。这时出现在著录中的两个年份应为原刻印年份在前，修补重
印的年份在后。如《新增格古要论》的明天顺六年（1462）徐氏善
得堂刊、成化七年（1471）续增新印本，《樊南文集详注》的清乾隆
间德聚堂刻、同治七年（1868）桐乡冯宝圻修补重印本，《文献通
考》的元泰定元年（1324）西湖书院刻、至元又五年（1339）余谦修
补印本，《广群芳谱》的清康熙四十七年（1708）佩文斋刻、同治七
年（1868）姑苏亦西斋重印本。

（5）丛书的出版年在作为另种单独著录时会出现不同，因为
一套丛书的完成时间比较长，一般著录以最终完成的年份为出版
年，而作为其中一种的某书，出版年可能在此之前。如明崇祯
十二年（1639）毛氏汲古阁刻本《十三经注疏》，其中《毛诗注疏》
单独著录时则写成：明崇祯三年（1630）毛氏汲古阁刻《十三经注
疏》本。

（6）序（跋）出版年。古籍著录条例规定，"书内没有题出版
年，只有序、跋文的年代，参照刻风、字体、纸张等条件确认刻
书时间与序年大体一致时，可以序年作出版年，但在著录出版时
间时，应写明某某年序，并在附注项内注明"（参见《图书馆古籍
编目》）。这就是版本著录中所谓"序（跋）刻本"的来由和含义。
"序（跋）刻本"是在无法确定出版年份时的权宜之计，著录时应
慎重，使用不当则会造成失误。

2. 出版地

即指版本的出版所在地点，通常也说"出版地是指刻书所在的地点"。出版地的著录应注意下列问题：

（1）出版地与刻书地。版本的出版地和刊刻地通常是一致的。比如宋绍兴间临安府刻本《周易正义》，临安府是出版地，府署即在杭城，刊印也在杭城。宋嘉定间建安蔡琪一经堂刻本《后汉书注》，建安既是蔡琪一经堂所在地，也是《后汉书注》付梓之地。明末虞山毛晋汲古阁刻本《三国志》，汲古阁在虞山，刻印即在阁中。但也有例外的情况，比如北宋国子监刻本，出版者国子监在京师汴梁，但绝大多数都送往浙江刻版，实质是浙江刻本的风格。又如南宋绍兴年间两浙东路茶盐司公使库刻本《资治通鉴》，出版者两浙东路茶盐司官署设在临安府，但刻印此书却在绍兴府。这种版本在著录时一般只写出版地，即出版者所在地，而不写刻书地。所以严格地说，出版地应是出版者的所在地，而不是刻印者的所在。

（2）出版地与出版者的籍贯地。古籍著录条例规定，"凡个人刻印的书，应著录出版者的籍贯、姓名及其斋堂室名"（参见《图书馆古籍编目》）。在大多数情况下，私家刻本的出版地同出版者的籍贯地是一致的。如明新安吴勉学刻本，新安既是吴勉学的籍贯地，又是他刻书的地方。其他像明吴兴凌濛初刻本、清吴县黄丕烈士礼居刻本等等都是如此。但也有例外的情况。比如在外籍做官时的刻本，著名的明余姚闻人铨刻本《旧唐书》，余姚是闻人铨的籍贯，《旧唐书》是闻人铨在苏州任所刻的，出版地应是苏州。又如清道光七年（1827）高邮王引之刻本《经义述闻》，高邮是王引之的籍贯，出版地是在北京。或者是出版者游学外籍时的刻本，如清道光间旌德吕氏刻本《春秋左传诂》，出版者吕培是《春秋左传诂》作者洪亮吉的学生，刻书的地方是金陵。还有已移籍他地的出版者刻书时仍沿用原籍地名，如清歙县鲍廷博知不足斋的刻本和抄本，鲍氏祖籍安徽歙县，后移居浙江桐乡，在那里筑知不足斋藏书、抄书、刻书，但他的刻本和抄本却仍喜欢称用旧籍贯地歙县。诸如此类的情况，过去的目录大都不作反映，即只著录作者的籍贯地，而对事实上的出版地忽略不计。当然也有同时著录的例子，如明正德十二年（1517）闽中廖铠关西刻本《史记》。

3. 出版者

指出版图书的负责人。按其性质，分机关团体、个人和书店三类，所刻之书即传统上说的官刻、私刻和坊刻本。出版者是版本项著录的重要内容，其中有些问题应予注意。

（1）机关团体名与个人姓名并著。古籍著录法规定，由官方机关刻印的书，应注明其机关名称。如宋淳熙二年（1175）严陵郡庠刻本《通鉴纪事本末》、元大德间饶州路儒学刻本《隋书》、明正德建宁府刻本《史记大全》等等。但不少官方机关的刻本在著录时同时写上该官府负责人的名字，如明成化二十年（1484）张岫开封府刻本《孝肃包公奏议集》，该《奏议集》由包拯门人张田编次并刊置家庙中，成化时开封府太守张岫据旧版，复辑文章，考正舛讹，重梓印行。用的是官资，负责是个人，故版本题出版者则官府名、官员名并举。这种例子很多，如明天顺元年（1457）延公祥广州府刻本《重刊陆宣公奏议》等等。但有些这样著录的版本并不算官刻本，如著名的宋嘉定十三年（1220）陆子遹建宁府刻本《渭南文集》，是陆游之子做建宁府溧阳县令时所刻，一向被当作宋代私家刻本的典型，大概是因为私人出刊资的缘故吧。

（2）出版者与藏版者。古籍著录法规定，如书中没有记载刊刻者、修补者或重印者姓名，却题有藏版人姓名时，可以藏版人为刊刻者著录。有的版本题"藏版"，实际就是出版者（或刊印者），如清代北京刘氏聚珍堂刻本五经四书，封面均镌识"京都隆福寺街路南聚珍堂书坊梓行"双行牌记，版心镌识"聚珍堂藏版"。藏版表示书版的专有和使用权，或者即可用版权所有者来相称。但拥有书版并不等于刊刻书版，书林中转售书版，出让版权的事是很普遍的。一般来说，知道出版（刊版）者的版本是不必著录藏版者的（即使书中题有藏版处），而著录藏版处的版本都是原出版者不详的版本。

4. 版本类别

版本项中的版本类别专指版本的制作方法及其特征的差别，著录时应注意从各个层次来揭示版本类别的特征。

（1）首先要区分写本和印本，以及区别印本中的刻印本、活字印本、影印本，区别写本中的抄本和稿本等主要版本类别。

（2）其次要区分不同类别版本的刻印抄写特点，如区别刻印本中的重刻本、翻刻本、覆刻本、影刻本、重印本、修补印本等，区别活字印本中的木活字印本、铜活字印本等，区别抄本中的传抄本、影抄本，区别稿本中的手稿本、修改稿本、誊清稿本等。

（3）最后还要区别各类版本的某些形式特征，如刻本中的写刻本、仿宋刻本、大字本、小字本、黑口本、白口本、套色印本、朱印本、蓝印本等，区别抄本中的蓝格抄本、红格抄本、影宋抄本等。

三、其他著录项对版本情况的反映

著录项中的书名项、著者项、稽核项等，虽不以著录版本为内容，却也从各个侧面反映了版本的某些特点，在检索考查版本著录时不可忽略。

1. 书名项的著录

包括书名和卷数两项内容，它能为版本研究提供以下几方面的参考：

（1）同书异名的版本。同书异名是古籍的常见现象，如《逸周书》又名《汲冢周书》，《庄子》又名《南华真经》，《东坡志林》又名《东坡手泽》，《杜工部集笺注》又名《钱注杜诗》，《水浒传》又名《第五才子书》，《红楼梦》又名《石头记》等等。同书异名，往往就是不同版本的反映。因为不同源流的版本，或者同一源流的重刻本，往往会另题书名或改变书名，以表示其版本之新。如贾谊文集的各种版本就有《贾谊新书》、《贾谊集》、《贾子新书》、《贾子》、《贾长沙集》、《长沙贾太传集》等许多书名，书名不同即表示版本不同。但同书异名也有因著录不统一而造成的例外，因为古籍题写书名的部位很多，封面、扉页、书口、牌记、正文卷端以及序跋中都会出现，倘若著录者随意取录，就会出现相同版本而不同书名的情况。比如明傅人宇《审视瑶函》，在书中其他部位又分别题作《眼科大全》、《傅氏眼科审视瑶函》、《审视瑶函眼科大全》等书名，这些书名被不同的著录者各自取用，结果造成该书有许多不同版本的错觉。因此著录法规定，书名著录应以正文卷端题名为准，若卷端书名不合适，再参考选录其他部位的书名。但今存的各种书目并没有剔除这种失误，所以对著录中的同书异名问题须加注意。

（2）书名冠词。书名冠词指附加于正式书名前、用以说明该版本某种特征的冠词。如《新刊王氏脉经》、《新雕注疏珞琭子》、《重刊孙真人备急千金要方》、《重修政和经史证类备用本草》、《新增格古要论》、《新笺决科古今源流至论》等，用"新"、"重"等冠词反映这是一种据旧版而来的，可能在内容上有改进的新版本。如《纂图互注重言重意礼记》、《笺注评点李长吉歌诗》、《绘图西厢记》、《增批古文观止》等，则反映了具有副著形式和内容的版本，以区别于无注、无评、无图的白文本。如《须溪先生校本唐王右丞集》、《晦庵先生校正伊川易传》、《王状元集百家注分类东坡先生注》、《脂砚斋评石头记》、《鲍氏战国策校注》等，则以副著者为冠词来说明其版本内容的特点。此外还有冠以朝代名的，如《国朝群雄事略》、《圣宋名臣献寿文集》、《皇元朝野诗集》、《皇明文衡》、《胜朝遗事》等。有以"钦定"、"御纂"为冠词，以表示这是出于帝皇之命编修的古籍，如《钦定全唐诗》、《御制大诰》、《御纂医宗金鉴》等。懂得这些规律，我们就能从书名著录上了解到不少版本的特点。

（3）卷数。分卷计数是古籍和现代图书的重要区别之一，同时也是古籍不同版本的差别标志之一。同书异本之"异"，往往还反映在卷数（分卷）上。如宋晁公武《郡斋读书志》，衢州刻本为二十卷，袁州刻本为四卷，两种不同分卷的《读书志》在收录图书、提要文字等许多方面都有较大的差异。另外，书名项还著录存卷数，这就对反映某藏本的实际使用价值提供了重要依据。著录存卷，说明该传本是残阙之本，存几卷、残几卷写清楚，更反映了不同藏本的区别。

（4）附录及其卷数。著录法规定，应按实际情况著录版本的附录及其卷数。版本正文前后附录的目录、考异、校记、凡例、年谱、行状、传略、倡和、辑佚、补遗等文字材料，是构成版本内容的一个方面，书名项著录这些内容，对认识版本内容的优劣差别提供了方便。

2. 著者项的著录

著者项除著录著者时代、姓名和著作方式外，还要著录副著者的情况。副著者指对原作进行注解、音释、评点、校理等整理研究工作的人。著录副著者的版本，说明是经过某种特殊整理研究过的版本而有别于其他。这是著者项可供认识版本参考的地方。

3. 稽核项的著录

稽核项又称数量鉴定，具体反映版本的完整程度、装帧特点及其他形式特征，因此与版本的关系也较大。有关内容有如下几方面：

（1）属于版本原有的图、表等，是显示版本内容差异的一部分。

（2）装帧形式及数量。主要著录特殊的装帧形式，如蝴蝶装、包背装、毛装等，这种装帧形式的版本一般都较早。线装本不必特地著录，但注明其册数、函数，对反映藏本的完整性也有帮助。

（3）藏书印记、题跋、批校等。著录这些内容能直接反映版本的研究价值，因为藏书印记、题跋、批校等，是鉴定版本、考订版本源流、比较版本优劣不可缺少的资料。

4. 附注项的著录

附注项是对基本著录项（书名项、著者项、版本项、稽核项）的补充说明，凡前几项中未能包容的版本情况都可以著录在附注项里，因此对认识版本的关系也很大。如版本的行款、字数、版式、字体、刻工姓名、牌记以及序跋篇名等，还有该书的异称、别名，单刻、合刻等等。

5. 提要项的著录

提要项主要对书的内容、思想、作者和刊刻源流等问题作简要介绍，这些方面对研究版本来说无疑是十分需要的。但现存的书目中很少有提要项著录，因为撰写提要的难度要比著录其他内容大得多。

第二章 版本的历史（上）

"版本的历史"分上下两章叙述。上章专述雕版印本的历史源流。雕版印本是古籍版本中最主要、最多使用、最有代表性的部分；非雕版印刷的版本，如活字印本、抄本、稿本、批校本等，它们都各具特点而可以构成版本史中的各种专史，将集中在下章分别叙述。

我国雕版印书的历史起源于唐，兴盛于宋。由于唐、五代刻本距今时间久远，存世绝少，在古籍版本和古籍整理工作中的影响和作用都不大。从实际出发，本章即以今天尚能见及并还在经常使用的宋刻本为开端，概述雕版印本的历史进程，而将宋以前的刻本情况附述其间。另外，为了充分体现不同时代刻本的变化和特点，避免官、私、坊刻"老三段"的叙述陈式，本章将采取选择典型、专题展开的叙述方法，以求简明扼要，易收学习之效。

第一节 宋代刻本概述

我国是世界上最先发明印刷术的国家，在公元七世纪初即已发明了使用雕刻的木板来印刷书籍。不过这一崭新的科学技术最初只流行于民间，只限于应用在佛经、字书、历书以及阴阳杂记、占梦相宅、九宫五纬之类的低档书，既登不了官府私第的堂室，也不准涉足正经正史等正统图书的圈内。直到五代后唐宰相冯道倡刻《长兴监本九经》，才使这项新的先进技术获得了国家的权威承认、保护和支持，从而开始了突飞猛进的发展。两宋三百年间，雕版印书已被社会各阶层所接受，逐渐产生并形成了官府、私家和书坊刻本这三个层次、三种类型的刻本。且刻印技术日趋成熟，应用范围日益广泛，刻书行业遍布各地，如北方之汴梁、大名，南方之浙江、四川、福建、江西、江苏、湖南、广东等地，均有刻本流传。其中尤以浙江、四川、福建三省刻书最盛，堪称宋代刻书的三大中心。浙刻、蜀刻、建刻，最负盛名，传世最多，在宋刻本中堪称典型。

一、浙江刻本

1. 早期的浙江刻本

浙江地处江南富庶水乡，是我国雕版印书的发祥地之一。唐代诗人元稹在《〈白氏长庆集〉序》中提到："扬、越间多作书摹勒乐天及予杂诗，卖于市肆。"这是关于浙江刻书的最早文献记载，时间约在中唐。解放后，在拆毁浙江龙泉的一座古塔时，发现一卷刻印的佛经经卷。字大如青钱，书体似欧，刀法钝拙，每行字数二十一至二十四不等，用黄纸印。经鉴定，认为是晚唐时期的作品。这是现存发现最早的浙江雕版印刷实物。五代时期，浙江为吴越国地域。吴越王钱俶崇信释氏，利用雕版印刷新技术的高效率，广刻佛家经籍。此举对浙江雕版印刷业的发展无疑是一个有力的推动。1917年在吴兴天宁寺经幢里发现的《宝箧印经》，刊于后周显德三年（956）。1924年杭州西湖雷峰塔倒塌后发现的《一切如来必秘全身舍利宝箧印陀罗尼经》，刻于北宋开宝八年（975）。两种刻经均为钱俶所造。雷峰塔经卷长达七尺六寸，卷端题刻曰："天下兵马大元帅吴越国王钱俶造此经八万四千卷，舍入西关砖塔，永充供养。"经文共二百七十一行，每行十字，用皮纸印，并配有刻印俱佳的佛图。有人据此认为，"当时一版能印八万四千部，印数之多，说明雕刻技术和印刷技术已具有很高水平"。这其实是一种误解。一部木板书，无论如何也经不起八万多次反复刷印，所谓八万四千卷，乃是由若干套刻板分别印制出来的，所以现存各处的雷峰塔经卷版式不尽相同。1967年，在浙江瑞安县仙岩的慧光寺佛塔里，发现了一部北宋初刻的《大悲心陀罗尼经》，经册卷尾识有"明道二年（1033）十二月日太中大夫尚书兵部侍郎致仕上柱国赐紫金鱼袋胡则印施"两行文字。胡则字子正，浙江永康人，北宋端拱二年（989）进士，曾知永嘉郡。该经本书法隽秀，镌梓精美，墨印清晰，是早期浙江雕版印刷品中的罕见佳品。北宋叶梦得在《石林燕语》中曾对当时各地刻书作过一番评论，以为"今天下印书，以杭州为上"。慧光寺藏经的发现证实了叶氏所论决非妄言，同时也说明自公元11世纪始，浙江的雕版印刷技术水平已进入到一个更成熟的阶段。

2. 浙刻监本

监本是国子监刻本的简称。国子监刻书肇始于五代后唐，北宋政府继承传统，于太宗淳化五年（994）在国子监设"置书库监官，以京朝官充，掌印经史群书"。虽然其他政府机构如崇文院、秘书监、司天监、德寿殿、左廊司局等也间有刻者，但规模皆不及国子监。所以，作为中央政府教育机构和最高学府的国子监，实际上还代司着国家出版机构的职能，国子监刻本是中央官刻本的代表，具有国家标准读本的意义和作用。宋代监本主要供监中经生诵习之用，故以儒家经典和正史居多。其初，监中用书皆用《长兴监本九经》旧版重印。后因旧监本"摹印岁深，字体讹缺"，乃于太宗、真宗两朝，先后诏令国子监司业孔维、侍讲学士邢昺等，校定刊印了十三经义疏和前四史、《晋书》、南北朝七史、《隋书》、《唐书》，以及《说文》、《玉篇》、《广韵》等小学字书。此外，国子监还配合朝政变革而刻印书籍。神宗熙宁变法，监中即刻印王安石《三经新义》，以供推广新学之用。元祐更化，又把司马光的力著《资治通鉴》梓印问世。真宗崇侫道教，令国子监刊刻《老子道德真经》、《庄子南华真经》、《列子冲虚真经》，供其宣索，分赐辅臣。为武科选士和算学课士所用，监中刻有《武经七书》（《孙子》、《吴子》、《六韬》、《司马法》、《三略》、《尉缭子》、《李靖问对》）和《十种算书》（《周髀算经》、《九章算术》、《孙子算术》、《术数记遗》、《海岛算经》、《五曹算经》、《夏侯阳算经》、《张丘建算经》、《五经算术》、《缉古》）。国子监还根据秘阁内府藏本校刊了许多古医书，如《黄帝素问》、《内经》、《千金翼方》、《金匮要略》、《脉经》、《补注本草》、《图经本草》和《外台秘方》等。这些医书大多颁行各路州府军监，作为行医用药的范本，在治病防病方面是有积极意义和社会效果的。

北宋国子监设在京师汴梁，但北宋监本却大多降付杭州开板。王国维《两浙古刊本考序》说："国子监刊书，若七经正义，若《史》、《汉》三史，若《唐书》，若《资治通鉴》，若诸医书，皆下杭州镂板。北宋监本刊于杭州者殆居泰半。"据宋孟元老《东京梦华录》等文献记载，北宋时汴京的刻书业也很发达，相国寺东门大街一带是书铺集中之地。那么，为什么国子监却不顾往返之劳，财帛之费，舍近求远，跑到千里之遥的杭州去镂板开印呢？叶梦得《石林燕语》说："京师比岁印板，殆不减杭州，而纸不佳。"这是原因之一，当然不止于此，若仅为纸张不佳，自可由杭州贡纸。作为国家出版物的国子监刻本要讲究第一流的质量，那是毋容置疑的，与印纸相比，刻工和印匠的技术更为重要。因此，由杭州承担大半监本刊印任务这件事本身，正说明北宋浙江杭州地区的刻书业，无论在物质条件还是在技术力量方面，都处于全国第一流的水平和地位。

靖康之难，京城被劫掠一空，国子监中图书版籍亦悉为金人辇之北去。南宋初年，战乱不歇，经济凋敝，国家窘迫，无资刻书，国子监用书所阙则下州郡索取。王国维《两浙古刊本考》认为："南渡初，监中不自刻书，悉令临安府及他州郡刻之，此即南宋监本也。"又说："南宋监本正史多取诸州郡刻板，如《唐书》、《五代史》取诸湖泮，既有明文。其余各史亦大抵如是。"据王国维考证，除上述经史诸书外，属于南宋监本的还有《周易程氏传》、《周易义海撮要》、《礼部韵略》、《唐书纠谬》、《五代史纂误》、《资治通鉴》、《通鉴纲目》、《国语》、《刑统》、《孔子家语》、《荀子》、《大观证类本草》、《白虎通德论》、《昌黎先生集》等等。这些监本书籍，有的是朝廷诏令地方官府刻版后收归国子监，有的则直接取自地方官府的原藏书版。还有一些名义上的"监本"，书版仍藏在地方官府并未归入监中。如《荀子》一书，世称有南宋监本，宋王应麟《困学纪闻》说："今监本《荀子》，乃唐与政台州所刻熙宁旧本。"

而另据《朱子集》记载说，台州知州唐仲友于淳熙四年（1177）六月，以伪造会子罪名，诬拘刻字工匠蒋辉等十八人，就公使库开雕《荀子》，印成六百六部，送现任官员二百五部，存纳书院七部，余则大多窃为己有。所以所谓南宋监本《荀子》就是台州刻本。实由江南各路刊印而名义上算作南宋监本的版本，以临安府和浙东、西两路负责刻印最多。其他地区承刻承印的监本，也多由当地官衙领衔出资而送往浙江各地刻铺梓印。由此可知，两宋时代的国子监刻本大多数是浙江刻本。浙刻监本标志着浙江刻书业在全国的重要地位。

3. 临安刻本

两浙地区刻书之业，遍布临安、吴兴、绍兴、衢州、婺州、温州、明州、台州、严州各地，临安府则是其中心所在。临安府建置于南宋建炎三年（1129），治所杭州。因宋室迁都于此，而成为府衙比邻、车马相衔、人文荟萃、商旅云集的江南第一都会。政治地位提升所带来的一系列变化，使临安的刻书业处于一个十分优越的地位。除国子监外，设在临安的修内司、左廊司局、太医局等中央政府部门，以及两浙转运司、茶盐司、临安府等地方官衙，都纷纷刻书。流传至今的临安官刻本，有绍兴九年（1139）临安府刻宋姚铉编《唐文粹》一百卷、《汉官仪》三卷，临安府学刻贾昌朝撰《群经音辨》七卷，有绍兴十年（1140）临安府刻《西汉文类》四十卷，以及浙东茶盐司刻《周礼疏》五十卷等。宋代浙江私家刻书，浙西盛过浙东，临安府也居其首位。廖莹中世绿堂刻本就是临安私家刻本的代表。廖莹中字群玉，号药洲，是咸淳间权相贾似道的门客，专掌相府图书鉴定之事。廖莹中家有堂名"世綵"，廖刻诸书皆于版心镌刻"世綵堂"三字，或于卷后篆书"世綵廖氏刻梓家塾"字样，故世称"世綵堂刻本"。宋周密《癸辛杂识》记载说："廖群玉诸书，九经本最佳，凡以数十种比较，百余人校正而后成。以抚州草钞纸、油烟墨印造，其装褫至以泥金为签。然或者惜其删落诸经注，反不若《韩柳文》为精妙。"文中《韩柳文》系指世綵堂刻本《昌黎先生集》四十卷和《河东先生集》四十四卷，版本目录学界一般都认为这是世綵堂刻本中最精善的版本，并称之为"宋版书中的上品"，"韩柳文中的标准印本"。

临安还是浙江地区书坊的集中地。杭城内外，书铺林立，铺名可考的就有近二十家，其中尤以陈氏经籍铺刻书最负盛名。元方回《瀛奎律髓》记曰："陈起，睦亲坊开书肆，自称陈道人，字宗之，能诗，凡江湖诗人皆与之善，尝刻《江湖集》以售。"王国维在《两浙古刊本考》中对陈氏刻书评价颇高，他说："今所传明刊十行十八字本唐人专集、总集，大抵皆出陈宅书籍铺本也。然则唐人诗集得以流传至今，陈氏刊刻之功为多。"今传《周贺诗集》，末题"临安府棚北睦亲坊南陈宅书籍铺印"；《王建诗集》，末题"临安府棚北睦亲坊巷口陈解元宅刊印"；《朱庆余诗集》，末题"临安府睦亲坊陈宅经籍铺印行"；《唐女郎鱼玄机诗》，末题"临安府棚北睦亲坊南陈宅书籍铺印"，等等等等，皆半页十行，行十八字，白口，左右双栏，即王国维所云者。陈起刻书之所以能超出一般，是因为他并非胸无文墨的一般书坊主。清海源阁主人杨绍和《楹书隅录》认为："南宋时临安书肆有力者，往往喜文章，好撰述，而陈氏其最著者也。"南宋诗人刘克庄曾诗赠陈起云："陈侯生长纷华地，却似芸香自沐薰。炼句岂非林处士，鬻书莫是穆参军。雨檐兀坐忘春去，雪案清谈至夜分。何日我闲君闭肆，扁舟同泛北山云。"评价很不一般。另有陈宅书籍铺主陈思，纂有《宝刻丛编》一书。宋陈伯玉《宝刻丛编序》说："郡人陈思，倡书于都市，士之好古博雅，搜遗猎忘，以足其藏，与夫故家之沦坠不振，出其所藏以求售者，往往交于其肆，且售且倡，久而所阅滋多，望之辄能别其真赝。"又清杨复吉《梦阑琐笔》记曰："陈思汇刻《群贤小集》，自洪迈以下六十四家，流传甚罕。"有人曾考证陈起与陈思的关系，以为陈起的书斋名"芸居"，而陈思字续芸，疑陈思是陈起的后人，或许就是他的儿子。还有说凡题"陈解元"的刻本，即陈思所为。此外，传世的临安书坊刻本还有，"临安府太庙前尹家书籍铺"刻的《渑水燕谈录》、《茅亭客话》、《曲洧旧闻》、《钓矶立谈》、《述异记》、《却扫篇》、《续幽怪录》、《箧中集》等唐宋笔记，"杭州猫儿桥河东岸开牋纸马铺钟家"刻《文选五臣注》，"钱塘门里车桥南大街郭宅书铺"刻《寒山拾得诗》，"临安府中瓦南街东荣六郎书籍铺"刻《抱朴子内篇》，"大隐坊"刻《南阳活人书》等等。

二、四川刻本

1. 早期的四川刻本

四川经济、文化素称发达，自古即有"天府"之誉。中唐以后，益州逐渐成为全国政治重心之一，加上蜀地山林茂密、木材丰富，这些都是发明、发展雕版印刷术的有利条件。宋人普遍认为四川是雕版印书的发源地，如朱翌《猗觉寮杂记》所说："雕印文字，唐以前无之，唐末益州始有墨版。"欧阳修、王应麟等人也有类似的说法。有关早期蜀刻的文献记载不少，据《旧唐书·文宗本纪》、《册府元龟·帝王部·革弊》等书记载，唐大和九年

（835）十二月，因"剑南、西川及淮南道皆以版印历日鬻于市，每岁，司天台未奏下新历，其印历已满天下"，"而市有印卖者，每差互朔晦，货者各征节候，因争执"，故"敕诸道府不得私置日历版"。又唐咸通六年（865），日本留学僧宗叡归国，携回大量经卷图籍，内中即有所谓"西川印子书"的《唐韵》《玉篇》二部书。又唐中和元年（881），僖宗入蜀，随驾的柳玭在《柳氏家训序》一文中记曰："中和三年癸卯夏，銮舆在蜀之三年也。余为中书舍人，旬休，阅书于重城之东南，其书多阴阳杂记、占梦相宅、九宫五纬之流，又有字书小学，率雕版印纸，浸染不可尽晓。"现存最早的蜀刻书籍是唐僖宗中和二年（882）"剑南西川成都府樊赏家刻"的一部历本残叶，今藏大英博物馆。国内收藏的最早的四川雕版印刷品，是署名"成都府成都县池坊卞家"刻的梵文经本《陀罗尼经咒》。1900年在敦煌千佛洞发现的那个著名的唐咸通九年（868）王玠刻《金刚经》经卷，佛图和经文都雕镂得浑朴老练，墨色均匀清晰。而同时发掘出来的一批单刻经页，却粗糙拙陋，浸染漫漶。两者相比，有天壤之别。所以有的学者推论单刻经页刊于北方，《金刚经》则是蜀中传去之物。

五代前蜀武成二年（909），任知玄自出俸资刊印道教宗师杜光庭的《道德真经广圣义》三十卷，雕版四百六十余块，可见蜀刻的范围和规模已有发展。后唐宰相冯道奏刊《长兴监本九经》时曾说："尝见吴蜀之人鬻印版文字，色类绝多，终不及经典。如经典校定，雕摹流行，深益于文教矣。"可见蜀刻的影响已广为扩展。另据明焦竑《笔乘》记载："蜀相毋公，蒲津人，先为布衣，尝从人借《文选》《初学记》，多有难色。公叹曰：'恨余贫不能力致，它日稍达，愿刻版印之，庶及天下学者。'后公果显于蜀，乃曰：

'今可以酬宿愿矣.'因命工日夜雕版，印成二书。复雕九经诸史。两蜀文字由此大兴。泊蜀归宋，家族以财贿祸其家者什八九。会艺祖好书，命使尽取蜀文籍诸印本归阙。忽见卷尾有毋氏姓名，以问欧阳炯。炯曰：'此毋氏家钱自造。'艺祖悦甚，即命以版还毋氏。是时，其书遍于海内。"所记毋氏即后蜀宰相毋昭裔。《宋史》本传说毋氏还刻过《白氏六帖》。九经诸史、《文选》《初学记》和《白氏六帖》，都是卷帙浩繁的巨制，远非书肆所刻阴阳卜筮、小学字书可望及者。毋昭裔以私家财力刊刻如此众多的重要书籍，不仅说明了他对发展蜀文化的贡献，也说明在五代末期四川的雕版印书事业已有了惊人的发展。

2. 宋代蜀刻

由于宋太祖赵匡胤目睹蜀刻的先进技术和雄厚基础，因此他在开国之初就把刊印佛教藏经这件巨大的出版工程交付四川来完成。开宝四年（971），太祖遣内官高品、张从信专程去四川益都监造藏经的雕印事务，至太宗太平兴国八年（983）竣工，前后历经十二年。全藏共五千零四十八卷，雕版约十三万块。世称《宋开宝刊蜀本大藏经》，简称《开宝藏》或《蜀藏》。《开宝藏》是汉文大藏经的第一个刊本，它以唐《开元释教录》经目为依据，后来经版运至汴京，藏于印经院中，又作了全面校对，并逐年增补了《贞元录》等佛学著作，终成六千六百二十余卷之数。《开宝藏》拟定的规模，成为后世一切官私刻藏经的基础。另外，《开宝藏》还作为国家珍贵礼品，赠送给契丹、高丽等国，影响远及域外。可惜这一珍贵版本已无全本传世，仅国家图书馆藏有残卷，可作管豹之窥。蜀刻大藏经充分显示了北宋初期四川地区刻书的实力，当然它的出版也进一步刺激了蜀刻的发展和发达。南宋时，蜀中又相继刊印了《太平御览》、《册府元龟》等大型书籍。《太平御览》系庆元五年（1199）成都府路转运司所刻。刻本所附蒲叔献序记曰："吾蜀文笈，巨细毕备，而独缺此书。叔献叨遇圣恩，将漕西蜀，因重加校正，勒工镂板，以与斯世君子共之。"是本国内已无，日本尚存残本两部。蜀刻本《册府元龟》，避宋讳"冓"、"慎"等字，当是南宋孝宗以后的出版物。

北宋蜀刻中心在成都。黄庭坚《云夫帖》："庞老《伤寒论》，无日不在几案间……但未下笔作序。序成，先送成都开大字板也。"成都刻本多大字疏行，世称蜀刻大字本。南宋以后，四川刻书业渐移至成都西南的眉山地区。眉山刻本的代表作是绍兴初四川转运使井度所刻的眉山七史（《宋书》、《齐书》、《梁书》、《陈书》、《魏书》、《北齐书》、《周书》）。此外还据旧监本翻刻过《周礼》、《礼记》、《春秋》、《孟子》、《史记》、《三国志》等经史要籍。传本中的眉山地区私家或书坊刻本，有"眉山程舍人宅"刻印的《东都事略》，"眉山文中"刻印的《淮海先生闲居集》，万卷堂刻《新编近时十便良方》、书隐斋刻《国朝二百家名贤文粹》等。

3. 蜀刻唐集

在传世的宋代蜀刻本中，唐名家诗文集是很有代表性和影响的。宋陈振孙《直斋书录解题》《王右丞集》条下记曰："建昌本与蜀本次序皆不同，大抵蜀刻唐六十家集多异于他处本。"编次不同的版本，往往在校勘上有较高价值。同书《元次山集》条下记曰："蜀本但载自序，江州本以李商隐所作序冠其首。蜀本《拾遗》一卷，《中兴颂》、《五规》、《二恶》之属皆在焉。江本分置十卷。"又

"《骆宾王文集》条"下记曰："又有蜀本，卷数亦同，而次序先后皆异。序文视前本加详，而云广陵起义不捷，因致逃遁，文集散失，中宗朝诏令搜访。案本传言宾王既败，'亡命不知所之'，与蜀本序合。"又如中唐诗人张祜的文集，传世的通行本都是二卷和五卷本，见于著录的有一卷本和六卷本两种。而蜀刻《张承吉文集》却是独一无二的十卷本，无论篇幅、文字，都有佳胜之处。

蜀刻唐人名家诗文集的版本分半页十一行和十二行两个系统。十一行本约刊于北宋与两宋交际之时，如传世的骆宾王、李太白、王摩诘诗文集等即是。十二行本刊行于南宋初期至中期。流传于世的十二行本较十一行本为多，如孟浩然、李长吉、郑守愚、欧阳行周、皇甫持正、许用晦、张承吉、孙可之、司空图、杜荀鹤、元微之等人的诗文集，还有孟东野、刘文房、陆宣公、权载之、韩昌黎、张文昌、刘梦得、姚少监诸诗文集的残本。蜀刻唐集与他处刻本的差别反映在书名、卷数、编次、文字等各个方面，对重新整理唐人著作有着重要的版本校勘价值。

三、福建刻本

1. 福建刻书业的兴起和发展

福建雕版印书始于何时？清叶昌炽《藏书纪事诗》卷七引据说："宋板《列女传》载'建安余氏靖安刻于勤有堂'。乃南北朝余祖焕始居闽中，十四世徙建安书林，习其业二十五世。余文兴以旧有勤有堂之名，号勤有居士。盖建安自唐为书肆所萃，余氏世业之，仁仲最著，岳珂所称'建安余氏本'也。"把福建雕版印书的起源划自唐代。又据《续东华录》所载，乾隆帝尝遣员调查建安余氏家刻书的历史，云"余氏后人余廷勷等呈出族谱，载其先世自北宋建阳县之书林，即以刊书为业，彼时外省极少，余氏独于他处选购纸料，印记'勤有'二字，纸版俱佳，是以建安书籍盛行"。据此则建刻之盛当在北宋。从传世的雕版印刷品来看，福建在北宋时期确实已形成了较发达的刻书业。北宋神宗元丰三年（1080），福州东禅寺筹资刻印了一部新的大藏经，全藏共六千一百零八卷，一千四百四十部，分装五百八十函，收书量大大超出《开宝藏》。因卷帙浩繁，且为民间私刻，故费时久长，直至宋徽宗崇宁二年（1103）方始完工。这就是著名的《福州东禅寺大藏》，又称《福州藏》、《东禅藏》、《崇宁藏》或《崇宁万寿藏》。南宋时，《崇宁藏》又陆续增刻了一些佛著。北宋徽宗政和二年（1112），即《崇宁藏》完成后的第二年，又由福州人氏蔡俊臣等组织刻经会，在开元寺僧本悟的主持下，经过四十余年的努力，终于在南宋绍兴二十一年（1151）再刻成一部大藏经，世称《开元藏》或《毗卢藏》。该藏体制规模一依《崇宁藏》，收书一千四百五十一部，六千一百三十二卷，分装五百九十五函。《崇宁藏》和《毗卢藏》今均不存全帙，惟有零种残本流传。无独有偶的是，在此同时，福建还刻印了一部官版道教藏经——《政和万寿道藏》。道藏是道教经籍的合编。道教创始于东汉，经过不断造作，积聚了许多专著，两晋以后，陆续编纂经目。唐玄宗天宝七载（748），汇辑名家道教经籍，编成《三洞琼纲》三千七百四十四卷，成为后世道藏的雏型。北宋真宗天禧三年（1019），著名道士张君房增辑《三洞琼纲》至四千五百六十五卷，并易名《大宋天宫宝藏》。徽宗崇宁年间，道君皇帝赵佶又诏令搜访道教遗籍，着令书艺局委派道士刘元道校定，最后达到五千三百八十七卷之数，确定了道藏的基

本规模。政和六、七年间，徽宗特地把编好的道藏送往福州闽县
万寿观开雕，并委派龙图阁直学士、中大夫、福州郡守黄裳督察
工务，世称《万寿道藏》，又名《政和万寿道藏》。《万寿道藏》是道
藏编集后的第一个印本，是后世历朝所刻道藏的蓝本，可惜书成
不久即毁尽，无一残叶可观其面目。《东禅藏》、《毗卢藏》和《万寿
道藏》都是卷帙浩繁的大型丛书，总数多达一万七千余卷，全都由
福建地区包揽而成于一时。这一事实足以证明，北宋末年福建的
雕版印刷业已拥有十分强大的技术和实力，正处于一个十分繁荣
发达的阶段。此外据叶梦得《石林燕语》记载说，当时各地的"印
本以杭州为上，蜀次之，福建最下。福建多以柔木刻之，取其易
成而速售，故不能工，福建本几遍天下"。叶梦得生于北宋熙宁十
年（1077），卒于南宋绍兴十八年（1148），所以"福建本几遍天下"
的商业优势至少在北宋末期已经形成。至于建刻肇始于何时，虽
说不能确断在唐代，至少应在北宋之前的一个相当时期。

2. 建阳书坊刻书

宋代福建刻书业分布在福州、莆田、建阳等地，而以建阳地
区最为集中。一般以"闽本"泛指福建刻本，而"建本"则多指建
阳地区刻本。建阳地处闽北武夷山区，盛产竹子、榕树，竹易造
纸，榕易雕版，是发展刻书事业的天然资源。据《方舆胜览》记
载，宋时建阳"麻沙、崇化两坊产书，号称'图书之府'"。在明修
建阳府志中，刻书业列为主要"地方特产"，可见刻书业在建阳地
方经济中的重要地位。麻沙镇因其书坊多而集中，被称作"书棚
镇"。古代书目文献中常见的"建安刻本"、"建宁刻本"、"建阳刻
本"和"麻沙刻本"、"崇化刻本"等，都是指的这一地区的刻本。

闽刻以建刻为主，建刻以坊刻为主。这是宋代福建刻本的一大特点。传世的宋代建刻本大多数是书坊刻本，如"建宁黄三八郎书铺"刻《韩非子》、《重修广韵》，"建宁陈三八郎书铺"刻《贾谊新书》，"建安江仲达群玉堂"刻《二十先生回澜文鉴》，以及建安余仁仲万卷堂刻《春秋公羊经传解诂》、《尚书精义》、《古列女传》等。余氏勤有堂书籍铺一直延续到元、明，如元统三年（1335）刻苏天爵《国朝名臣事略》，至正十一年（1351）刻《唐律疏义》，皇庆元年（1312）刻《千家注杜诗》等。明代建阳书坊中的余象斗、余文台刻本，推想也是宋代余氏的后裔。余氏是建阳书坊的典型，像这样源远流长的书坊在建阳还有不少。自宋以来，建阳书坊盛兴不衰，世称"元代刻书以建阳为最发达"，即因有叶氏广勤堂、刘氏翠岩精舍、刘氏日新堂、郑氏宗文堂等一批著名书坊之故。而"沿着宋元遗风发展下来"的明代建阳书坊，更在原有老店的基础上，新增了刘宏慎独斋、熊大木、熊龙峰忠正堂等一大批刻书铺，他们刊行的《文献通考》、《西厢记》等书，至今仍被藏家和学术界视为善本珍笈。建阳书坊的历史是中国书坊刻书史的缩影，建阳坊刻本是最有典型意义的书坊刻本。

由于书坊刻书纯以营利为目的，刻书质量不很讲究，所以建刻虽多，名声却很不好。明谢肇淛《五杂组》说："闽建阳有书坊，出书最多，而板纸俱最滥恶，盖徒以射利计，非以传世也。大凡书刻，急于射利者必不能精，盖不能捐重价故耳。"书坊主贪图利益，用疏松的木料和脆薄的纸张印制书籍，虽易制速成，但稍经刷印，不是书板豁裂，就是字迹漫漶。再加上他们不肯费时费工细加校雠，甚至任意删落字句，故而无论外观还是内在都很粗制滥造。从存世的建阳书坊刻本来看，这种劣迹确属普遍。古人谓建本最次，确属不假。

但宋代建阳坊刻本也有优劣之分。宋岳珂《九经三传沿革例》尝谓："世所传本，以兴国于氏、建安余氏为最善。"据绍兴二年（1132）余仁仲刻本《春秋公羊经传解诂》序后识言称："谨以家藏监本及江浙诸处官本参校，颇加厘正。"各卷后又分别题有"仁仲比较讫"、"国学进士余仁仲校正"、"国学进士刘子庚同校"、"国学进士陈几同校"、"国学进士张甫同校"、"奉议郎签书武安军节度判官厅公事陈应行参校"等，可见其刻书的作风和态度非同一般书坊。又据宋周密《癸辛杂识》记载，在一向以讲究质量著称的廖莹中世綵堂刻本中，也还有"建宁所开《文选》"在。可见建阳坊刻本并非一律不好。这种例子在元、明坊刻本中也不少见。如元至顺元年（1330）郑氏宗文堂刻刘因《静修先生文集》，就是刘因文集诸版本中最古最完备的本子，商务印书馆影印《四部丛刊》刘集即选它作底本。

虽然坊刻本质量较官刻、私刻为次，但因其流通量大，流通面广，故其社会影响极为广大。书坊刻书的对象多属社会中下层，书坊为满足一般士子诵习经文、应试科举而选编刊印了大量内容形式各异的读本。为适应市民文化的发展需要，书坊印行了大量的通俗读物，如各种酬世大全、医卜星相、农工杂技等应用性较强的书籍，出版了大批为官府私家刻本所不齿的话本小说、杂唱变文等俗文学书籍。如《武王伐纣》、《宣和遗事》、《三国志》等。这些为社会生产生活所急需，为市民阶层喜闻乐见的科普、文化读物，对传播文化科技知识是有积极作用的。因此，我们在论述以宋代建阳地区为代表的书坊刻书时，还应从这一方面去考察一下它在版本史上的意义。

3. 建阳私家刻本质疑

宋代福建的官府刻本很少，可以举例的有南宋咸淳元年（1265）建宁知府吴革所刻朱熹《周易本义》十二卷《易图》一卷，《五赞》一卷《筮仪》一卷，今藏国家图书馆。相比之下，著录作建阳私家刻本的却不少，如乾道年间福建麻沙镇水南刘仲吉宅刻印的宋黄庭坚《类编增广黄先生大全文集》，建溪三峰蔡梦弼传卿于乾道七年（1171）刻印的《史记集解索隐》，建安虞平斋务本书堂刻印的《增刊校正王状元集注分类东坡先生诗》，建安刘元起刻《汉书注》，建安蔡琪刻《汉书集注》，建阳龙山书堂刻本宋王明清《挥麈录》，建安虞氏家塾刻本河上公《老子道德经章句》，当然还有最出名的建安黄善夫刻本《史记索隐正义》和《后汉书注》、《王状元集百家注分类东坡先生诗》等等。若按叶德辉《书林清话》的统计，那就更多了，如建安王氏世翰堂、建安蔡子文东塾之敬室、麻沙镇南斋虞千里、建安陈彦甫家塾、建安魏仲举家塾、建安魏仲立宅、建安刘日新宅、建宁府麻沙镇虞叔异宅、建安刘叔刚宅、建安王懋甫桂堂、建安曾氏家塾等等。其他版刻史著作的引述皆无异议，只有王欣夫先生在《文献学讲义》里提出疑问，他认为在世传的建阳私家刻本中"偶有误入的，如麻沙镇的刘仲吉、虞千里两家，可能是书坊"。这确实是一个可以探讨的问题。

一般认为私家刻书"往往以某某家塾、某堂、某斋、某宅、某府等为标记"（见刘国钧《中国书史简编》）。但实际上这条界线并不严密。比如麻沙镇刘仲吉宅刻本是以"宅"而入私家刻本的，但是宋代临安陈氏经籍铺所刻《王建诗集》卷后也题有"陈解元宅刊印"字样，一般却都归入坊刻本。而且刘仲吉宅刻本《类编增广黄先生大全文集》目录后牌记曰："麻沙镇水南刘仲吉宅近求到

《类编增广黄先生大全文集》计五十卷，此是先印行者增三分之一，不欲私藏云云。"无论书名或牌记文字内容，都更近乎坊刻书的样式。再如黄善夫刻本《史记索隐正义》因有"建安黄善夫刊于家塾之敬室"牌记，而一向举为宋代私家刻本的典型，似无疑义。但是同样刻有"余仁仲刊于家塾"字样的余仁仲万卷堂刻本《春秋公羊经传解诂》，却在同一版刻史著作里列为宋代书坊刻本的代表作，这又怎样解释呢？很多著述都强调边栏上端刻有"书耳"是宋代建刻的版式特点，"是因为建本面向大众，出版量大，由刻板工人在实际工作中结合读者的需要创造出来的好办法"。推理之下，私家刻本既非面向大众，出版量也不大，似乎也就没有必要使用这种"结合读者的需要创造出来的好办法"。然而，向称私家刻本的黄善夫刻本《史记》却恰恰有书耳。当然现在尚无足够的证据断定黄善夫也是书坊主，但疑问确实存在。至少有的著作在区分私家刻本和书坊刻本时，经常出现勉强而难以自圆其说的情况。如把宋建安虞平斋务本书堂刻本《增刊校正王状元集注分类东坡先生诗》划为私家刻本，却又把至元七年（1270）虞平斋务本书堂刻本《赵子昂诗集》列入书坊刻本。

如何正确区分私家刻本和书坊刻本，还有待于进一步的研究，但在历来已认定的宋代建阳私家刻本中，则肯定有不恰当的，有王欣夫先生怀疑之外的误入者。

第二节　辽、金、元代刻本概述

一、辽代刻本概述

1. 记载中的辽刻《龙龛手鉴》

与北宋并立于中国的辽国，文化比较落后。辽国的雕版印书业主要建立在后晋石敬瑭燕云十六州的原有基础上，远远不如北宋发达。有关辽刻的文献记载极少，版本实物更是罕见稀有。历来唯一可作参资的是见于宋沈括《梦溪笔谈》卷十五中的一段记载：“幽州僧行均，集佛书中字为切韵训诂，凡十六万字，分四卷，号《龙龛手镜》。燕僧智光为之序，甚有词辩。契丹重熙二年集。契丹书禁甚严，传入中国者法皆死。熙宁中，有人自虏中得之，入傅钦之家。蒲传正帅浙西，取以镂板。其序末旧云‘重熙二年五月序’，蒲公削去之。”行均，俗姓于，字广济，幽州人。他用五年时间，于《说文》、《玉篇》之外多所搜集，并集佛经中文字以补六书所未备，编成《龙龛手镜》四卷。但是辽刻重熙原本早已失传。所传宋刻本《龙龛手鉴》，前面保存着“统和十五年丁酉”智光原序，明人徐燉据此而考定为“契丹原本，非熙宁中蒲帅重梓浙西本”。后经张元济先生考订，以为此书原名《龙龛手镜》，传入宋以后的重刻本，因避翼祖赵敬讳改“镜”作“鉴”，故作“鉴”之本，必非契丹原刻。又序文标题首冠“新修”二字，亦非原本所当有，必为熙宁或后来刻本所增。他还进一步鉴定说，此本上声一卷可定为由辽传入宋时最初的覆刻本，其余各卷则是以后再覆刻的版本，其中卷三木部“构”字避高宗讳，当是南宋初年所刻。《四部丛刊续编》和《续古逸丛书》都收入此书，并均据该宋本影印。另有一种明影写宋刻本，系汲古阁旧藏，有影印本流传。该本"镜"字不讳，王重民《中国善本书提要》疑此即从辽刻重熙原本而来者。所以真正的辽刻书籍面貌，长期来未被世人所识，版本目录学界对辽代雕版印刷史的研究也因此而一直显得十分苍白却又无能为力，直到1974年山西省文物工作者从应县佛宫寺释迦佛像内发掘出一批辽代雕版印刷物来，这种状况才得到初步然而又是根本性的改观。

2. 新发现的应县佛宫寺藏辽刻

山西应县佛宫寺释迦塔（木塔）建于辽道宗清宁二年（1056）。在1974年整修时，从木塔第四层释迦佛像内发现一批辽代文物，其中有六十一件雕刻印刷品，包括刻经四十七件，刻书与杂刻八件，刻印佛图十六件。现分别作简单介绍如下。

（1）刻经四十七件，包括《契丹藏》经卷十二卷和其他单刻佛经经卷三十五卷。《契丹藏》刻成于辽圣宗统和年间，因辽国自圣宗统和至道宗清宁十年（983—1064）的八十二年中以契丹为国号，所以这部佛教藏经既名《契丹藏》，又名《辽藏》。《契丹藏》是继北宋《开宝藏》之后的第二部木刻汉文大藏经。据《辽史·道宗纪》记载，咸雍八年（1072）道宗把《契丹藏》作为国家礼品送给高丽国王。这件事还记载在朝鲜古史《高丽史》中："文宗十七年三月丙午，契丹送大藏经。王备法驾，迎于西郊。"我国历代官私刻印的大藏经，如北宋《开宝藏》《崇宁藏》《毗卢藏》，南宋《圆觉藏》《碛砂藏》，金《赵城藏》，明《径山藏》等，虽皆难得，但或全或残，或多或少，总还有传本可睹，唯独《契丹藏》只有房山石刻本传世。因此佛宫寺木塔发现的《契丹藏》经卷，不仅填补了辽刻研究的空白，而且对佛学研究也有意义。从这十三卷刻经来看，《契丹藏》具有如下一些基本特征：全部用汉文书写雕版，大字楷书，工整有力；卷轴装，每卷由数张印纸（每版印一纸）至数十张印纸黏连而成，行数字数基本一律，版式整齐划一，用千字文编号，硬黄纸印，光洁坚韧；不避讳（与其他辽刻佛经不同）；卷首大多配有木刻佛画，纸背或盖印有戳记，记录该经卷刻印年月、地点等情况。根据各经卷题记年代考知，《契丹藏》约刻成于辽圣宗统和年间，且不会晚至辽道宗时，因为道宗时刻经需避讳。叶恭绰在《历代藏经考略》中提出过这样一个观点："现存之《开宝藏》残卷，皆印于崇宁、大观年。"如果确实如此，那么新发现的十三卷《契丹藏》经卷就是国内现存最早的佛教大藏经印本了。

　　其他三十五卷刻经或题有确切的刻印年月，都是自辽圣宗统和、太平年间至辽道宗咸雍年间的作品；无年月的刻经，从其板式行款、字体纸张以及题记内容来看，也多在同一时代。其中有六卷经卷避讳，"光"、"明"、"贤"、"真"四字缺笔，分别避辽太宗耶律德光、穆宗耶律明、景宗耶律贤和兴宗耶律宗真的名讳，但不很严格。

　　辽刻《契丹藏》及单刻佛经的字体书法秀丽而遒劲，刀法圆润纯熟，是处于比较成熟时期的雕版印刷物。题记中出现的刊印地点，除燕京外几无别处，如"燕京檀州街显忠坊门南颊住冯家印造"，"燕京雕历日赵守俊并长男次弟同雕记"，"燕京仰山寺前杨家印造"，"燕京弘法寺奉宣校勘雕印流通"，"燕台大悯忠寺"等等。由此可以想见公元 11 世纪时，燕京（辽南京，今北京）雕版印刷业的繁荣景象，而辽刻的基地和中心也正是在这里。

　　（2）辽刻本《蒙求》，是佛宫寺出土辽代雕版印刷品中唯一的一部辽刻书籍，也是目前世所仅有的辽版书籍，还是《蒙求》版本中最早的一个刻印本。《蒙求》是唐代李翰编著的一部启蒙识字课本，它以历史典故为主要内容，采用对偶押韵的句子，每句四字，包含一个历史人物或传说人物的故事，上下两句对偶，适宜儿童识字并同时学习一些基本的历史知识。《蒙求》之名，取自《周易》"童蒙求我"之句。这部独创一格的"蒙求"体识字本，在我国蒙学教育史上是可与《急就篇》《千字文》前后辉映的重要文献，它对以后的蒙书产生过很大影响，出现了不少注释本，如徐子光《补注蒙求》、金三俊《李氏蒙求补注》，以及一系列"蒙求"体著作，如《十七史蒙求》《广蒙求》《叙古蒙求》《春秋蒙求》《名物蒙求》《唐氏蒙求》《六言蒙求》等，而且像《三字经》《龙文鞭影》《幼学琼林》等蒙书的不少内容也皆仿效取材于此。李氏《蒙求》还传到朝鲜、日本，在那里不断重刊翻印，还出版了不少朝鲜、日本学者的笺注、校订本。

应县佛宫寺藏辽刻本《蒙求》残存七叶半，每叶二十行，行十六字，左右双栏，楷书，字体整齐而略显呆板，白麻纸，蝴蝶装，避讳"明"、"真"，如"甄后出拜"（甄真同音），"离娄明目"，"周镇漏船"，"渊明把菊"，"镇长望月"，"许慎无双"，"慈明八龙"等等。此本校刻不精，错字较多，字行拥挤，纸质墨色欠佳。据专家考订认为很可能是辽西京一带民间印制、流行的坊刻本。从版本内容文字来看，辽刻《蒙求》有如下特点：①它是白文无注本，有人提出"白文本或许是给学童作识字课本用的删节本，有目有注者当是给塾师作教材演讲之用"（参见毕素娟《世所仅见的辽版书籍——〈蒙求〉》，载《文物》1982 年第 6 期）。②虽与其他传本一样分上中下三卷，但在具体分卷上与有些注释本稍有不同。③

它是唯一有音义的《蒙求》。④文字面貌与杨守敬在日本访得的卷子改装本《古钞蒙求》比较接近，属较早的《蒙求》版本。因此，辽刻本《蒙求》无论从文物意义上讲还是从校勘意义上讲，都具有较高的价值。

（3）六幅刻版佛图分别为：《南无释迦牟尼佛像》三幅、《药师琉璃光佛说法图》二幅、《炽盛光九曜图》一幅。据专家鉴定，《药师图》和《九曜图》都是木刻印画，彩绘是后经着色的。三幅《释迦佛图》是由同一块版画印刷人形物状的轮廓，面部五官及手足则用墨笔勾画，图上红蓝色彩似用丝漏法印制，先漏印红色，后漏印蓝色，再用笔刷染黄色，也即套板印刷。这六幅木刻佛画虽然未署明作者、地点和时间，但与同出刻经的用纸、刻工、卷首佛画相比较分析，很可能也是燕京坊间匠师们的作品。辽刻佛图从雕版技术上看，其娴熟程度足以与五代刻画《大慈大悲救苦救难观世音菩萨》和雷峰塔经卷扉页佛画媲美。彩色套印的《南无释迦牟尼佛像》意义、影响更大。以前一直把元至元又六年（1340）湖北江陵资福寺刻《无闻和尚金刚经注解》当成最早的彩色套印作品，然而辽刻彩印《释迦图》却要早出三百多年。因此，它在中国版画史上的地位是毋容置疑的。

对应县佛宫寺出土的辽刻的研究，现在还只是初步，但是它所确认的部分价值已使我们如获至宝。正如有人说的："辽代雕版印刷的佛画与五代时期的《大慈大悲救苦救难观世音菩萨》及宋时的《开宝八年宝箧印陀罗尼经》上的扉画等木印作品相比，恰见功力匹敌，各具特色。精美的《契丹藏》全部由当时的燕京雕印，更显示了当时燕京印刷力量的雄厚。这使我们仿佛见到今天北京荣宝斋的木板水印渊源于九百多年前燕京的雕版印刷而倍感亲切。"

（参见侯恺、冯鹏生《应县木塔秘藏辽代美术作品的探讨》，载《文物》1982年第6期）。

二、金代刻本概述

1. 金代刻书业的中心——平水

金朝建国一百余年（1115—1234），相当于从北宋末期（徽宗政和间）到南宋中期（理宗端平间）。公元1126年，金灭北宋，把宋宫秘阁三馆书籍、印版席卷而去。宋洪迈《容斋续笔》卷十五"书籍之厄"记载说："宣和殿、太清楼、龙图阁御府所储，靖康荡析之余，尽归于燕，置之秘书省，乃有幸而得存焉。"毫无疑问，这次侵掠对金代雕版印刷业的发展是一次强刺激。

金代刻书中心在山西平阳府，府城平水，即今山西临汾市。一般认为平水刻书业的兴盛是中原书坊刻工躲避战乱、迁徙平阳的结果。平阳出产麻纸，北面靠近太原府造墨场，是发展刻书业的有利环境。从传世的金刻本来看，确以平水刻本最多。王欣夫《文献学讲义》认为，金代平水地区的刻书业"发展到十二世纪中叶，便形成了繁荣的局面，不亚于宋代的浙、蜀、闽三省"。但从传本来看，极盛期似在金末元初。《金史·地理志》记曰："平阳府有书籍。"清钱大昕《平水新刻〈礼部韵略〉跋》考证说："前有正大六年许道真序，知此书为平水书籍王文郁所定。史言有'书籍'者，盖置局设官于此。然则'平水书籍'者，盖文郁之官称耳。"不过平水官刻本极少，大多是书坊和私家刻本。《中国版刻图录》收入的《萧闲老人明秀集注》，就是金代平水私家刻本的代表，现藏北京图书馆。清光绪三十三年（1907）在甘肃张掖黑水古城所获金刻《四美图》，题"平阳姬家雕印"，王昭君、赵飞燕等人物图像古朴生动，是我国早期版画中不可多得的上品。山西省博物馆藏金刻平水版佛经一百五十多卷，卷轴装，行列参差，笔画粗壮，每卷开头附有木刻版画，画着释迦端坐说法，十弟子倾耳静听的形象，人物衣袖飘飘，背景为一片苍茫的云树，木刻刀法纯熟，线条清晰，足以见得金代平水地区刻版雕画技术已具有相当的技术水平和艺术水平。

记载于历代书目文献或现存于世的平水刻本还有书轩陈氏刻《铜人腧穴针灸图经》，闲瞆叟刻《补注铜人腧穴针灸图经》，晦明轩张宅刻《经史证类大观本草》、《丹渊集》，中和轩王宅刻《道德宝章》、《新刊韵略》、《滏水文集》，李子文刻《重刊增广分门类林杂说》，张谦刻《重校正地理新书》，刘敏中刻《尚书注疏》、《毛诗注疏》，以及未署出版者名的《云笈七签》、《栖霞长春子丘神仙磻溪集》、《邙山偈》、《南丰曾子固先生集》、《黄帝内经素问》、《重编补添分门字苑撮要》、《泰和五音新改并类聚四声篇》、《庄子全解》、《刘知远诸宫调》等。

金刻本时代早，流传少，故其板本价值几同宋刻一等。王重民先生曾把金刻本《四声篇》与明代的翻刻本对校一过，发现明本虽经修订，但已有增衍窜乱之处，文字反不及平水刻本。所以，版本目录学界对金刻本一向十分珍视。

2. 金刻佛藏和道藏

金刻佛教大藏经，简称《金藏》，是金代规模最大、影响最深的一部雕版印刷品。金皇统八年（1148），北方女子崔法珍断臂苦行，为倡刻佛教藏经筹募资金。后于山西解州（今山西运城）天宁寺成立开雕大藏经版会，负责刊印藏经的各项事宜。经过三十年的艰苦努力，终于在大定十八年（1178）刻成全藏，时间与宋《毗卢东禅寺藏》相近。

《金藏》基本上按《开宝藏》覆刻，仅千字文编次略有变动。全藏卷数不确，据1936年支那内学院蒋唯心考证，估计有六千九百余卷。《金藏》现存有四种印本共五千三百六十七卷，发现于山西赵城广胜寺的称"广胜寺本"，存四千八百二十七卷，现存北京图书馆，另有零本藏上海图书馆等处；"广胜寺本"中杂有个别"兴国院本"和"天宁寺本"，是《金藏》的天宁寺初印本；发现于西藏萨迦北寺的，原藏燕京大宝集寺，称"大宝集寺本"，计五百四十卷，现藏民族文化宫图书馆。《金藏》一般即指"广胜寺本"，故又称《赵城藏》、《赵城金藏》、《赵城广胜寺藏》。1942年，侵华日军企图抢劫这部文献瑰宝，被八路军和当地群众及时抢救出来，这段传奇般的历史使《赵城藏》更加引人瞩目。

由于《金藏》基本保持着《开宝藏》的规模体制和版刻特点，因此在《开宝藏》几乎散失殆尽的情况下，《金藏》不论在文物价值方面还是在校勘价值方面，都具有无可比拟的价值。民国初年，叶恭绰、徐鸿宝等曾影印过《金藏》的一部分。目前我国学术界正在编纂出版的《中华大藏经（汉文部分）》正编，就是以《赵城金藏》作底本，并按照其目录体系来影印的。

金刻道藏全称《大金玄都宝藏》，简称《金道藏》。宋《政和万寿道藏》刊成之后，书板即运回京城。金世宗大定四年（1164），诏以南京（即宋之汴梁）所藏宋版道藏运付中都十方天长观（旧址在今北京白云观西）。章宗明昌元年（1190），诏令孙明道分遣黄冠羽衣访道遗经于天下，且募工鸠材，不二年间，镂椠具完，共得遗经一千零七十四卷，补版者二万一千余册，与原宋版道藏合成为《大金玄都宝藏》，共六千四百五十五卷。这是金代官方刻书中最大的一项工程。它刊印于中都（原燕京），说明那里的刻书业方兴未艾，仍是金代刻书的中心之一。可惜在经版刻成后不久的泰和二年（1202），天长观不慎失火，转眼之际，《大金玄都宝藏》版籍皆随之俱焚。

三、元代刻本概述

元代刻书业是在南宋和金代的原有基础上继续发展的，故而承袭着前朝刻书的一些基本特点，比如元刻仍集中在建阳、两浙和平水等地，元代建阳刻本仍以坊刻为主等等。凡此类同情况均可参考前文，不必再作资料堆砌式的复述，这里仅对元代刻书中的几个特殊问题，或比前朝刻本更为典型的问题，作一简单的介绍。

1. 蒙古刻本、中统刻本和元刻本

蒙古大汗忽必烈于公元1260年始建元中统，中统五年（1264）改元至元，至元七年（1270）灭宋，迨至元八年（1271）十一月，始改国号为元。史书规定至元八年之前仍称蒙古，版本著录中也相应地把元世祖建元之前的刻本称作"蒙古刻本"，中统年间刻本称作"中统刻本"或"蒙古中统刻本"，至元改元后的刻本才通称作元刻本。当然这是比较细致的划分，若以元刻泛指上述三种不同时期的刻本，也未尝不可。

据《元史》记载，"太宗八年（1236）六月，立编修所于燕京，经籍所于平阳"，可知孛儿只斤·窝阔台灭金后不久，就已在前金

刻书业的基础上筹建了国家刻书机构。现存较早的蒙古刻本有题"大蒙古国壬寅年"的《孔氏祖庭广记》，系乃马真后元年（1242）所刻。乃马真后三年（1244），道士宋德方及其弟子秦志安等人在山西平阳玄都观编集刊印了一部道藏，凡七千八百余卷，世称《元道藏》或《玄都宝藏》。经版原贮平阳玄都观，定宗时（1246—1248）移置平阳永乐镇纯阳万寿宫。《元道藏》是第三部木刻道藏，因金代流行全真派道教，故增入不少全真道著作。世祖至元十八年（1281），因僧道辩论《老子化胡经》真伪，诏令烧毁除《道德经》外所有的道书，《玄都宝藏》亦同遭此劫。虽然后来又有《明道藏》问世，但许多道教著作却因此而不再复出，损失颇重。传世的蒙古刻本还有定宗二年（1247）邓州析城郑氏家塾刻《重校三礼图集注》，《四部丛刊》即以此为底本影印。又定宗四年（1249）山西平阳府张存惠晦明轩刻《重修政和经史证类备用本草》，因其始刊于金泰和四年（1204），所以也可算金代刻本。又宪宗六年（1256）燕京赵衍刻唐李贺《歌诗编》等。蒙古中统刻本中最著名的是中统二年（1261）平阳道段子成刻《史记集解索隐》，该本字体方整，气息朴厚，版式风格近乎宋版，是《史记》众本中的佼佼者，元、明诸本多从翻刊。

　　南宋灭亡后，江南刻版书籍大量输入元都。元姚燧《牧庵集》："宋社既墟，诏令湖南宪使卢挚以内翰籍江南诸郡在官四库精善书板，舟致京师，付兴文署。"《元史·世祖纪》："至元十三年，两浙宣抚使焦友直以临安经籍图书、阴阳秘书来上。"《续文献通考》："至元十五年四月，以集贤大学士许衡言，遣使取杭州等凡在官书籍版刻至京师。"随着江南版图的归辖于元，随着江南版籍的输入于元，元代刻书业开始了根本的转折。兴文署是掌管雕印文书的国家机构，设立于至元十年（1273），属秘书监，后并入翰林院。兴文署初始并不刻印书籍，自南宋刻本大批涌入，刺激了政府的刻书兴趣，于是兴文署"召集良工，刊刻诸经子史版本"。至元二十七年（1290）刊成的《资治通鉴》，是记载中的第一部兴文署刻本，又是唯一的兴文署刻本。

蒙古刻本、中统刻本和元初刻本十分少见，其版本价值可与宋版相提并论。元代刻书的盛期从十四世纪初的大德年间开始，持续了半个多世纪，传世的元刻本大多产生于这一时期。

2. 路学刻本

元代官刻书籍以地方为主要力量，即如清倪灿《宋史艺文志补序》所说："郡邑儒生之著述，多由本路进呈，下翰林院详要，可传者，命江浙行省或所在各路儒学刊行，故何、王、金、许之书多类以传，鄱阳马氏《通考》，且出于羽流之荐达，可谓盛矣。"这种地方官刻本也称路刻本，或路学刻本，或儒学刻本。路学刻本大多在前面附有宣刻牒文，择要记述此书从进呈、审察到付印的过程，是研究元代官方出版制度的文献史料。后来，地方行省各路也有了选题刻书的自主权。明陆深《金台纪闻》；元时"郡县俱有学田，其所入谓之学粮，以供师生廪饩，余则刻书，以足一方之用。工大者，则纠数处为主，以互易成帙，故校雠刻画，颇有精者，非以图鬻也"。清宋荦《影元钞本曹文正集跋》；"元时名集，动国帑锓版，故得名手书文，良工刊刻。"元代路学刻本有较充足富裕的经济保证，在元刻中可称校刻俱精。

元代路学刻书以江浙行省最多。江浙省治所在杭州路，辖境相当今浙江、福建两省及江西省鄱阳湖以东，江苏、安徽省长江以南地区，这一带刻书历史悠久，实力雄厚，理所当然。据统计，江浙行省各路儒学刊本有《辽史》、《金史》、《宋史》、《燕石集》、《礼经会元》、《说文解字》、《六书统》、《平宋录》、《两汉诏令》、《国朝文类》、《鄂国金陀粹编》、《圣济总录》、《唐诗鼓吹》、《大戴礼记注》、《吴越春秋音注》等。当然这还是不完全的。路学刻本中最为闻名的还数大德九路本《十七史》，就是在元大德年间由建康路属下九路刊印的《十七史》本子。其中大德九年（1305）太平路刻本《汉书》目录后附太平路儒学教授孔文声题记，叙述该书刊印缘起曰："江东建康道肃政廉访司以《十七史》书难得善本，从太平路学官之请，遍牒九路，令本路以《西汉书》率先，俾诸路咸取而式之。"建康道九路分别为宁国、徽州、饶州、集庆、太平、池州、信州、广德及铅山州。但由于文献记载和传本的残缺不全，对大德九路本《十七史》的认识还有模糊不清和意见分歧之处。一是孔文声称刊《十七史》，但是否刻全却无证明，所以有些著作根据传本情况改称作九路刊《九史》，具体指《汉书》、《后汉书》、《三国志》、《隋书》、《北史》、《唐书》、《辽史》、《金史》和《宋史》。不过传世的辽、金、宋史系至正间杭州路、嘉兴路刊印，似非建康道所属九路刻本。二是对九路分刊诸史的说法不一。清陆心源《皕宋楼藏书志》认为："《两汉》则太平路，《三国志》则池路，《隋书》则瑞州路，《北史》则信州路，《唐书》则平江路。"而傅增湘《藏园群书经眼录》、王重民《中国善本书提要》等著录《后汉书》为宁国路刻，《唐书》由建康路刻，且有饶州路刻《史记》和瑞州路刻《隋书》。大德九路本诸史版式一律，半页十行，行二十至二十二字，黑口，四周双栏，版心上记字数、刻地，下记刻工。如饶州路刻本《隋书》版心刻识"尧学"、"路学"、"番泮"、"浮学"、"乐平"、"锦江"、"初

庵"等，都是路属各级学府的简称。"尧"为"饶"之省文，"尧学"、
"路学"即饶州路学；"番泮"指鄱阳县学，"浮学"指浮梁州学，"乐
平"指乐平州学，"锦江"、"初庵"是安仁县、德兴县属的两所书
院。又如信州路刻本《北史》版心上方分别刻着"信州路儒学刊"、
"信州路象山书院刊"、"兰山书院刊"、"信州路道一书院刊"、"玉山
县学刊"、"永丰儒学刊"、"弋阳县学刊"、"上饶县学刊"、"贵溪县
学刊"、"稼轩书院刊"等字样。

3. 书院刻书

书院制度起源于唐，大兴于宋。书院除具有教书、著书、藏
书的功能外，还有刻书的传统。书院刻书始于宋，继之于元，已
极盛行，故清顾炎武有"宋元刻书皆在书院"之谓。据历代书目粗
略统计，宋代书院刻本可考者有嘉定十七年（1224）吉州白鹭洲书
院刻《汉书集注》、《后汉书注》，嘉定间梅隐书院刻蔡沈《书集传》，
绍定三年（1230）婺州泽丽书院刻司马光《切韵指掌图》、吕祖谦
《新唐书略》，绍定四年（1231）信州康山书院刻宋袁燮《絜斋家塾
书抄》，淳祐六年（1246）泳泽书院刻朱熹《四书集注》，淳祐八年
（1248）龙溪书院刻陈淳《北溪集》，宝祐五年（1257）竹溪书院刻
方岳《秋崖先生小稿》，景定五年（1264）环溪书院刻《医脉真经》、
《小儿方论》、《伤寒类书活人总括》、《仁斋直指方论》，咸淳元年
（1265）建安书院刻《朱文公文集》，以及鄂州鹄山书院刻《资治通
鉴》，六安龙山书院刻《纂图互注春秋经传集解》、紫阳书院刻宋
魏了翁《周易要义》、《周易集义》等近二十部。元代书院及其刻书
都较前有所发展，全国一百二十所书院都曾刻书流传，见于著录
的有如大德三年（1299）铅山广信书院刻《稼轩长短句》，大德六年

（1302）宗文书院刻《五代史记》、《经史证类大观本草》，大德间建康路明道书院刻《释音》，延祐间圆沙书院刻《山堂肆考》、《周易程朱先生传义》、《新笺决科古今源流至论》、《大广益会玉篇》、《玉篇广韵指南》，泰定元年（1324）苍岩书院刻王肃《标题句解孔子家语》，泰定五年（1328）庐陵武溪书院刻《新编古今事文类聚》，至顺三年（1332）常州龟山书院刻宋李心传《道命录》，至正九年（1349）建宁府建安书院刻《蜀汉本末》，至正二十年（1360）屏山书院刻宋陈傅良《止斋先生文集》、宋刘学箕《方士闲居士稿》，至正二十五年（1365）沙阳豫章书院刻《豫章罗先生文集》，以及至正二十六（1366）圆沙书院刻《大广益会玉篇》、《广韵》等。而元代书院刻本中最著名的还推杭州西湖书院的《文献通考》和《国朝文类》。

西湖书院是至元二十八年（1291）在原南宋太学的遗址上建立起来的，旧国子监留存书版"凡经史子集毋虑二十余万"。自至治三年（1323）起至泰定元年（1324）止，西湖书院对这批旧藏版籍重加整理，"以书目编类，揆议补其缺"。据王国维《西湖书院书板考》统计，书院历年补版重印的书籍约有一百十数种。这些书板大多保存到明初移入南京国子监。除修补旧版外，西湖书院还刻印新著。元马端临《文献通考》这部重要的典志体通史，就是在泰定元年（1324）奉旨下江浙省雕置于西湖书院。后至元又元年（1335），江浙等处儒学提举余谦莅杭，发现板本伪逸处不少，即命西湖书院山长方员和马端临的女婿杨元率学者校补订正，并于至元又五年（1339）付梓。今传元西湖书院本《文献通考》大都是余谦补修本，泰定初刻几无所见。该刻本书体优美，行款疏朗，雕印俱精，世皆称之为"元本中的代表作"。元苏天爵编《国

朝文类》是一部元代文章总集，也由西湖书院刊印于至元又二年
（1336）。至元又四年（1338）山长方员等再作校勘修理。至正元年
（1341）因在大都苏天爵府内获睹原编稿本，核对后又补刻书版脱
漏处共九千五百二十余字。顾炎武《日知录》曾说："宋元刻书皆
在书院，山长主之，通儒订之，学者则互相易而传布。故书院
之刻有三善焉：山长无事则勤于校雠，一也；不惜费而工精，二
也；不贮官而易印行，三也。"西湖书院对《文献通考》、《国朝文
类》版本的一再校正修订，便是最好的例证。书院刻书是非营利
性的，所刻大多是与书院教学和学术活动有关的基本教材和学术
著作。其中一些具有书院学术流派特点的著作，既为官刻所不顾，
亦为私家所不及，更为书坊所不谋，若无书院刊印流布，难免湮
没人世。所以书院刻书，特别是宋元时代的书院刻书，在古籍出
版史上有着重要的作用和意义。书院刻书的传统一直延续到清
末。据刘志盛《中国书院刻书纪略》一文统计，现藏国内各大图书
馆的宋元书院刻本约二十余种，六十余部，明刻书院本六十余种，
二百余部，清代书院刻本则难以计数。但就其影响来说，仍以宋
元时代的书院刻本最大。

4. 元刻大藏经

元代刻印过两次佛藏。一为《晋宁藏》，是元世祖至元间由杭
州路南山大普宁寺主持募刻的一部私刻大藏经，刻成于大德初年。
全藏收书约一千四百三十七部，六千零一十卷，分装五百五十九
函，经折装，版式与南宋《碛砂藏》相同。《普宁藏》久无完帙，现
仅存残卷若干。第二种是《元官版藏经》。

很久以来从未有人提及过元代官刻大藏经，1980年出版的中

国佛教协会编《中国佛教》还断定："元代没有大规模举行官刻藏经的事。"但日本学者小野玄妙根据日本收藏的元刻经题名、愿文等资料，推测在"顺宗至元二年有官版藏经"（参见日著《佛书解说大辞典》附小野玄妙《佛教经典总论》）。1979年，云南图书馆为编写《全国古籍善本总目》，在搜捡馆藏时发现了三十二卷元刻大藏经，经多方考证，确认是"一部鲜为人知、历代从未著录过的元代官刻大藏经"。《元官版藏经》每版七个半页，四十二行，行十七字，上下双栏，经折装。根据残卷的千字文编号推算，至少有六千五百一十卷（种数不详），规模仅次于《金藏》，而大于先前所刻的各版藏经。从残经卷所附职名录考知，《元官版藏经》主要由徽政院负责刻印。徽政院是元代专司太后事务的机构。云南《元官版藏经》的发现是继山西应县佛宫寺发现《契丹藏》之后的又一件大事，对佛教史、出版印刷史，以及书法绘画史的研究，均有重要意义。

第三节　明代刻本概述

　　明朝工商业的进步，超越过去任何一个朝代，明代雕版印刷出版事业也同样如此。明代刻书大致可分成前、中、后三个时期。前期自洪武至正德，"其时天下惟王府官司及建宁书坊乃有刻版，其流布于人间者，不过《四书》、《五经》、《通鉴》、性理之书，他书即有刻，非好古之家不能蓄"。嘉靖、万历时期，由于资本主义经济萌芽的逐步活跃，刻书业空前繁荣，刻书重心从官府转入私家，刻书中心转入新的经济发达地区。万历后期，政治危机四伏，国贫民弱，刻书业也颓退不振，其时惟虞山毛晋汲古阁独擎其帜，成为明后期刻书的代表。

一、明国子监、司礼监和藩府刻本

1. 明南、北国子监刻本，《南藏》、《北藏》和《明道藏》

（1）南、北国子监刻本。明太祖朱元璋建都金陵，偃武修文，下令把元官版集中地西湖书院的版籍悉数运往南京国子监，并招募四散的刻工印匠修补刻印，以解一时之缺。明黄佐《南雍志》记载说："本监所藏诸梓，多自由国子学而来，自后四方多以书版送入，洪武、永乐时两经修补，版既丛乱，旋补旋亡。"南京国子监补刻印本中影响较大的是《二十一史》和《十三经》。《二十一史》的前十七史来源于西湖书院，历经宋、元、明三朝递修，号称"三朝版"。嘉靖七年（1528），南京国子监获广东原刻《宋史》重雕，继而又得元版《辽史》、《金史》翻梓，终成全帙。柳诒徵《监本史谈》评论说："明南京国子监《廿一史》，世称南监本，其中固有宋板者七，元版者十，惟辽、金两史翻刻元板，宋、元两史为明板，延及清初，各史又有顺、康补刻之板。故南监《二十一史》，实合江南、四川、广东、北平各地板本，自宋、元、明、清四朝，搜集雕刊，翻修校订，绵绵不绝者七百年，其性质与今所谓'百衲本'《廿四史》相等，而人事之勚，历年之远过之。北监翻刻，汲古家刻，清之殿本、局刻，皆无此悠远之历史也。"南监《二十一史》书板至清乾隆时尚存江宁藩府书库，嘉庆时藩府失火，殃及库书，板籍尽毁。南监刻本《十三经注疏》对当时与后世的影响也较大，如明嘉靖中李元阳福建刻本、万历间北监刻本和毛晋汲古阁刻本《十三经注疏》，皆由之出。

明成祖朱棣迁都后，在北京另设国子监，与南监并立一时，故称北监。北监刻书不及南监，大多是翻刻南监印本，虽说统一了南监本因历朝递修而造成的版式混乱，并对字迹漫漶处作了些许修订，但因未经仔细校勘，舛讹甚多，板本文字反不及南监本。

（2）《南藏》和《北藏》。明洪武五年（1372），朱元璋在金陵蒋山寺召集僧徒，倡刊大藏经，至永乐元年（1403）刻成，世称《南本大藏经》，简称《南藏》。据《大明三藏圣教南藏目录》记载，共收各类佛教经籍一千六百二十五种，六千三百三十一卷，分装六百三十函。经版藏南京报恩寺，以后续有补刻。《南藏》流布较广，传本较多。永乐八年（1410），朱棣以报答皇考皇妣生育之恩为名再刻大藏经，至正统五年（1440）刻成，世称《北本大藏经》，简称《北藏》，又称《正统藏》。《北藏》的编订与《南藏》稍有出入，卷数略有增加，统计六千三百六十一卷，分装六百三十六函。弘治、正德、嘉靖、万历数朝，屡有补刻之篇，仅神宗母亲慈圣宣文明肃皇太后即增刻入藏四百一十卷。《北藏》传本较多，今南通狼山广教寺、镇江超岸寺、定慧寺等都存有全帙。

（3）《明道藏》。永乐初，朱棣在筹刻《北藏》的同时，又敕令第四十三代天师张宇初、四十四代天师张宇清重编道藏。正统九年（1444）修毕，即付刊印，正统十年（1445）刊印事竣，世称《正统道藏》。全藏共五千三百零五卷，按道教特殊的三洞四辅十二类分门，以千字文编号分装四百八十函。印成后分发全国各大道观。嘉靖时曾重印一版。至万历三十五年（1607），神宗感到《正统藏》尚有搜访不周之处，缺漏颇多，乃敕令第五十代天师张国祥续补校刊，共得遗书五十种，一百八十卷，三十二函。世称

《万历续道藏》。所谓《明道藏》就是《正统道藏》和《万历续道藏》的合称，《正统藏》为"正藏"，《万历续道藏》为"续藏"，共收书一千四百七十六种，五千四百八十五卷。《明道藏》的版片一直保存到清代，道光二十五年（1845）还重修过一次，直到庚子之乱，才毁于帝国主义的侵略炮火中。

《明道藏》是历史上最后一次辑刻的道藏印本，也是世界上唯一可见的道藏版本，原本传世极少，仅北京、上海几处尚存。1923年至1926年，上海商务印书馆以涵芬楼名义影印北京白云观藏本《明道藏》，是比较通行的道藏读本，但传至今日亦不易觅获。道藏是我国文化典籍的一大宝库，除收录道家名著、道教经典外，还广泛收录了除儒家经典、著述外的各种书籍，如先秦诸子百家、医书药书、地志记传等等，对研究古代科技史最有价值，不少珍贵资料只是在道藏中才有保存。《明道藏》校刻比较精良，不少著作的版本堪称精善。如张元济先生在选印《四部丛刊》的《广成集》时，就用《明道藏》本为底本。为了满足各种专业研究者的需要，国务院古籍整理规划小组决定由文物出版社、上海书店和天津古籍出版社联合影印《明道藏》。

2. 司礼监刻本

明代司礼监是皇室内府官署，由太监领导。明帝重用太监，司礼监首席提督太监的实际权柄往往超越当朝宰辅。永乐时，司礼监设经厂掌刻印书籍之职，故司礼监刻本又称经厂或内府本。司礼监刻本主要供宫内书房读书之用，大多是一般的经史读本和当时流行的性理之书，以及政令典章等。据诸家目录所载，有若《四书》、《资治通鉴节要》、《宋元节要续编》、《古今列女传》、《诸儒笺解古文真宝》、《五音类聚四声篇》、《大广益会玉篇》、《玉篇广韵指南》、《律学新说》、《律吕精义》、《文献通考》、《大明集礼》、《大明律附例》、《大明一统志》，以及《新编古今事文类聚》、《居家必用事类全集》一类的通俗读物。司礼监刻书自永乐始，迄万历止，前后二百余年，传本不少。

皇室内府刻印书籍，经费固然充裕，纸张木板均选优良上乘之材，雕椠印染力求精美，版宽字大，行格疏朗，装潢讲究，均异于一般刻本。但是督理经厂刻书的阉官大都不是有学问的人，刻书不重视校勘，所以尽管外表精致美观，却满纸鲁鱼亥豕，一向不为藏家看重。《四库全书总目提要》说："经厂即内繙经厂，明世以宦官主之，书籍刊版，皆贮于此。……然大抵皆习见之书，甚至《神童诗》、《百家姓》亦厕其中，殊为猥杂。今印行之书尚有流传，往往舛错，疑误后生。盖天禄、石渠之任而以寺人领之，此与唐鱼朝恩判国子监何异！"批评经厂刻书由外行领导，确实切中要害。但以刻《神童诗》、《百家姓》为猥杂，却属儒家正统观念的偏颇之见。经厂本中的这类童蒙读本，无论编写还是刻印，都比民间刻本精细，对研究我国启蒙教育史有一定的价值。王重民《中国善本书提要》对明司礼监刻本《新编对相四言》曾有如下评价："'对相'谓为每字或每词出一相，对刻于次行，以便童蒙，如今日'识字图说'。数百年前，此类儿童读物已通行，实教育史上所应大书特书者。"周绍良《明永乐年间内府刊本佛教经籍》认为内府刻佛经及其附佛图较后来的《北藏》不知高明多少，"这些佛经扉页版画在明代版画史上应该占有重要位置，它是北京工匠刻成的，比后来的徽派、浙派版画早一百多年，可惜没有被人注意过"。他提出："过去曾有人专门收集清代殿板书，蔚为大观。明代内府刻书不少，其精且过于清之殿本。只是因为流传稀少，未能引起人们的重视。实际它比建本、徽本不知重要几多。"现在对明代内府刻本的认识和评论，仍以沿袭传统为主，要真正做到公正客观，还有待进一步的研究。

3.藩府刻本

明代分封藩王，给以万顷良田、千指家奴，让他们恣情享乐，惟独不许觊觎政治。藩王就封，皇帝例有赐书，其中好诗礼文者，又广罗珍籍，充盈邺架。明黄虞稷《千顷堂书目》说："海内藏书之富，莫先于诸藩。"周藩定王橚的六世孙朱睦㮮，家藏四万多卷，庋室万卷堂，编有《万卷堂书目》十六卷，是明代屈指可数的大藏家。

藩王多喜刻书，其中虽有附弄风雅不足称者，但他们既有丰富的藏书和充足的资金，还有门下通儒文士作帮手，有些藩王本人就是大学问家，如郑藩朱载堉，被学术界誉为我国古代文化科技史上的一颗巨星。他们自编自撰，自刻自印，不乏善本佳椠，在明代官刻本中堪属上流。如宁藩献王朱权，号臞仙、涵虚子，是太祖皇帝第十七子。《明诗综》小传称他"博学好古，诸书无所不窥，凡群书有秘本，莫不刊布"。编有《宁藩书目》一卷，收入《四库全书总目》，提要称曰："初，宁献王权以永乐中改封南昌，日与文士往返，所纂辑及刊刻之书甚多。嘉靖二十二年，多焜求得其书目，因命教授施文明校刊行之。所载书凡一百三十七种，词曲院本、道家炼度斋醮诸仪俱附也。"宁藩朱权刻本卓有声名，今见者有《臞仙肘后经》、《臞仙神奇秘谱》、《太音大全集》等。又如周藩朱有燉，喜爱文学词章，晓理戏曲书艺，曾搜集古代名家法书，辑刻成《东书堂法帖》。他撰写刻印的《诚斋乐府传奇》，是我国音乐、戏剧史上的名著。又如晋藩庄王朱钟铉，博古喜法书，正统时尝令世子奇原刻《宝贤堂法帖》。嘉靖时，端王、简王又"合刻《文选》、《文粹》、《文鉴》、《文类》、《文衡》"，后世以汉河间献王比誉。据周弘祖《古今书刻》、叶德辉《书林清话》等书统计，刻印过书的明代藩王有赵藩（居敬堂、味经堂、冰玉堂）、晋藩（宝贤堂、志道堂、虚益堂、养德书院）、鲁藩（敏学书院、承训书院）、辽藩（宝训堂）、周藩（竹居堂）、徽藩（崇古书院）、秦藩（鉴抑轩）、益藩（乐善堂）、德藩（最乐轩），以及潞藩、宁藩、蜀藩、唐藩、楚藩、吉藩、沈藩、衡藩、襄藩、郑藩、代藩、崇藩、肃藩、伊藩、淮藩、韩藩、庆藩、汝藩、弋阳王府等。

明藩王刻本中有两类书价值较高，一种是据王府藏宋元旧椠的翻刻本，如晋藩朱知秋翻刻宋本《唐文粹》、《宋文鉴》，翻刻元本《文选》、《元文类》，赵藩朱厚煜翻刻宋本《内经素问》、《灵枢经》，秦藩鉴抑道人朱惟焯翻刻宋黄善夫本《史记集解索隐》等等。第二种是关于戏曲乐律、法帖棋谱、炼丹养生一类的书，除上文提到过的之外，还有宁藩刻《太和正音谱》，徽藩刻《词林摘艳》，郑藩刻《乐律全书》，周藩刻《金丹正理大全》，潞藩刻《新刻述古书法纂》，肃藩刻《淳化阁帖》，沈藩刻《琴谱》、《棋谱》等。由于藩王不得涉足政界，闲得无聊，于是高雅者舞文弄墨，拨弄丝竹，低俗者寻仙访道，炼丹饮汁，兴致所趋皆在于此，所以这类书籍刻得特多，留至今日，倒为研究古代文化科技发展历史提供了不少珍贵史料。

二、明中期刻书中心的转移

嘉靖以后，传统的刻书中心逐渐移入新的地区。明谢肇淛《五杂组》说："宋时刻本以杭州为上，蜀本次之，福建最下。今杭州不足称矣，金陵、新安、吴兴三地剞劂之精者，不下宋版。"明胡应麟《少室山房笔丛》也说："余所见当今刻本，苏常为上，金陵次之，杭又次之，近湖刻、歙刻骤精，遂与苏常争价。"现将明代苏州、徽州、湖州刻书概况作一介绍。

1. 苏州刻本

苏州地区也是我国雕版印刷术的发祥地之一。1978 年，苏州市瑞光寺塔出土了北宋真宗咸平四年（1001）刻印的《大隋求陀罗尼咒》、景德二年（1005）印制的梵文经咒和天禧元年（1017）刻印的《妙法莲华经》，是现存最早的苏州雕版印刷物。从字体、刀法来看，已非初期之物。两宋时代，苏州官府学校屡有刊刻，如北宋嘉祐四年（1059）姑苏郡斋王琪校刻本《杜工部集》，元符改元（1098）苏州公使库刻本《吴郡图经续记》，南宋绍兴十五年（1145）平江府刻本《营造法式》，乾道二年（1166）吴郡斋刻本《吕本中东莱先生诗集》，乾道六年（1170）平江府学刻本《韦苏州集》，开禧三年（1207）平江府昆山县斋刻本《昆山杂咏》，嘉定五年（1212）吴郡学舍刻本吕祖谦《大事记》，淳祐间平江府昆山县学刻本《玉峰志》等。著名的佛教大藏经《碛砂藏》也出自苏州，此藏由寂堂禅师创建于乾道年间，绍定四年（1231）在吴县南境陈湖中碛砂延圣院设大藏经局开雕，故名《碛砂藏》，咸淳八年（1272）因蒙古兵马南下中辍，及元大德间重整旗鼓，终成于至治二年

（1322），前后历时九十一年。《碛砂藏》收书一千五百二十一种，六千三百六十二卷，规制与《思溪藏》相仿，唯增添一些元人的佛著，某些佛经还有翻刻本，与原刻稍异。如《涅槃经》就有咸淳五年（1269）和至治二年（1322）两个刻本。《碛砂藏》是迄今唯一保存完整的宋元刻大藏经。二十世纪三十年代，上海影印宋版藏经会据陕西藏本影印出版了《影印宋碛砂藏经》，流通于世。

　　元代苏州刻本有天历元年（1328）范氏岁寒堂刻本《范文正公集》，天历二年（1329）平江路儒学刻本《玉灵聚义》，至正七年（1347）释念常刻《佛祖历代通鉴》，至正间蓝山书院刻吴师道重校《鲍注战国策》，以及姑苏叶氏刻《王状元荆钗记》，刘氏梅溪书院刻《郑所南文集》、《清隽集》、《百二十图诗》、《锦残余笑》等。入明后，又有正统十一年（1446）苏州府常熟县魏祐校刻《易义主义》、成化二年（1466）张习刻《雁门集》、《侨吴集》，以及《槎轩集》、《眉庵集》、《北郭集》等苏州刻本传世。

　　明中叶以来，苏州刻本业步入了它的黄金时代。其特点可用一"精"字概括。以胡应麟《少室山房笔丛》之说，则"其精，吴为最"，"其直重，吴为最"。嘉靖时出版界流行仿宋刻本，覆刻之精，即以苏州为最。嘉靖刻本以长方体字和白棉纸为特征而显著区别于前后时期刻本，其典型也是苏州刻本。嘉靖四年（1525）苏州府震泽王延喆刻《史记》就是书林中人人皆知的仿宋佳刻。清王士禛《池北偶谈》记载着这样一件轶闻："明尚室少卿王延喆，文恪少子也。其母张氏，寿宁侯鹤林之妹，昭圣皇后同产。一日，有持宋椠《史记》求鬻者，索价三百金。王延喆绐其人曰：'姑留此，一月后可来取值。'乃鸠集善工，就宋版本摹刻，甫一月而毕工。其人如期至索值，故绐之曰：'以原书还汝。'其人不辨真赝，持去。既而复来，曰：'此亦宋椠，而纸差不如吾书，岂误耶？'延喆大笑，告以故。因取新雕本数十部置堂上示之，曰：'君意在获三百金耳，今如数予君，且为君书幻千万亿化身矣。'其人大喜过望。今所传有震泽王氏摹刻印，即此本也。"传闻夸大其事，固难作真，但王延喆仿宋之逼真却是确实的。传世的嘉靖苏州刻本，无论私家、书坊，都较精美，如闻人铨刻《唐书》，袁褧嘉趣堂刻《世说新语》、《大戴礼记》、《昭明文选》，吴元恭刻《尔雅》，顾春世德堂刻《六子全书》，黄省曾刻《水经注》、《山海经》、《楚辞》，黄鲁曾刻《方脉举要》、《柳河东集》、《洛阳伽蓝记》、《西京杂记》，沈辨之野竹斋刻《韩诗外传》、《何氏集》、《画鉴》，郭云鹏刻《曹子建集》、《分类补注李太白集》、《欧阳先生文粹》，金李泽远堂刻《国语》，徐时泰东雅堂刻《韩昌黎集》、《仪礼注》，叶氏箓竹堂刻《云仙杂记》等，不仅是明刻本中的精品，也还是各书版本中的善本。袁褧嘉趣堂刻本《昭明文选》附袁氏题识："刻始于嘉靖甲午岁，成于己酉，计十六载而完，用费浩繁，梓人艰集。今模搨传播海内，览兹册者，毋徒曰'开卷快然也'。"可见苏州刻本的精良是付出了相当的代价。

万历时期的刻书质量不及嘉靖时期，苏州刻本也是如此，但与各地刻本相比，仍高出一筹，如长洲许自昌刻《甫里先生文集》，长洲陈仁锡刻《陈白阳集》、《石田先生集》，常熟赵琦美刻《酉阳杂俎》，赵用贤刻《管子》、《韩非子》等，世皆称善。苏州地区刻书业的传统优势比任何地区保持得都长久。

2. 徽州刻本

明代徽州府，辖今歙县、休宁、祁门、绩溪、黟县和江西婺源六县，治所歙县。徽州古称新都、新安、歙州，所以徽州刻本又称作徽刻本、歙刻本、新安刻本或新都刻本。徽州刻书的历史自南宋始。陈振孙《直斋书录解题》著录《忘筌书》二卷，题解曰："潘植子醇撰，新安所刻本，凡八十二篇，与《馆阁书目》、《诸儒鸣道集》及余家写本篇数皆不同。"又《中兴登科小录》三卷、《姓类》一卷，题解曰："通判徽州江都李椿撰。新安旧有《登科记》，但逐榜全录姓名而已。椿家藏《小录》，自建炎戊申至嘉熙戊戌，节次取名字、乡贯、三代讳刊之，后以韵类其姓，凡一万五千八百人有奇。太守吴兴倪祖常子武刻之，以备前记之阙文。"又宋洪皓《松漠纪闻》附洪遵跋曰："先忠宣《松漠纪闻》，伯兄镂板歙越。"是洪迈始刻于会稽，终成于婺源。元时，徽州、广德、宁国等路属建康道，推之当参与大德九路本《十七史》的刊印工作。又清陆心源《皕宋楼藏书志》著录《历代蒙求》一卷，曰："汝南王芮撰，括苍郑镇孙纂注。至顺改元，马速忽守新安，见是书，命郡教授王子宜锓梓，以广其传。"

明代徽州刻书业进展迅速，据《嘉靖徽州府志》记载，当时歙县"刻铺比比皆是，时人有刻，必求歙工"。万历时期，发展更为神速，"歙刻骤精，遂与苏常争价"，"剞劂之精者，不下宋板"，一跃成为新兴的刻书中心。徽州刻书业的突飞猛进，固然有多方面的原因，譬如丰富的林木资源，笔墨纸砚的传统特产，毗邻金陵、苏常、杭州、吴兴等刻书发达地区等等，但究其根本，还在于徽州地区独特的商业经济。徽州地处皖南山区，向称"绝无农桑之利"，但徽人扬长避短，努力开发山区经济资源，逐渐形成以商业贸易为特点的地方经济。徽商萌芽于东晋，成长于唐宋，发达于朱明，成化之后更以经营盐业为中心而雄飞于商界，足迹遍布全国，徽州经济因之大振而"富甲江南"。当时由于经济因素而带来文化因素的新变化，著作范围和读者范围空前活泼广泛，造成了图书的广大市场，而刻工的劳动力又极其低廉，这就使刻印书籍成为社会百业中获利丰厚的行业之一。这对唯利是图的徽商来说，自然是不能错过的好机会。于是，在财力雄厚，经营有方的徽商们的开发下，徽州刻书业便在原有基础上迅速地发展起来，并很快跻身于全国同行的前列。

徽州刻书以吴、程、汪诸姓最为著名。清赵吉士《寄园寄所寄》记载说："歙吴勉学一家，广刻医书，因为获利，乃搜古今典籍，并为梓之，刻资费及十万。"吴勉学字师古，歙县平南乡人，其家世代经商，所刻医书有《河间六书》、《伤寒六书》、《古今医统正脉》、《难经本义》、《针灸甲乙经》等。《乾隆徽州府志》说他"尝校刻经史子集数百种"，传本有《毛诗》、《周礼》、《仪礼》、《左传》、《资治通鉴》、《国语》、《国策》、《二十一子》、《性理全书》、《东垣十书》、《笔丛正续集》、《事物绀珠》、《对类附习发蒙格式》、《新乐府》、《楚辞集注》等。明谢肇淛《五杂组》说："近时书刻如《冯氏诗纪》、《焦氏类林》及新安所刻《庄》、《骚》等本，皆极精工，不下宋人，亦多费校雠，故舛讹绝少。"这"新安所刻《庄》、《骚》"，当即吴勉学所刻《二十一子》和《楚辞集注》本。吴勉学刻本版式字体规划统一，必有比较稳定的出版机构和系统的出版计划。吴勉学是文人又是商人，他自编自刻，自印自销，沽名赢利，堪称徽州刻书的代表人物。另有吴琯，编纂校刊《古今逸史》丛书，收录五十五种稀见史籍，颇负盛名。还有吴继仕熙春楼刻《七经图》，吴守谟刻《通鉴集要》，吴翰臣刻《花鸟图谱》等。

程氏是徽歙名门望族，以刻书著称者有程百二、程荣两家。

程百二又名开敏，字幼舆，与歙墨制作家程君房幼博为同族伯仲，与欧人利玛窦素有交往。程百二总编并刻印《方舆胜览》十八卷，另附《外夷》六卷，全载利玛窦著《世界舆地全图》，为汉籍引入西洋地图之先。王重民称"是书在明季通俗地学书中，开《舆图备考》、《舆图摘要》等之先声"，"所以较它书为可贵也"。万历四十二年（1614），他又辑刻成《程氏丛刻》，收集了《云林石谱》、《酒经》、《品茶要录》、《茶说》、《画鉴》等艺术类书籍，书中又多附歙县虬村黄氏刻画，更是锦上添花。程荣字仲仁，万历间辑刻《汉魏丛书》，是很有影响的一部丛书。又曾刻《山居清赏》、《艺苑卮言》、《稽中散集》等书。又如程君房辑刻的《程氏墨谱》，在版画史上极负盛名。

汪氏也是徽州大姓，传世的汪氏刻本更多。休宁汪廷讷，字昌朝，一字无如，号无无居士、坐隐先生，室名环翠堂。著有《环翠堂集》、杂剧《广陵月》、传奇《狮吼记》等。所刻《坐隐先生精订草堂诗余》、《人镜阳秋》是明刻中的精品；又《环翠堂精订五种曲》（五种杂剧，《真傀儡》、《一文钱》、《再生缘》、《齐东绝倒》、《男王后》），传世极为稀罕；又《义烈记》、《三祝记》、《彩舟记》、《重订天书记》、《袁了凡先生释义西厢记》等多种传奇，世称"环翠堂乐府本"；还有《坐隐先生精订棋谱》等书。其他如歙县汪士贤刻《二十一家集》、《汉魏六朝名家集》、《山居杂志》，休宁汪跃龙、汪栋刻《汪虞卿梅史》，汪绶、汪高科刻《咙言》，新安汪宗淳、汪元湛、汪宗伋刻《焦太史汇选中原文选》，汪云程刻《逸史搜奇》，祁门汪宗豫刻《环谷集》，汪成甫刻《吴骚合编》，汪光华刻《琵琶记》，汪士珩刻《唐诗画谱》，汪骏声刻《心史》，汪敬思刻《易学象数举隅》，汪机刻《推求师意》，汪应魁刻《春秋四传》等等。

　　明代徽刻的骤精骤盛也是徽州刻工们的成就和贡献。徽州刻工多集中在歙县、休宁两地，尤以歙县虬村黄氏最著名。虬村刻书业始于明弘治间，黄氏刻工有名姓可考的不下数百。徽刻之精在于黄，黄刻之精在于画。黄氏刻画，线条秀劲流畅，形象逼真活脱，版面清雅简洁，刀法细腻入微，是徽派版画艺术风格的典型。如黄一楷刻《起凤馆北西厢》，黄一凤刻《顾曲斋古杂剧》，黄一彬刻《还魂记》、《闺范图说》、《青楼韵语》、《西厢五剧》，黄应组刻《人镜阳秋》、《坐隐图》，黄应光刻《昆仑奴杂剧》、《西厢记》、《玉合记》、《琵琶记》，黄应瑞刻《程朱阙里志》、《状元图考》、《元曲选》，黄应泰刻《程氏墨苑》、《女范编》，黄应孝刻《帝鉴图说》，黄守言刻《方氏墨谱》，黄建中刻《博古叶子》、《九歌图》，黄德宠刻《仙源纪事》，黄镐刻《古列女传》，黄铤刻《新编目连救母劝善戏文》，黄奇刻《养正图解》，黄君蒨刻《彩笔情辞》等书的插图，都是可以入史的佳作。徽派版画的成名，固然由于有陈洪绶、汪耕、丁云鹏等名画家为之作稿，但若没有以虬村黄氏为代表的徽州刻工的传神刀笔，画师的杰作也不能活现于木板印纸之上。黄氏刻工中不少人的文化素质很高，如黄铤是位丹青好手，黄钺精于草篆，黄应澄工书善画，擅长人物写真。艺术细胞可以互相渗透，这正是黄氏刻工高人一筹的地方。像黄一彬还应吴兴凌濛初的聘请，为凌刻《西厢记》镌绣插图二十幅，美轮美奂，妙不可言。更有流寓南京鸡笼山的徽州人士胡正言，于崇祯十七年（1644），首创"饾版"、"拱花"新工艺，印成《十竹斋笺谱》和《十竹斋画谱》两件举世闻名的艺术珍品，其刊板套印之精美，施墨着色之雅丽，令人叹为观止。

　　徽版图书门类俱全，较多的是那些迎合市民胃口的文艺图书和实用读物。除戏曲小说、传奇话本、茶经酒经、棋谱乐谱之外，还有一类像《鼎镌十二万家参订万事不求人博考全书》《士民便考杂字》这样的小型百科全书，内容涉及天文地理、风俗物产、公文书契等等，凡士农工商、出外居家、日常生活必备之事一应俱全。又有专为商旅舟楫提供方便的《商程一览》《水陆路程宝货辨》等书，可谓是现代旅行交通、商业贸易指南的嚆矢。又如一种名叫《朱翼》的小型类书，一面征引古人的嘉言懿行，一面汇入当时的新知识，具有现代流行刊物的性质。徽刻图书形式多样，不拘一格，给明代日益繁荣的出版业增添了活力，也给后世研究者留下了有关明代社会文化艺术、新闻教育、商业贸易等各方面的珍贵史料。

徽刻宗谱也较有价值。宗谱往往保留着别类书籍所不载的重要史料，对探讨我国封建社会的宗法思想、家族制度、土地关系乃至人口变化等基本问题都极为有用。徽州宗法观念特强，世家大族都视修纂宗谱、族谱、家谱为首要之事，非但历代续修，而且各支系都纂修。以程氏为例，就有唐程銮修《程氏谱》、程淘修《篁墩世谱》，宋程祁修《程氏世谱》、程璇修《程氏世谱》、程大昌修《会里家谱》，元程间修《程氏姓家节要》、程常修《程氏会谱》，明程孟孙修《程氏会通》、程敏政修《新安程氏统宗世谱》、程栉修《十万程氏会谱》、程良锡修《率东程氏家谱》、程时用修《休宁率口程氏续编本宗谱》、程弘宾修《歙西岩镇百忍程氏本宗信谱》等。《歙西岩镇百忍程氏本宗信谱》中录有《题岩镇备倭乡约》一文，是研究明代倭患的难得资料。

明刻本字体从嘉靖到万历又有一变，横细竖粗、横平竖直的特征更为明显规则，虽然呆板而不甚美观，但规则的字体容易上版刻写，对缩短出版周期、提高出版效率有利。万历刻本字体的代表是徽州刻本。

3. 湖州刻本

明代湖州府，古为吴兴，在宋已是浙江刻书业的一个重要基地。《直斋书录解题》著录《唐书纠缪》、《五代史纂误》两书，陈振孙曰："宇文时中守吴兴，以郡庠有二史板，遂取吴氏二书刻之，后皆取入国子监。初，郡人思溪王氏刻藏经有余板，以刊二史，置郡庠。中兴，监书多阙，遂取其板以往，今监本是也。"其中所谓"思溪王氏刻藏经"，即指南宋绍兴二年（1132）由吴兴归安县松亭乡思溪人氏王永从、王永锡兄弟发起并捐舍家财开雕的大藏经，因刊印贮藏于思溪圆觉院，世称《思溪圆觉藏》，或《思溪藏》、《圆觉藏》。《思溪藏》规制依仿《崇宁藏》，共五千六百八十七卷，分装五百四十八函。南宋淳祐年间，经版移贮法宝资福禅寺，但存数已与原目不符。资福寺即重行编目，并补刻五十函。后人根据资福寺的新目录，以为又有了新版大藏经，即付以《资福藏》之名。知情者则称之《后思溪藏》。与宋代蜀刻《开宝藏》，建刻《崇宁藏》、吴刻《碛砂藏》一样，《思溪园觉藏》的印造充分说明湖州刻书的悠久历史和雄厚基础。据王国维《两浙古刊本考》统计，宋代湖州府刻本有《论语集说》、《大宋登科录》、《冥枢会要》、《景德传灯录》、《天台教苑清规》、《安陆集》、《石林居士集》、《北山小集》、《唐书》、《五代史记》等。清钱大昕《〈北山小集〉跋》曰："黄孝廉荛圃买得宋椠本《北山小集》四十卷，皆用故纸印刷，验其纸背，则乾道六年官司簿帐也。其印记文可辨者，曰'湖州司理院朱记'，曰'湖州户部赡军酒库记'，曰'湖州监在城酒务记'，曰

'湖州司狱朱记'，曰'乌程县印'，曰'归安县印'，曰'监湖州都商税务朱记'，意此集板刻于吴兴官廨也。"几种佛书分别刻于湖州报恩光孝禅寺、湖州道场山禅幽之庵、思溪圆觉法宝寺。《石林居士集》"刊于吴兴里舍"。元湖州刻本有至元后五年（1339）花溪沈伯玉家塾刻本《松雪斋文集》、《外集》、《续集》，是私家刻本。

"湖刻骎精"在明万历、天启年间，且主要指吴兴闵、凌两家的套色印本。闵氏和凌氏都是吴兴的名门望族，他们两家在万历、天启间刊印了许多书籍，流布极广，世称"闵刻本"、"凌刻本"。闵、凌刻本版式、字体、纸墨等极相似，粗看难以分辨。据陶湘《明吴兴诗文评汇刻序》考订说："每半叶八行，行十八字者，凌刻为多；半叶九行，行十九字者，闵刻为多。凌刻字大行疏，闵刻字小行密。"但也有版式相同的例外，如闵、凌两家都刻过《西厢记》，因版式雷同，且无牌记题识，故藏家往往张冠李戴，混为一谈，连研究闵刻、凌刻的专家陶湘也误把凌刻当闵刻，实际上是否定了凌刻本《西厢记》的存在。而日本著名汉学家、书志学家长泽规矩也则只承认有凌刻而不承认有闵刻。事实是凌、闵两家都有《西厢记》刻本传世，而且闵氏还刻有合刻和单刻两种版本。这种情况在凌、闵刻本中并非一例。

吴兴凌、闵刻本以套色印本著称于世。明代著名文学评论家陈继儒曾说："吴兴朱评书籍出，无问贫富，垂涎购之。"可见凌、闵套色印本在当时的热销程度。在闵刻朱墨印本《〈春秋左传〉凡例》里有这样一段文字说明："旧刻凡有批评圈点者，俱就原板墨印，艺林厌之。今另刻一版，经传用墨，批评以朱。校雠不啻三五，而钱刀之靡，非所计也。置之帐中，当无不心赏。其初学课业，无所批评，则有墨本在。"由此可知，凌、闵套色印本的产生并非哗众取宠之事，它与明代流行评点经史诗文的著作风气大有关系，是印刷术为适应图书形式变化发展需要的产物。套色印本把正文和评点分色套印，不须注明，读者一览而知。由于评点者往往不止一家，所以又产生了多色套印本，一色代表一家批注或评点。如《古诗归》、《唐诗归》中的钟惺评语用朱色印，谭元春评语用蓝色印，刘应登评语用黄色印。评语、批注文字多在书眉或行间，为了便于在行格间套印文字，凌、闵套色印本一般没有行线，印成后行疏幅宽，正文评点眉目清楚，加之纸白笺细，彩色斑斓，展卷阅读，便添得一番引人入胜的情趣。套色印本的技术要求高于一般，在闵刻、凌刻的传本中少有诸色交错重叠的现象，称之以"精"，绝非溢美之词。

　　闵氏、凌氏两家族中刻书者不少，而最著名的有两个，一个是闵齐伋，字遇五，另一个便是著名的俗文学家、《拍案惊奇》的作者凌濛初。据陶湘收集考订，闵刻本和凌刻本总计不下一百三十余种，门类遍及四部。常见的有闵刻本《东坡易传》、《春秋左传》、《老子》、《庄子》、《列子》、《楚辞》、《花间集》、《陶靖节集》、《韦苏州集》、《王右军集》、《孟浩然集》、《韩昌黎集》、《柳宗元集》等，凌刻本《韩非子》、《吕氏春秋》、《淮南子》等。有些论著对吴兴闵、凌套色印本的评价极高，说它是"刻板印刷技术发展的第三里程碑"。又说："三代以上，漆文竹简，冗重艰难，秦汉以还，浸知手录，唐文皇遴选五品弟子入弘文馆抄书，雠对精详而诵读，因以该博。自冯道、毋昭裔为宰相，一变而为雕版；布衣毕昇，再变而为活版；闵氏三变而为朱评，书日富，亦日精。"套版印刷虽非凌、闵首创，但初时大都用以印画，套印眉批行注则在闵、凌之时。王重民《中国善本书提要》认为万历三十年

（1602）新安黄氏初刻《女范编》墨色单印本，四五年后改编重刻为《闺范十集》，并加以朱色眉批套印，"在朱墨印本中亦为最早之本"，并说吴兴闵、凌套印评本，"实导源于新安"。其实，徽州和湖州的套色印本都流行于万历时代，徽州以套色印画闻名，若论套色印批评本，则不如吴兴闵、凌二家。闵、凌套色印本虽然举世皆称刻印精美，但历来又颇以其校雠不精而贬之。这固然不是虚妄之论。但著名戏曲史专家蒋星煜经过仔细研究考订《西厢记》的各种明刊本后发现，凌、闵刻本"都是校刻精良的善本"（参见蒋星煜《明刊本〈西厢记〉研究》）。这说明对版本学的一般结论，在考察具体问题时仍应抱具体分析的态度。

　　明中期刻书业发达的还有建安、金陵、杭州、北京等地区，但最能反映这一时期变化特点的还是苏、徽、湖三处。

三、明末毛晋汲古阁刻本

　　明末清初，天下最通行的版本是汲古阁刻本。清钱曾《读书敏求记》说："启、祯年间，汲古之书走天下。"《四库全书总目提要》称："汲古阁板，至今流布天下。"据粗略统计，《四库全书》著明汲古阁本的就有二百多种。

　　汲古阁是明末常熟毛晋的藏书、刻书处。毛晋原名凤苞，字子九，改名晋，字子晋，别号潜在，晚号隐湖、笃素居士，生卒年为明万历二十七年至清顺治十六年间（1599—1659），世居虞山东湖，家有田数千亩，质库若干所，为地方巨富。是时"年谷屡荒，人民扰乱，凡吴郡乡城诸富家，莫不力尽筋疲"，毛晋静观时势之变，另辟蹊径，把田产"一时尽售去，即以为买书、刻书之用，创汲古阁于隐湖"。结果获得了事业上的极大成功。毛晋之子毛扆《影宋抄本〈五经文字〉跋》记载说："吾家当日有印书作，聚印匠二十人，刷印经籍。扆一日往观之，先君适至，呼扆曰：'吾节衣缩食，遑遑然以刊书为急务，今版逾十万，亦云多矣。'"清钱泳《履园丛话》记载说："汲古阁后有楼九间，多藏书板，楼下两廊及前后俱为刻书匠所居。"可见汲古阁是一所规模不小，建制颇为健全的出版局。

在从万历四十六年到清康熙初的四十多年里，汲古阁累计刻书六百余种，初以《屈子》、《神农本草经疏》、《陶靖节集》、《三家宫词》等发蒙，自崇祯元年（1628）起陆续开雕《十三经注疏》、《十七史》、《文选李善注》、《六十种曲》等大型古籍。崇祯三年（1630）购入明胡震亨《秘册汇函》丛书残剩版片，重编刊印《津逮秘书》。崇祯十四年（1641）捐资刻印《径山藏》释著二百余种。入清以后又刻印历朝诗集和各种大小丛书。此外，汲古阁还接受外来客户的刻书业务，如替张溥刻《汉魏六朝百三名家集》、《南史》，替钱谦益刻《列朝诗集》，替张潜刻《苏门六君子文粹》，替冯班刻《冯定远全集》等。详情可参考陶湘《汲古阁校刻书目》和荥阳悔道人辑、顾湘校《汲古阁刻版存亡考》。

汲古阁刻本以《十三经注疏》、《十七史》、《津逮秘书》、《六十种曲》影响最大，传播最广。《六十种曲》是我国古代最大的戏曲总集，以后屡经重印、重刻、补刻，解放以后，有一部分被影印收入《古本戏曲丛刊》，同时又两次排印全帙。郑振铎为《古本戏曲丛刊》初集作序，谈起古代戏曲总集，认为"毛晋汲古阁《六十种曲》流传最广"。又如《径山藏》是明末的一部私家刻印的大藏经，万历十七年（1589）由僧真可、憨山、道开等创刻于山西五台山紫霞谷妙德庵，后移局浙江嘉兴径山，由寂照庵、兴圣万寿寺主持，而分别在嘉兴、金坛、吴兴、苏州、常熟等处筹资摹刻，至崇祯末年方始刻成，世称《径山藏》或《嘉兴藏》。《径山藏》正藏收书一千六百五十四种，清顺、康时又刻成续藏、又续藏二百五十六种。其中凡常熟刻本皆毛晋汲古阁所为，或毛晋捐资，或刻于汲古阁经坊，约二百余种。《径山藏》汇集了一些有关历史、哲学、笔记、文学及地方掌故等方面的资料，如《布袋和尚传》《破山禅师年谱》等高僧传记，均《四库》所未收；如《乾松笔记》《清园百录》《罗湖野录》《见闻录》等释人撰写的笔记，世所罕见；如《紫柏老人全集》《憨山大师梦游全集》等明人别集，皆为独家孤本；如白氏《长庆集》《宋文宪公护法录》等，则与世俗版本有别，故具有特殊的史料文献价值。其中《憨山大师梦游全集》即由毛晋及子褒、表、扆于顺治十七年（1660）刻成。汲古阁刻本版式规则划一，版心镌识"汲古阁"或"绿君亭"字样，字体笔划和印书用纸基本统一。在明末清初及以后相当长的时期内，汲古阁刻本乃是读者案头最常备的书籍，对文化、学术的发展自有不小贡献。

　　毛晋汲古阁刻书的成功经验有四条。第一，大量购藏善本书籍。毛晋是位大藏书家，冯班的《毛子晋五十寄贺》《又和子晋韵奉酬》《毛子晋六十生日并序》等诗说，"隐湖汲古之阁藏书数十卷，富甲海内，四方高人名士归隐湖如水之于海"。陈瑚《为毛潜在隐居乞言小传》说：汲古阁"上下三楹，始子终亥分十二架，中藏四库书及释道两藏，皆南北内府所遗，纸理缜滑，墨光腾剡，又有金、元人本，多好事家所未有"。为了丰富收藏，他不惜重金购置善本。荥阳悔道人《汲古阁主人小传》说：毛晋曾"榜于门曰：'有以宋椠本至者，门内主人计叶酬钱，每叶出二百；有以旧抄本至者，每叶出四十；有以时下善本至者，别家出一千，主人出一千二百。'于是湖州书舶云集于七星桥毛氏之门矣。邑中为之谚曰：'三百六十行生意，不如鬻书于毛氏。'"毛晋买书藏书是为刻书提供版本来源。清吴伟业《汲古阁歌》云："比闻充栋虞山翁，里中又得小毛公。搜求遗佚悬金购，缮写精能镂板工。"汲古阁先后购藏宋元本及其他善本达八千四百册之多，亦翻造了其中不少书籍。陈瑚《小传》说："其所锓书，一据宋本，或戏谓子晋曰：'人但读书耳，何必宋本为？'子晋辄举唐诗'种树皆老作龙鳞'为证，曰：读宋本然后知今本'老龙鳞'之为误也。"毛晋刻书讲究版本，这在明人中是难能可贵的。他还很重视旧抄本和残本的购藏，这是毛晋独具慧眼的高明之处，对其刻书很有帮助。虽然也有人批评他既"不以家藏宋本翻刻，又不据善本校勘"，不过总的来看，丰富的善本书籍确实为汲古阁刻本生辉增色不少。第二，聘请学者校勘。刻书非但要有善本作根据，还需认真校勘，版本质量才能保证。钱泳《履园丛话》说他"招延海内名士校书，十三人任经部，十七人任史部"。又说"汲古阁在湖南七星桥载德堂西，以延文士；又有双莲阁在问渔庄，以延缁流；又一阁在曹溪口，以延道流"。如其妻舅戈汕、朋友周荣起等人，则长期受聘阁中从事校雠工作。汲古阁校刻书籍既有仿旧本一字不做改动的，也有直接依善本校改文字的，还有存异文出校记的形式。虽然与清代精校本相比，汲古阁刻书在校勘上还有许多不足不是之处，但在刻书不讲究校勘的明本中还算是认真负责的。第三，招募集合刻工。清徐康《前尘梦影录》说："歙剜工陶洪、湖孰、方山、溧水人居多，开工于万历中叶，至启、祯时，留都沿江觊觎。毛氏广招刻工，以《十三经》、《十七史》为主，其时银串每两不及七百文，三文银刻一百字，所刻经史子集、道经释典，品类甚繁。"汲古阁还自己培养了一批抄手写工，所谓"僮仆皆令写书，字画有法"，"入门童仆尽抄书"，甚至有能作影宋抄本的苍头老仆。刻工抄工是出版书籍的直接生产者，汲古阁拥有这样一支相对固定的技术力量，集中使用，统一管理，即掌握了出版的主动权。第四，毛晋是个有学问的儒生，他有自己的学术思想和观点，并用以指导刻书，故其刻书具有较强的计划性、目的性，与当时社会文化学术的发展有较密切的联系。钱谦益《隐湖毛君墓志铭》说：毛晋尝"谓经术之学原本汉唐，儒志远相新安，近考余姚，不复知古人先河后海之义。代各有史，史各有事有文，虽东莱、武经以巨儒事钩纂，要以歧枝割剥，使人不得见宇宙之大全。故于经史全书勘雠流布，务使学者穷其源流，审其津涉。其它访逸典，搜秘文，皆用以裨补其正学。于是缥囊细帙，毛氏之书走天下，而知其标准者或鲜焉"。可见毛晋刻书的宗旨来源于他对明代学风的批评和反思。正如钱谦益所说，他在"举世溺没宋明理学之时而提倡汉唐旧学，刻《十三经注疏》，在举世从事于详节选本之时而提倡整部全史"，对当时及后世学术风气、思想和方法的转变和发展，具有一定程度的影响。

汲古阁刻本是明末刻本中的精华，但随着学术的进步和刻书业的发展，人们对其质量也渐渐不满起来，批评指责屡见不鲜，尤其是乾嘉考据家们，执词十分严厉。如孙从添《藏书纪要》说："毛氏汲古阁《十三经》、《十七史》，校对草率，错误甚多。""毛氏所刻甚繁，好者仅数种。"黄丕烈说："汲古阁刻书富矣，每见所藏底本极精，曾不校，反多臆改，殊多恨事。"钱曾、阮元、段玉裁、顾千里等均有类似的批评意见。汲古阁刻本的确存在不少错误不足之处，后人发现指正是好事。但也应该看到，不少错误是历史条件局限的产物，阮、段、顾、黄是考据学发展到巅峰时期的代表人物，毛晋与他们的差距自不待言。比如段玉裁是清代屈指可数的《说文》专家，而明人治《说文》者寥若晨星，毛晋亦不精通，但明末《说文》书亦难觅，连顾炎武都说未见过原本，全靠汲古阁刊行，才使许氏之学能在清代发扬光大，所以尽管段玉裁纠正了汲古阁刻本《说文》的许多错处，却不能完全否定它的历史作用。对汲古阁刻本的底本问题，也应如此看待。有些批评意见更是人云亦云，未做深入研究。比如对汲古阁《六十种曲》本的评价一般都比较苛刻，而蒋星煜先生通过对《六十种曲》版本的仔细研究，通过对《荆钗记》、《琵琶记》、《白兔记》诸曲文字的比较考订，发现汲古阁版本还是不错的、可信的。总而言之，对明末毛晋汲古阁刻本的认识和估价，还应如王欣夫《文献学讲义》所说为当："毛氏刻了十余万的版本，当然有不少缺点。对这些缺点，严肃地指出来，使后人不被所误，也是必要的。但绝不能强调了部分缺点而否定了全部成绩。"

第四节　清代刻本概述

清代三百年间刻书业发展两起两落。清初是低谷，从康熙亲政到嘉庆是鼎盛期，道、咸乱世再度衰败，同、光中兴重掀高潮。古籍版本中清代刻本最多，距今最近，但历来最少研究。

一、内府、武英殿和官书局刻本

1. 内府刻本

顺治、康熙之初，国家政治、经济均处在交替更化和巩固之中，不遑虑及图书出版事业。清廷的翻译刊印事务，最初由内三院（国史院、内秘书院、内弘文院）主管，顺治十年（1653）设立十三衙门，以满洲近臣（内务府包衣）与寺人（太监）掌管司礼监刻书，内府刻书才逐年增多。由于司礼监仍沿用前明经厂一班人员操持刻书事务，所以清初内府刻本的字体版式与明经厂本相仿，如传本中的顺治十二年（1655）刻本《资治要览》，顺治十三年（1656）刻本《内则衍义》。顺治一朝，内府刻书总计不满二十种，刻书范围十分狭窄，尽如《劝善要言》、《劝善文》、《孝经》、《道德经》等，对社会绝无影响。但刻印却很精良，比如五色套印本《劝善全科》，配衬着洁白坚韧的开化纸，开卷舒怀，赏心悦目。康熙初年，内府刻书渐始扩大。康熙十二年（1673）翻刻明北监本《十三经》，补刻原明经厂旧片《文献通考》。康熙十三年（1674）刻印《日讲四书解义》等。康熙十九年（1680）内务府设立武英殿修书处统管清廷刻书事务，武英殿刻本遂成为内府刻本的代名词。但偶尔也有非武英殿刻印的内府本存在，一种是由清帝钦命内臣赴京外刊印的版本，另一种是外间刻书进呈后特准归藏内府的版本。

扬州诗局刻本是前一种内府刻本的典型。康熙四十四年（1705）五月，玄烨派江宁织造兼两淮盐运使曹寅在扬州设局刻书。当时北京、南京、苏州、扬州是最繁华的都市，号称"两京两州"，刻工印匠也多集中在江南，技术力量较胜于京师。曹寅字子清，一字楝亭，号荔轩。父曹玺，官工部尚书。母曾是玄烨乳娘，曹寅因得自幼侍读东宫。他通经史，工诗文，深受康熙皇帝的恩宠。曹寅受命后，率翰林院俞梅、彭定求等十名编修，在扬州使院内设局编修《全唐诗》，收集约二千二百多位唐人的四万八千多首诗作，汇纂成九百卷的洋洋巨帙。《全唐诗》刊成问世，扬州书局也因之被称作"扬州诗局"。此后，诗局又陆续刻印过《佩文斋书画谱》、《佩文斋咏物诗选》、《词谱》、《历代诗余》、《全唐诗录》、《宋金元明四朝诗》、《历代题画诗类》、《历代赋汇》、《御制诗》、《渊鉴类函》等书，这些版本通常被著录为内府刻本，或扬州诗局刻本，或扬州使院刻本。若康熙四十五年刻本《隶续》，卷末有"丙戌九月重刻于扬州使院"二行，封面镌识"扬州诗局刻"字样。扬州诗局刻本在苏、扬地区优良刻书传统的基础上精益求精，开创出康熙版式的时代风范，并以精详的校勘文字，而成为清代官刻本中的典范。后来，曹寅还借助诗局强大的出版技术力量，私资刻印了《法书考》、《琴史》、《钓矶立谈》、《新编录鬼簿》、《梅苑》、《禁扁》、《砚笺》、《墨经》、《都城纪胜》、《颐堂先生糖霜谱》、《分门纂类唐宋时贤千家诗选》等，世称《楝亭藏书十二种》，还有《集韵》、《礼部韵略》等书。这些版本具有扬州诗局刻本的版式特征，所以或亦称之扬州诗局刻本，但既非钦定官刻，故不当属内府刻本。另外，嘉庆十九年（1814）两淮盐政司刊印的《全唐文》、《明鉴》，同光时期刻印的《七省方略》、《历朝圣训》、《御制诗文》等，都是这种非武英殿的内府刻本。

　　第二种是私人刻书进呈内府后充作内府刻本，如康熙时徐焯的《全唐诗录》、宫梦仁的《读书纪数略》等。若马骕编纂的《绎史》，则为内府收购书板而世称为内府刻本。有的目录书还把著名的《通志堂经解》著录为内府刻本。《通志堂经解》原系纳兰成德编撰刻印于康熙十九年（1680），成德后改名性德，字容若，是康熙朝权相明珠的儿子。他乡试出徐乾学之门，遂以受业弟子相称。《通志堂经解》是在徐乾学的帮助下编成的，其中收录宋元人经解著作一百三十九种，大多出于徐氏传是楼珍藏。乾隆时明珠失势，弘历遂以徐乾学逢迎权贵，纳兰性德市名邀誉为由，下罪二人，并将《通志堂经解》书版籍没宫中，命"四库馆臣将板片漫漶断烂阙者补刊齐全，订正讹谬，以臻完善"，改名《御定补刊通志堂经解》，以内府名义刻印行世。

2. 武英殿刻本

康熙十九年（1680）武英殿设造办处，属内务府，初始极少刻印书籍。康熙四十年（1701）武英殿开馆校刻《佩文韵府》，从此成为内府常开的修书印书机构。雍正七年（1729）造办处改称修书处。乾隆时，武英殿修书处建制逐步完善，由总理大臣督办，下设监造处和校刊翰林处二部分，监造处统辖书作、刷印作、铜字库、聚珍馆等工场作坊，校刊翰林处专门负责校勘，在人事上属翰林院。在校刊处行走的翰林，修书达到一定数额，例可迁官。同时，校刊处还负责御览图书、内宫存贮图书的缮写工作。

武英殿刻书极多，陶湘《清代殿版书目》著录约三百余种，实际数字远远不止。所刻图书内容广泛，其中卷帙最多、流通最广的是《十三经注疏》、《二十四史》、《九通》等书。武英殿是清帝的御用出版机构，而其刻书的盛期又正值康、雍、乾三朝实行文化专制统治最严厉的时期，因此武英殿刻本的内容和编纂形式都带有强烈的政治色彩和阶级倾向。比如殿本的书名大多冠有"钦定"、"御纂"等词，各种经文、史评、理学著作大多经过"御批"、"御编"、"御选"、"御录"，目的即为在文化学术领域内树立清帝权威和官方标准，统一舆论，钳制异端。这类书有康熙朝刻的《御批通鉴纲目》、《御纂朱子大全》、《御纂性理精义》等，雍正朝的《钦定书经传说汇纂》、《钦定诗经传说汇纂》、《御录宗镜大纲》、《御录经海一滴》、《御选悦心集》等，乾隆朝的"乾隆三经"（《周易述义》、《诗义折中》、《春秋直解》），《御批通鉴辑览》等。为了宣扬清帝的文治武功，武英殿刻印各种实录、圣训、会典、方略和御制诗文集。如《七朝圣训》、《圣祖御制诗文集》、《大清会典》、《南巡盛典》、《平定三逆方略》、《八旗通志》、《胜朝殉节诸臣录》、《兰州纪略》等等。另外，统治者以政治干预校订，别有用心地审改古书文字，这是武英殿刻本的一弊。嘉庆以后武英殿刻书渐衰，道、咸、同、光四朝，每况愈下，刻书仅成点缀而已。同治八年（1869）、光绪二十七年（1901），武英殿屋两度失火，殿宇版籍俱成烟灰。

武英殿刻本是清代影响最大的官刻本，对清代思想、文化、学术的发展起过相当的作用。与前代内府刻本相比，武英殿刻书具有如下几个优点：

（1）刻书内容较前为广，所刻经学、小学、天文、数学、乐律、文学、艺术、目录、金石等门类的学术著作，集中反映了当时学术研究的成果和水平，对促进学术发展产生过积极影响。如《律历渊源》一百卷，包括论述天文历法的《历象考成》，论述数学的《数理精蕴》，论述乐理的《律吕正义》三部分，把传统研究方法和西方新学相对照，相贯连，既是学术史的总结，又起了传播新科学的客观作用。殿本《医宗金鉴》是一部包括中医理论、方药、诊法和分科治疗等，内容全面而简括扼要的中医集成之作。又如《佩文韵府》、《骈字类编》、《子史精华》等大型类书，具有较高的学术价值和实用价值，至今仍无后来居上者。康熙、乾隆诸帝的文化素养和政治见地都比较优秀，因此在他们"钦定"、"御纂"的殿本中颇有可取之处。

（2）刻书质量较前为高。由于武英殿改变了明代内府由宦官掌管刻书的陋习，派懂行的馆阁词臣负责校刊，使版本质量有了脱胎换骨的变化，令学术界刮目相待。殿本的校勘固然存在不少有意无意的舛误，但毕竟是有成绩的，有些版本尚可称善，如元马端临《文献通考》的武英殿本，经比较考订，知其文字胜过元西湖书院刻本。武英殿凭借内府天禄琳琅的珍藏善本秘籍，覆刻了一批宋元旧本，如覆刻相台岳氏家塾本《五经》、覆刻宋咸淳本《周易本义》、覆刻宋淳祐本《四书章句集注》、覆刻元赵孟頫写刻本《道德宝章》等，对古本的流传保存起了很好的作用。武英殿刻本在刻画和套印技术上，也取得了超越前人的成就。康熙五十二年（1713）刻《万寿盛典》，从新科进士中遴选王赓等十名好手书写上板，其中有二卷图画，绘制了大典的宏伟场面和众多人物，蔚为壮观。又康熙五十一年（1712）刻《避暑山庄三十六景诗》，附有三十六幅山水版画，幅幅精妙绝伦。套色印本中有双色套印的《朱批谕旨》，三色套印的《唐宋文醇》，四色套印的《唐宋诗醇》，五色套印的《古文渊鉴》等等，色艳笔细，均胜前朝一筹。所以，无论从学术性还是文物性来衡量，武英殿刻本都有值得重视、珍视的版本价值。

（3）刻本的社会效果较前为大。乾隆时，武英殿刻本不仅供内宫使用收藏或颁赐臣辅之用，还准予发卖翻刻。发卖的书，一种是满足内部需要后的多余者，一种是专供发买而刻印的通行本，并允许地方官府、学校、书坊翻造自印。由于开通了直接与社会见面的渠道，扩大了殿本的发行量、流通量，致使殿本的优点获得了较大的社会效果。至今殿本仍是最多见的清代刻本之一，是阅读或整理时最多使用的一种版本。

3. 官书局刻本

清末官书局刻本是地方官刻本。经过太平天国革命运动的沉重打击和帝国主义势力的严重侵入，大清帝国的封建统治开始崩溃，同光时代武英殿刻书的名存实亡和各地官办书局的纷纷出现，正是这种政治变革在文化出版领域内的反映。同治三年（1864），曾国藩以重兴文教为名，在安庆设立治山书局，成为历史上第一个名实相符的地方官府属辖的刻书出版机构。治山书局后移至江宁府学。同治五年（1866）以后，各省纷纷响应效法，陆续开设了江南书局、金陵书局、浙江书局、四川书局、安徽敷文书局、淮南书局、山西书局、山东书局、湖北崇文书局、广东广雅书局、直隶书局、云南书局、贵州书局等。在将近半个世纪的时期里，各地官书局刊印发行了大量书籍，世称"官书局刻本"或"局刻本"。

清末官书局既以重兴文教为宗旨，故所刻之书皆是传统国学著作，余则以地方文献为重点。官书局刻书特点之一是较多覆刻翻印清内府、武英殿刻本。如同治十三年（1874）江西书局和光绪二十五年（1899）广雅书局翻刻《武英殿聚珍版书》，光绪二年（1876）江南书局重刊殿本《仿宋相台五经附考证》，光绪四年（1878）江苏书局重刻殿本《辽金元三史语解》，同治间广东、江西书局重刊阮元《宋本十三经注疏附校勘记》，同治十二年（1873）粤东书局重刻《通志堂经解》，同治、光绪间浙江书局、江西书局、崇文书局、江南书局相继重刻《御纂七经》，光绪二年（1876）江西书局重刻殿本《御纂医宗金鉴》等等。特点之二是汇编选辑了一批古籍，做了相当的整理研究。如同治、光绪间江苏书局辑刻的《资治通鉴汇刻》，光绪中广雅书局辑刻的《纪事本末汇刻》，光绪元年（1875）崇文书局辑刻的《子书百家》，浙江书局汇刻的《九通》《二十二子》等等。特点之三是刊印了一批当代人的学术著作。如同治七年（1868）金陵书局、光绪二十一年（1895）浙江书局先后汇刻的陈宏谋《五种遗规》，是中国教育史上的重要著作。又如光绪中崇文书局刻任大椿《小学钩沉》，思贤书局刻皮锡瑞《皮氏经学丛书》，光绪十六年（1890）山东书局刻孔广林《孔丛伯说经五稿》，同治十年（1871）江苏书局刻张履祥《重订杨园先生全集》等。清末五十年是中国社会政治制度发生重大变革的前夜，是西方文明和东方文明矛盾、冲突、交融的重要时期。各地官书局以维护腐朽的封建制度为宗旨刻印出版书籍，从本质上讲是反历史潮流的，与今天重视民族传统文化典籍而整理出版不能相提并论。但官书局以流通古籍为己任，在中国古籍印刷史自有其客观的有益之处。时至今日，清代局刻本乃是最常见的一种古籍版本。

各地官书局刻本质量优劣不一，良莠不齐，这既受各地刻书传统的影响，但更由书局主持人、校勘者的学识和学术水平所左右。比如金陵书局拥有张文虎、戴望、冯煦、刘寿曾等一批学界名流为之校勘文字，他们治学皆祖述乾嘉考据学派，校刻书籍讲究版本，雠校审慎，大有乾嘉时精校精刻本的遗风，为世所推重。像张文虎校订的《史记》，刻本质量超过诸本，中华书局出版的标点本《史记》就是以张文虎校本作底本的。浙江书局更是人才荟萃，谭献、黄以周、李慈铭、张大昌等书局聘员，都是当时屈指可数的经史、词章名家。他们刻书重底本，且有杭城丁氏兄弟八千卷楼、善本书室藏书作后盾，精校勘，刻本皆另附校勘记、校勘札记，在各地官书局刻本中堪称第一。所刻《二十二子》、《玉海》、《九通》、《武林掌故丛编》等，无不称善，影响后世颇深。广雅书局一度由洋务派人物张之洞主持，聘请王仁俊、叶昌炽等一代名士校理群籍，刻书数量居众书局之首。所刻《广雅丛书》辑录古今经史书籍二三百余种，皆切合世务之书，体现了张之洞的务实思想，是书局刻本中不多见的例子。广东还另有粤东书局，曾重刊《通志堂经解》、《二十一史》和不少未刊手稿，版本价值很高。湖南书局多刻印地方文献、乡贤先哲遗书，初有《王船山遗书》和《曾国藩全集》，继而汇刻《湖南丛书》，专收本省著作。后改名思贤书局，刊印了不少时人的学术著作，如王先谦的《汉书补注》、《后汉书集解》，孙诒让的《周礼正义》、《墨子间诂》等，在学术界影响很大。湖北崇文书局刻过三十三种丛书和《湖北通志》等书，实用性较强。其他如淮南书局刻《三国志》、《毛诗注疏》，四川成都书局刻《前四史》、《章太炎丛书续编》、《三朝北盟会编》，云南书局刊《云南丛书》，以及金陵、淮南、浙江、福建、广东五局合刻的《二十四史》，都是局刻本中较好较实用的版本。至于山东、山西、贵州等书局的刻本，数量质量就差一些了。

二、考据学家的精校精刻本

康、雍、乾、嘉四朝是清代也是中国古代出版印刷史上最灿烂、繁盛的时期，版本目录学家盛称可与宋元旧版相埒的清代精校精刻本就出于这一时期的考据家之手。清代考据学派以实事求是的精神研究古籍，以热情负责的态度校刻古书，校勘之学因而大兴，所刻之书因而大精。《书林清话》记载说："竹垞凡刻书，写样本亲自校两遍，刻后校三遍。其《明诗综》刻于晚年，刻后自校两遍，精神不贯，乃分手于各家书房中，或师或弟子，能校出一伪字者送百钱。"正因为如此，朱彝尊刻的《曝书亭集》、《腾笑集》、《洛阳诗钞》、《乐志堂诗钞》等书，都以文字精良而为藏家看重。其他如宋荦刻《江左十五子诗选》、《国朝三家文钞》、《王荆公唐百家诗选》、《筠廊偶笔》、《绵津山人诗集》等，如顾嗣立秀野草堂刻《元诗选》、《昌黎先生诗集注》、《温飞卿诗集校注》、《秀野草堂诗集》、《诗林韶濩》、《闾邱诗集》、《闾邱辨囿》等，如王士禛刻《渔洋山人精华录》、《古夫于亭稿》等，以及惠栋、高士奇诸家刻本，都十分精善。但康熙刻本之精主要在版刻形式，而不在文字校勘。相比之下，乾嘉时期考据家刻本，论字体、刻工、纸张、印墨，似逊于康熙刻本，若以文字校勘而论，则胜于康熙刻本。清丁丙《善本书室藏书志》说："校勘之学至乾嘉而极精，出仁和卢抱经、吴县黄丕烈、阳湖孙星衍之手者，尤校雠精审，朱墨烂然，为艺林至宝，补脱文，订误字，有功于后学不浅。"孙从添《藏书纪要》说："校正刊刻，非博雅君子有力而好古者不能也。书籍上版，必名手校正，方可刊刻。不然，枉费刻资，草率刻成，不但遗误后学，反为有识所笑。"乾嘉两朝许多考据家、校勘学家耗一生精力从事铅椠，他们校刻的书籍成为后世公认的精校本。这里仅举卢文弨、黄丕烈、顾千里、阮元为例，略作介绍。

卢文弨，字弨弓，号矶渔、檠斋、弓父，浙江余姚人，乾隆十七年（1752）一甲三名进士，历官翰林院编修、侍读学士、湖南学政，晚年历主江浙各书院讲席，以经术导士。他家富藏书，庋之抱经堂，人称抱经先生，刻本称抱经堂本。清严元照《书卢抱经先生札记后》说："先生喜校书，自经传子史，下逮说部诗文集，凡经披览，无不丹黄，即无别本可勘同异，必为之厘正字画然后快，嗜之至老愈笃。"卢文弨宗戴震皖学，校刻古书主张尽量纠正原本误字，故抱经堂刊本多汇集众本，校误订正，校改处双行夹注，或附见参校诸本名目，引用诸家之说，随发己见。后人称这种校勘、校刻方式为"活校"，推卢文弨为"活校"派的代表。卢文弨校刻诸书均收入《抱经堂丛书》，其中《荀子》是咸、同以前最善之本；《逸周书》集王念孙以前众家之说，为后来所依傍；《贾谊新书》汇校宋以来传本，保存了已佚古本的面目；《春秋繁露》、《颜氏家训》、《经典释文》诸本校雠也有过人之处。所以抱经堂刻本常被后人选作校勘底本。

黄丕烈，字绍武，一字尧圃，号复翁，长洲人。乾隆五十三年（1788）举本省乡试，无意仕宦，援例得主事分部，人称黄主事。自谓生平无他喜好，独嗜收藏书籍，家藏宋元旧椠尤多，专筑书室贮之，名之"百宋一廛"，自号"佞宋主人"，又因珍藏宋本《礼记》而名室为"士礼居"。黄丕烈多取家藏宋元旧刻、旧抄本翻刻，版式文字一准原样，谓之景刊，即如缪荃孙、叶德辉等所言"据一宋本，笔笔描写，即讹字亦从之，缩宋本于今日，所谓下真迹一等者"。后人称此校勘、校刻方式为"死校"。从校勘学上讲，死校不如活校，但它的好处在于避免了臆改之弊，保存了旧本的真面目。黄丕烈用这种方式景刊宋本《仪礼》、《国语》、《战国策》、《舆地广记》、《伤寒总病论》、《洪氏集验方》等，景刊汲古阁景宋抄本《孝经》、《论语》、《孟子》等，都收入《士礼居丛书》中，被书林中人视如具有宋元本价值的、下真迹一等的善本。据清范锴《华笑庼杂笔》记载，士礼居还刊行过《汲古阁书目》、《博物志》、《季沧苇书目》、《百宋一廛赋》、《梁公九谏》、《焦氏易林》、《宣和遗事》、《藏书纪要》、《船山诗选》、《夏小正》、《汪本隶释刊误》等书。

　　阮元，字伯元，号芸台，江苏仪征人。乾隆五十四年（1789）进士，历官翰林院编修，山东、浙江学政，内阁学士，浙江、江西、河南、广东巡抚，湖广、云贵总督，以大学士致仕。他是乾、嘉、道三朝元老，又是学界泰斗，门生弟子遍及各地，声望极高。他一生从政，于教育事业贡献颇多，宦辙之余，则以校书刻书为嗜好，尝作诗酬志云："役志在书史，刻书卷三千。"先后所刻有《仪礼石经校勘记》、《淮海英灵集》、《七经孟子考文补遗》、《曾子十篇注释》、《经籍纂诂》、《畴人传》、《十三经注疏附校勘记》、《皇清经解》、《揅经室集》、《山左金石志》、《积古斋钟鼎彝器款识》、《两浙金石志》、《皇清碑版录》、《江苏诗徵》、《两浙輶轩录》等。此外，他还鼎力襄助他人出版学术著作，如钱大昕《三统术衍》，张惠言《虞氏易》、《仪礼图》，汪中《述学》，钱塘《述古录》，凌廷堪《礼经释例》，焦循《雕菰楼集》等书的刻印，都曾受惠于他，对推动学术的交流和发展起了良好的作用。阮元久居要职，刻书多请当代校勘学高手代司校雠之劳，自己则担负总编之责，亲自制订刻书计划、编校体例，遴选校书专材。很多长卷巨帙，如《十三经注疏附校勘记》等，全靠他领导组织起一批各有专长的校勘家通力合作，才得以问世。乾嘉时期许多有学问的大官如毕沅、孙星衍等都热衷延请名家代为校刻书籍，以为存之青山、流传百世的业绩，而阮元是他们中的代表。

　　顾千里，名广圻，以字行，号涧薲，一号思适居士，江苏元和人。和阮元相反，顾千里是一介寒士，虽精于丹黄铅椠，却乏资自刻自印，只能靠代人校书刻书作稻粱之谋。他的校勘、校刻方式，乃融合"活校"与"死校"于一体，既重视底本的选择，景刊宋元旧本而不作校改，又参校他本他书，比较异同，考订得失是非，写成校勘记附于书后。这样既避免了臆改之忌，又避免了陈袭之僵，故为当时和后来的许多校刻者所推崇采纳，"书经先生付刊者，艺林辄宝之"，并称誉他是"清代校勘学第一人"。延请顾千里校刻书籍者纷纷不绝，先后累积三十余种，如为阮元校刻《十三经注疏》中的《毛诗注疏》，代孙星衍校刻《说文》、《古文苑》、《唐律疏义》、《尚书考异》、《宋元检验之录》、《天文大象赋》、《抱朴子外篇》、《广黄帝本行纪》、《轩辕黄帝传》，替张敦仁校刻《礼记》、《仪礼注疏》、《盐铁论》，替黄丕烈校刻《国语》、《战国策》、《隶释刊误》，代胡克家校刻《文选》、《资治通鉴》，替秦恩复校刻《法言》、《奉天录》、《骆宾王集》、《吕衡州集》、《李元宾集》、《词学丛书》，替吴鼒校刻《晏子春秋》、《韩非子》，替廖寅校刻《华阳国志》，代洪宾华校刻《宋名臣言行录》，代沈恕校刻《绍熙云间志》，替顾之逵校刻《列女传》，替汪士钟校刻《仪礼疏》、《鸡峰普济方》等等。顾千里以孑然只身，汲汲于校刻之役，给后世今人留下诸多精校善本，在校勘学史和版本学史上都是非常值得书写的一位大家。

　　著名的乾嘉学者校刻本还有戴震的《水经注》、段玉裁的《说文解字注》、张海鹏的《太平御览》等等。乾嘉学者还多喜汇刻丛书。如段玉裁的《经韵楼丛书》、阮元的《文选楼丛书》、毕沅的《经训堂业书》、孙星衍的《平津馆丛书》、卢见曾的《雅雨堂丛书》、吴骞的《拜经楼丛书》等，各具特点。鲍廷博刻印的《知不足斋丛书》，凡三十集一百九十八种，都以家藏善本为依据，"并有人间所未尽见者"。

三、清末刻本

1. 道光、咸丰刻本的稀见和珍贵

大凡版本之贵重，一在于精，二在于稀。物以稀而贵。世所稀见的清刻本，一在清初，二在道光、咸丰间。清初刻印书籍本不多，且屡遭文网，故所剩无几。经常引用的仅若徐世溥《榆溪集选》、吴伟业《太仓十子诗选》、萧云从《太平山水画》、吴肃公《丁南文集》、彭孙贻《流寇志》等数种。道光、咸丰时代，先后经历了鸦片战争、太平天国革命战争等重大政治、军事事变，国力渐衰，百姓积贫，文化出版事业的发展自然受到阻碍。而且战火无情，典籍遭厄。且不说帝国主义的侵掠破坏，即便是革命运动的太平天国战争，也毕竟是对抗的暴力行为，况且太平军与清兵后期作战的战场多在东南一带，那里正是藏书家最集中、刻书业最发达的地区，所以图书版本损失特别严重。《四库全书》"南三阁"中的扬州文汇阁、镇江文宗阁藏本，先后毁灭于咸丰二、三年间（1852—1853）。咸丰十年（1860），杭州文澜阁书也已散失市中，被商贾小贩当作包裹用纸。幸亏丁丙、丁申兄弟等尽力搜葺残帙，后继者陆续抄录缮写，方得保存至今。

　　国家四库珍藏尚且如此，民间私家坊刻更难逃厄运。如清乾嘉学者洪亮吉所著《春秋左传诂》一书，初刻于嘉庆十八年（1813），初印于道光八年（1828），距今只不过一百五十余年，却已几成绝版。光绪四年（1878）洪亮吉曾孙洪用勲授经堂重刻本跋记载说："先大父偕旌德吕先生培，校定此本，开雕于金陵，甫讫工而相继归道山，板片迄未取回。迨道光戊子，板归旌德吕氏，甫有印行之本，讵经兵燹，仍复毁失。兹幸购得吕氏刷本，重刊行世，勉继先志于万一云。"旌德吕氏原刻本现存已极少。又如清姜皋著《浦泖农咨》，是一部专门论述总结松江地区水稻栽培技术与管理的农学著作，在我国古农书中堪称绝少。胡道静《上海图书馆所藏稀见与珍贵古农书对传统农学研究作出的贡献》一文指出，《浦泖农咨》与南宋陈旉《农书》、明清之际涟川沈氏《农书》，是古代农书中"可以鼎足而三"的三部水稻学专著。《浦泖农咨》原刻于道光十四年（1834），距今才一百五十年时间，但"流传之稀少，达到使人吃惊的程度，上图所藏此册，迄今所知，是个孤本"，且因"此著流传绝稀之故，过去并不为人们所知"。

　　至于因战乱而失传的书就不能细说了。同治年间江苏学政鲍琛曾上疏说："近年各省因经兵燹，书多散佚，臣视学江苏松、常、镇、扬诸府，向称人文极盛之地，学校旧藏书籍，荡然无存，藩署旧有恭刻经史诸书板片，亦均毁失。民间藏书之家，卷帙悉成灰烬。乱后虽有书肆所刻经书，但系删节之本，简陋不堪。士子有志读书，无从购觅。苏省如此，皖、浙、江右诸省情形，原亦相同。以东南文明大省，士子竟无书可读，其何以兴学校而育人材？"这段话深刻反映了道、咸乱世图书版本的危机。

　　道、咸时代的太平天国刻本，是"第一次在中国书史上出现了农民革命政权刻印的，表达农民阶级利益的图书"，是一种珍贵而稀有的图书版本。道光三年（1823），洪秀全在广西金田村起义，太平军在北进途中就已陆续刻印过一些有关革命大规大法、军事礼制方面的书籍。定都天京后，天朝政府又专门设立镌刻营，负责刻印天朝官书、文告、典制等，如《太平诏书》、《天命诏旨书》、《天朝田亩制度》、《太平礼制》、《太平军目》、《太平天规》、《天条书》、《资政新编》、《英杰归真》等天国新著，以及一些普教课本《三字经》、《幼学诗》等。据清张德坚《贼情汇纂》说，天朝刻书"汗牛充栋，人人学习"，可见刻书不少。但因其传布地域有限，加上革命失败后清政府的严厉查禁，所以存世的太平天国刻本极少。1926年，北京大学出版《太平天国丛书》，影印了数种，读者可一睹太平天国刻本的风格。解放后又陆续整理出版了《太平天国文物图解》、《太平天国史料专集》、《太平天国印书》、《太平天国文书汇编》等文献资料，其中亦有不少素材可供研究天朝刻书参考。

2. 同治、光绪时代的名家刻本

鸦片战争、太平天国革命战争之后，我国社会进入了一个急遽转变的时代，政治、经济、文化各方面都发生了前所未有的变化。"在这一时期，我国图书和出版事业出现了空前的发展。图书种类日益增多，出版数量日益高涨，出版物新类型（杂志、报纸、教科书等）的诞生，新印刷术（铅印、石印）等的采用，资本主义经营方式在出版企业的出现——所有这一切都标志着我国图书史已进入了一个崭新的时代"（参见刘国钧《中国书史简编》）。在历史从古代步入近代的转变时刻，新旧事物的交织最为显著。图书出版亦是如此，一方面是新型图书版本的迅速崛起，一方面是旧式版本的继续存在。传统文化的惯性和新文化的引力，构成了同、光时期古籍版本的特点。

同、光时代的士大夫阶层人士，包括一批洋务派、维新派人物在内，都把重兴儒教当作振邦中兴的一帖急救良药，于是各地官书局应运而生，私家刻书也逐渐复苏。清末著名洋务派领袖张之洞在《书目答问·劝刻书说》中提倡："凡有力好事之人，若自揣德业学问不足过人，而欲求不朽者，莫如刊布古书一法。刻书者，传先哲之精蕴，启后学之困蒙，亦利济之先务，积善之雅谈也。"他本人且身体力行，乐此不疲。同光时期名家刻本，实则是乾嘉名家刻本的遗绪，是清末古籍版本中价值最高的一类。

杨守敬，字惺吾，号邻苏老人，湖北宜都人，生于道光十九年（1839），卒于民国三年（1914）。他是清末著名的地理学、金石学、版本目录学家和藏书家。光绪六年（1880），杨守敬赴日任公使随员，当时正值日本明治维新变法之际，举国士大夫弃古书如敝屣，杨"日游于市，广搜秘籍"，又得日人森立之撰《经籍访古志》，按图索骥，所获甚富。后黎庶昌公使议刻《古逸丛书》，即委之搜访辑刻之职。《古逸丛书》景刊古本逸书二十六种，都是国内业已失佚的古刻旧本和日本旧抄卷子本、日本刻本，因其保存了古书原本文字的真貌，而具有较高的文献价值。同时《古逸丛书》采用景刊的方法保存古本的形式特征，对近代中国的出版事业影响颇大。1922年至1957年，上海商务印书馆编辑影印了《续古逸丛书》，2004年北京中华书局出版了《古逸丛书三编》。

缪荃孙，字炎之、筱珊，号艺风，江苏江阴人，生于道光二十四年（1844），卒于民国八年（1919）。他博学多识，于目录、版本、校勘之学无所不精，尤热心抄书、刻书。艺风堂刻本流传广布，内容形式俱称精佳。《书林清话》说："江阴缪氏《云自在龛丛书》，多补刻古书缺文，亦单刻宋元旧本，虽平津馆、士礼居不能过之，孙、黄复出，当把臂入林。"除此之外，缪荃孙还辑刻过《藕香零拾》、《烟画东堂小品》、《对雨楼丛书》等各具特色的丛书，以及《士礼居藏书题跋记》、《尧圃藏书题识》、《尧圃刻书题识》等书，为今世留下了十分珍贵的图书文献。

王先谦，字益吾，号葵园，湖南长沙人，生于道光二十二年（1842），卒于民国六年（1917）。他历官国子监祭酒、江苏学政等职，后又受聘江苏南菁书院、湖南岳麓书院山长之职，对经、史、子、集俱有潜研发微之作，称得上清末国学的一代宗师。王先谦刻书极多，且以辑刻学术著作为己任，《皇清经解续编》这部煌煌巨编，就是他任南菁书院山长时以私资刻印的。他先后辑刻的《续古文辞类纂》、《东华录》、《东华续录》，以及《荀子集解》、《汉书补注》、《骈文类纂》、《释名疏证补》、《日本源流考》等皆为学术名著，另有《王益吾所刻书》和《王葵园四种》两部丛书，均获学术界人士的重视。

刘承幹，字翰怡，浙江吴兴人，生于光绪八年（1882），卒于20世纪60年代。刘氏于清末民初创建嘉业堂藏书楼，典籍宏富，版本精善，誉称东南璆琳。既而选择书楼中孤本与罕传之本，延请海内通人如缪荃孙、叶昌炽、况周颐、董康等，校雠编审，次第授梓，成丛书数种：网罗前哲遗书曰《嘉业堂丛书》，汇集近儒述作曰《求恕斋丛书》，限乡贤所著者曰《吴兴丛书》，阐性理微言者曰《留余草堂丛书》，又精刻影宋《四史》、《晋书斠注》、《旧五代史注》等等，凡三千余卷。尝自谓"一书之成，费或逾万，即寻常之本，亦力求精雅"。

　　同、光时期书坊刻书恢复发展得也很快，书坊刻本占清末刻本的多数。北京、南京、苏州、扬州是书坊的集中之地，如南京的李光明庄，北京的老二酉堂、聚珍堂，苏州的聚文堂、文学山房，扬州的文富堂等，刻印既多，质量也不差。自西洋现代印刷法传入中国后，一些私人书店、书局也纷纷采用排印、石印等法出版古籍，像《古今图书集成》和《二十四史》等书就先后有图书集成局的铅字排印本和同文书局石印本两种版本。特别是石印法，投资小，收效快，深受书局主人的青睐，拜石山房、蜚英馆、鸿宝斋、点石斋、竹简斋等书店，都曾出版过大量石印本古籍，流通市场。

第三章　版本的历史（下）

第一节　抄本

一、抄本的价值

抄本图书是古籍版本的形式类别之一。在雕版印刷术发明之前，书籍著作全靠手写抄录流传，在相当长的历史时期内，抄本书籍（包括竹简书、帛书）是图书的唯一形式。雕版印刷术发明后，抄本渐渐降为图书版本的辅助形式，但其数量之多，仍然十分可观。一来古人习惯把抄书当作读书的好方法，"手写一，敌口诵十"，抄书不断，抄本迭出。二来因多种原因和条件的限制，总有一些图书不能付梓印行，只能靠传抄存世，这些抄本图书的版本价值尤为珍贵。三来古代藏书家大多要通过抄写誊录来补充藏书。孙从添《藏书纪要》说："古代书籍流传稀少，交通阻隔，无力购致，更有秘本未刻，为世罕见，每每转展迻录，藉有其书。"在很多著名藏书家的典藏中，抄本图书占有很大比例。清丁丙《善本书室藏书志序》说："前明姑苏丛书堂吴氏、四明天一阁范氏，二家之书，半系抄本。至国朝小山堂赵氏、知不足斋鲍氏、振绮堂汪氏，多影钞宋元精本，笔墨精妙，远过明钞。"胡道静

《嘉业堂钞校本目录总序》说："嘉业藏书，宋椠珍本，以《四史》著闻，号为镇库。元刻百许，明版车载斗量，自余书刻，山积海容。然主人搜书，平生措意所在，特重稿钞校本，故其所获至丰，至精且佳。"随着版本研究的深入，抄本的价值越来越被人重视，像赵、鲍、汪、刘这样拥有丰富的抄本图书的藏家越来越多，不少藏书目录开始以宋、元、明刻与抄本并列分类编目，还编纂出专门的抄本书目，如《佳趣堂书目》、《竹崦盦传钞书目》、《铁如意馆手抄书目录》和《嘉业堂抄校本目录》等。

抄本也有其自身的文物价值或艺术价值。比如宋、元抄本凤毛麟角，本身就是珍贵文物；比如历代书家的亲笔抄本，本身就是书法艺术的珍品。再如汲古阁影宋抄本，清廷御用的五彩抄本等，无论书艺、纸墨皆精妙绝伦。刘昌润《"善本"漫谈》提出，好的抄本"外表上也有其特点：①有印记，②有题识跋语，③用印有栏格之专用纸钞写，或乌丝栏，或朱丝栏，或绿格，或蓝格，室名镌在书口下方，或在书耳。亦有无栏格者，④钞手字体古雅，即令书法不精，亦必工整不苟，无破体，不潦草，⑤有校字，⑥偶有用旧纸者"。但判断抄本精善与否、价值高低的标准仍在版本内容。就内容论抄本的价值，主要有以下几个方面：

1. 从未刻印过的抄本

这类抄本舍此则别无他本可求，其版本价值之高是不言而喻的。如清查继佐撰《流寇琐闻》一卷，世无印本，仅抄本流传。此书分两部分，前一部分记崇祯间程继孔、王道善领导的萧县、徐州地区农民起义，以及盛之友、白太征、吴太宇、沈万登、杨四、郭三海、张五平等各地义事。后半部分记原李自成部将高杰降明

后的活动情况。是一部研究明末农民起义的珍贵史料。又如明末
清初人彭孙贻撰《靖海志》四卷，记郑芝龙、郑成功、郑克塽三世
盛衰事迹，是一部当时人写当时事的纲目体史志，对研究郑成功
及明清交替之际的历史极为有用。但此书后无刊本，抄本也罕见。

2. 刻本已亡佚或流传鲜少的抄本

如《旧五代史》原刻本久佚，后人从《永乐大典》中辑出传抄，
后印本皆据抄本而来。又如明张燧撰《经世挈要》二十二卷，作者
处于明末动荡危乱之世，择经世之要务，献保国用兵之策，为明
帝提供治世的方案与措施，是晚明的一部重要史籍。明崇祯六年
（1633）傅昌辰版筑居始刊印行世，后因书中多涉"虏夷"事，为
清廷禁毁，故流传绝少，国家图书馆也仅藏残刻本，因此传世的
完整抄本就十分宝贵了。再如抄本《五岭文集》二卷，明邝元乐
撰。元乐字和仲，号五岭山人，广东南海人。生于正德元年，嘉
靖举人，历官安徽广德、广西郁林、山东宁海三州。文集收录各
类序文书记六十四篇，所载事实可补史志之缺，如《龙州奏凯序》
一文即录有嘉靖时粤南农民起义史实。是书原刊于万历，因遭烽
警，版本散佚，直到光绪十六年重修邑志时有里人献出抄本，元
乐遗文才重现于世。

3. 文字内容与刻本有差异的抄本

这类抄本可据以校订补正刻本的缺失不足。一般而论抄本逊
于刻本，但不能一概而论。假若刻本源于残阙舛讹的俗本、劣本，
又未详加雠校，而抄本则录自善本，又经名家审订；假若刻本曾
经后人删改润色，与原作旨意已相径庭，而抄本祖述原本，无臆
改妄删之弊，那末抄本就明显优于刻本。或者刻本既善，而抄本

仍有补漏拾遗之处；或者刻本、抄本渊源不一，文字异同各有优劣，则可取长补短。如明诸葛元声辑《三朝平攘录》六卷，记明代嘉靖、隆庆、万历三朝抗倭等六件涉外战事。此书公私目录极少著录，仅有的万历三十四年刻本《隆万两朝平攘录》，尚缺嘉靖朝平海盗倭寇记事，抄本则有全帙。又如明末清初毕振姬撰《西北之文》十二卷，述作者宦游见闻，有关西北地区形势、少数民族风俗、西域诸国历史及中外交通等问题。康熙年间曾刻印前四卷，余则未刻，传世的清抄本却足十二卷。这是刻本不全而抄本全的例子。又如清沈恕之宿斋蓝格抄本《青虚山房文集》五卷、《诗集》三卷、《尺牍》二卷，作者王太岳曾任四库馆总纂官，擅文名，但不轻易落笔，生平著述不多，人亦难知。因时人王芑孙喜欢他的文章，长期收集，获得遗稿二十四卷，遂选编成集，辗转传录，相见于世，与通行的光绪十九年（1893）定兴陆氏刻十一卷本《王太岳文集》面目不同。这是抄本与刻本分属两个版本系统的例子。再如元邓文原《巴西邓先生文集》，传世的刻本、抄本很多，其中鲍廷博知不足斋抄本比一般版本多补遗一卷，系鲍氏从《元文类》《胡云峰文集》里辑集的佚文。这是抄本可补刻本缺漏的例子。再如苏联科学院列宁格勒分院图书馆收藏的《石头记》抄本，约成于乾嘉年间，是已发现的《红楼梦》第十二种版本。经初步校订，它与《脂砚斋重评石头记》在回目上有不同，如第七十九、八十四连在一起，批注也多出不少，是一个内容更为详尽的早期版本。诸如此类的例子不胜枚举。

抄本的优劣除取决于底本外，还取决于抄者。所以要像孙从添《藏书纪要》所说的那样："抄书者要明于义理者一手书写，无脱漏差误，无破体字，用墨一色，方为最善。若字好而不明义理者，仅可印抄而已。"但实际上很难做到，不明义理的外行抄写的抄本很多，有意摘落、无心脱漏的现象司空见惯。即如《四库全书》这等严肃重要的御定抄本，也难以避免。张之洞有诗曰："乾隆四库求遗书，微闻写官多鲁鱼。"文渊阁本尚可，其余六阁藏本皆一抄再抄，写官生厌，无人督率，致多删减。更有书估偶得罕见之书，仓促录副，既未校对，但求速利，且割裂篇章，抽换序跋，以充完本，伪造印记，以充旧钞，不可不慎辨之。

二、抄本的历史

1. 雕版印刷术发明前的写本

写本的最初形式是竹简书和帛书。汉代虽已发明了造纸术，但抄写书籍仍以简、帛为材料。三国以后，写本渐始用纸，至东晋桓玄帝下令"用简者，宜以黄纸代之"，纸张才彻底取代竹帛而成为普遍的书籍材料。史载南朝梁袁峻"自写书课，日五十纸"。北魏贾思勰《齐民要术》"入潢"一节，详细介绍用黄檗汁染纸，用薄纸修补书籍和用特别的糊剂黏连纸张的方法。说明当时用纸抄写书籍的广泛性。现存最早的纸写本是西晋元康六年（296）的写经残卷和后凉麟嘉五年（393）的写经残卷。另外，北京图书馆藏西凉建初时写经《律藏初分》，上海图书馆藏北魏神龟年间"经生张凤鸾"抄写的《维摩诘经》残卷。隋唐时期是我国经济、文化大发展时期，也是写本书的极盛时期。隋文帝搜求民间异书，缮录抄写达三万余卷，炀帝时秘阁增至近九万卷。唐毋煚《古今书录》著录藏书三千六十部，五万一千八百五十二卷，佛、道经二千五百余部，九千五百余卷。如李泌、苏异、柳公绰等私家藏书也已达到万卷之数。刘国钧《中国书史简编》在列数上述事实之后说道："如果我们理解到这些都是靠手抄写，那就不难想象这是多么伟大的举动了。"但是，在历经一千多年的无情岁月之后，能保存至今的隋唐写本却十分稀少，在敦煌石室秘籍发现之前，仅有唐写本《说文》残卷和唐吴彩鸾抄写的《切韵》残本等传世。

公元十九世纪末，敦煌莫高窟石室遗书的发现，为我国灿烂的文化宝库增添了两万多卷珍贵文献。敦煌遗书绝大多数是古写本，抄写年代上起公元四世纪的东晋后期，下至公元十世纪北宋初年，而以隋唐、五代写本最多。写本书籍以佛经居多，余则道经儒典、史乘地志、字书词典、诗词小曲、杂文信札、医著日历、账册户籍、契据状牒等，内容广泛而丰富，文献价值极高。从版本学角度来看，这批古写本不仅使今人获得了认识从两晋到宋初书籍制度及其演变的第一手材料，而且还获得了不少文字优于后世刻本，具有较高的校勘价值的古本。

中日文化素称渊源。公元七世纪左右，日本大和政权连续十数次派出遣唐使团，大量的日本留学僧、留学生在学成归国时，携走了大量图书典籍。清末杨守敬访日时发现那里有许多国内已无的古抄本，他在《日本访书志》中说："日本古钞本，以经部为最，经部之中，尤以《易》、《论语》为多，大抵根源于李唐，或传钞于北宋，是皆我国所未闻。"这些古写卷子书，文字更近原貌，较少传抄之舛，在版本校勘上有很高的价值。关于日藏汉籍古写本的真实详情，虽有杨守敬《日本访书志》和一些日本目录略作反映，但仍缺乏全面了解。如果能做这件工作，将是十分有意义的。

2. 雕版印刷术发明后的抄本

宋代虽已流行雕印书籍，但抄本仍是国家和私人藏书中的一个重要部分。陆游《老学庵笔记》记载："刘韶美在都下，累年不以家行，得俸专以传书，书必三本，虽数百卷为一部亦然。"元人抄书之风不减前朝，据《松江府志》记载，庄肃"性嗜书，聚至八万卷，手抄经史子集，下至稗官小说，靡所不具。"又载同郡孙道明，"博学好古，藏书万卷，惟以钞书为乐，遇秘本辄手自钞录，其手抄书几千卷，今尚有流传者"。如至正十八年（1358）孙道明抄本《闲居录》即是。但宋元抄本传至今日已寥寥无几，其稀罕程度甚于宋元刻本。明代刻书业自有长足的进步，而抄本书籍也有所发展，其特点之一是涌现了一大批名家抄本。孙从添《藏书纪要》说："朱明以还，此风愈盛，藏书家更别其钞本之名曰'吴抄'（吴匏庵），曰'叶抄'（叶与子），曰'文抄'（文衡山），曰'王抄'（王肯堂），曰'沈抄'（沈辨之），曰'杨抄'（杨梦羽），曰'姚抄'（姚舜咨），曰'秦抄'（秦酉岩），曰'祈抄'（祈尔光），曰'毛抄'（毛子晋），曰'谢抄'（谢肇淛），曰'冯抄'（冯定远），曰'钱抄'（钱牧斋、钱遵王）。"又如明正德时苏州人士柳佥，字大中，号味茶居士，终生以抄书为业，摹写宋本唐人诗数十种，以宋椠手抄校正《水经注》、《乐府古题要解》等书，后世称绝。明末苏州人钱谷，字叔宝，家贫，闻有异书，必手自抄写，几于充栋，穷日夜校勘，至老不衰。他是文徵明的弟子，书法得其真传，现在苏州还保存着他的精抄本《唐代名画记》。又明末无锡姚咨，字舜咨，号茶梦主人，喜藏书，遇善本，手自缮写，世称"茶梦斋抄本"。姚抄本多冷僻稀见之书，且多加考证，述其源流，题跋于后，向为后世藏书家重视。黄丕烈《士礼居藏书题跋记》曾说：

《谈助》三卷，茶梦斋主人手抄本，真奇书也。近得一《贵耳录》，又得一手跋之《稽神录》，笔迹皆同，可称三绝。"又如浙江山阴祁承㸁、祁彪佳的"澹生堂（或作淡生堂）抄本"，清全祖望《旷亭记》称："夷度先生精于汲古，其所钞书，多世人所未见，校勘精核，纸墨洁静。"明代名家抄本多集中在江浙二省，常见的还有吴宽"丛书堂"抄本，叶盛"赐书楼"抄本，文徵明"玉兰堂"、"停云馆"抄本，沈辨之"野竹斋"抄本，赵琦美"脉望馆"抄本，秦西岩"致爽阁"抄本，赵宧光"寒山堂"抄本，谢肇淛"小草斋"抄本等等，不可尽数。明抄本的特点之二是影抄。影抄本主要是指影宋、影元抄本。影抄时先把白纸覆盖在宋元版书页上，轻轻双钩描填，一笔不苟，务求与原刻无毫厘之差。明影抄本以毛晋汲古阁最著名，孙从添《藏书纪要》："汲古阁影宋精抄，古今绝作，字画纸张，乌丝图章，追摹宋刻，为近世无有能继其作者。"但影写也难免会偶有手误，最容易致讹的是双行夹注，行密字小，若底本字迹稍有模糊，一纸之隔，极易造成鲁鱼之憾。晚明抄本中还有不少从未刻印过的书籍，虽非出自名家之手，但史料珍稀，弥足珍贵。

清代抄本流传最多，比较珍贵的是清初抄本和乾嘉时期的名家抄本。常见的名家抄本有常熟钱谦益绛云楼抄本，墨格或绿格，版心印"绛云楼"。常熟钱曾述古堂抄本，墨格，栏外印"虞山钱遵王述古堂藏书"或"钱遵王述古堂藏书"。常熟冯班、冯舒空居阁抄本，兰格，版心印"空居阁藏"，栏外印"冯氏藏本"。常熟叶石君朴学斋抄本，墨格，左栏外印"朴学斋"。昆山徐乾学传是楼抄本，版心印"传是楼"。秀水朱彝尊潜采堂抄本，无格，版心印"潜采堂"。吴县惠栋红豆斋抄本，栏外印"红豆斋藏书抄本"。仁和赵昱小山堂抄本，墨格，板心印"小山堂"，栏外印"小山堂抄本"。吴县黄丕烈士礼居抄本，墨格。吴县袁廷梼贞节堂抄本，绿格，版心印"贞节堂抄本"。桐乡金檀文瑞楼抄本，墨格，版心印"文瑞楼"。钱唐吴焯、吴城绣谷亭、瓶花斋抄本，墨格，版心或栏外印"绣谷亭抄本"或"瓶花斋"。钱唐汪宪振绮堂抄本，墨格，版心印"振绮堂"。海宁吴骞、吴寿旸拜经楼抄本，墨格，版心印"拜经楼"。金山钱熙祚守山阁抄本，绿格，栏外印"守山阁抄本"。归安姚觐元咫进斋抄本，绿格，版心印"咫进斋"。诸城刘喜海嘉荫簃抄本，绿格，版心印"东武刘氏味经书屋"，栏外印"燕庭抄校"、"嘉荫簃写书"。歙县鲍廷博知不足斋抄本，墨格或无格，版心印"鲍氏知不足斋"。休宁汪森裘杼楼抄本，墨格，版心印"裘杼楼"。南昌彭元瑞知圣道斋抄本，墨格，版心印"知圣道斋抄校"。檇李曹溶倦圃抄本，版心印"檇李曹氏倦圃藏书"等等。乾嘉以后的名家钞本，有劳格、劳权"丹铅精舍"抄本，朱学勤"结一庐"抄本，丁日昌"持静斋"抄本，莫友芝"影山草堂"抄本，顾修"艺海楼"抄本，丁丙"八千卷楼"抄本，陆心源"皕宋楼"抄本，缪荃孙"藕香簃"、"艺风堂"抄本等等。名家抄本还各有特点，或以所据底本见善，或以校勘文字见长，或以书籍内容见奇。如缪荃孙的《艺风堂别钞》、《艺风堂杂钞》两种，前者摘录于近百种清人笔记，后者辑录自内阁大库收藏的清代文献，涉猎广泛，内容丰富，若清代典章制度、农民起义事迹、名人轶事、京师名胜以及各种杂记杂考、遗闻趣事等等，虽多取自清人著作，但很多书今已难见。若以资料价值来衡量抄本价值的话，那么非名家抄本中也有许多珍贵版本。武新立《明清稀见史籍叙录》记载有清末抄本《新疆四遂志》四册，是一部记载、考证新疆地理的清人著作，作者参阅了《唐书·地理志》、《宋史·高昌传》、《元史·地理志》、《新疆识略》、《新疆志略》、《新疆疆域总叙》、《西域图志》、《西域释地》、《长春真人西游记》、《槐西杂志》、《蒙古游牧补注》、《三州辑略》、《乾隆经纬图志》等大量史籍之后写成此书，对研究新疆及边界地区历史地理很有参考价值，因世无刻本而显其珍贵。

三、明清两部最大的官修抄本

1. 明《永乐大典》

《永乐大典》是明初永乐年间钦定官修的一部大型类书，也是明代最大的一部抄本，始修于永乐元年（1403），毕工于永乐六年（1408）。全书共二万二千八百七十七卷，目录六卷，字数达三亿七千万左右，分订成一万一千零九十五册。凡收辑上自先秦，下迄明初的古今图书七八千种，各按《洪武正韵》分列单字，按字头编录整部、整篇或整段古籍，即所谓"用韵以统字，用字以系事"。《永乐大典》抄毕后贮南京文渊阁，原计划开板印行，因工费过浩而作罢。永乐十九年（1421）移置北京文渊阁。嘉靖四十一年（1562）摹写副本。后正本佚亡，现在所见的残册都是嘉靖时抄录的副本。嘉靖重录本《永乐大典》册高一尺零九，宽六寸零八，每页三十行，行二十八字，朱丝栏，恭笔正楷，朱墨句读，宣纸封面，黄绢包背，式样与永乐正本同。

《永乐大典》修成写毕后，一直深藏禁宫，未能发挥作用。清雍正时，全祖望、李绂等在翰林院披读，发现了它的珍贵价值，于是有了乾隆时期的辑佚之举。但那时已失落了二千四百二十卷，二百余册。四库闭馆后《永乐大典》重新束之高阁，无人监理，被翰林院中一些不屑之徒挟私带出不少。咸丰时英法联军侵入北京，翰林院遭劫。光绪时八国联军肆虐京畿，翰林院存贮《永乐大典》的敬一亭焚毁，珍贵抄本悉数散出，或毁或掠。英人翟理斯《使馆被围日记》记载说，当硝烟余烬尚未完全熄止的时候，他从翰林院的废墟里拾来一些《永乐大典》，其中一册后来交给他父亲收藏。从此以后，这部举世闻名的文献珍宝便割裂在世界各国的图书馆、博物馆或私人手里，而残存于国内京师图书馆的仅六十四册，还不及总数的零头。解放前，我国学者曾千方百计地收集过，如叶恭绰影印的"戏"字韵母，就是他在 1920 年从伦敦买回来的。解放后，经私人收藏家、地方图书馆和友好国家陆续捐献、移交、归还，使北京图书馆的藏量达到一百一十册。加上藏于台湾的原六十四册，以及散存于日本静嘉堂文库，英国牛津大学、剑桥大学、伦敦图书馆，德国莱比锡大学、汉堡大学，美国国会图书馆等处的，共约三百七十五册，八百卷。但这个数字并未终结，近年来我国访美学者在调查中又有新的发现。1955 年，北京中华书局根据北京图书馆藏本和通过各种途径得到的仿钞本、传抄本、影印本、胶卷等复制品，缩印成七百三十卷，这就是目前通行的《永乐大典》读本。

经过五百年来的多次动乱，《永乐大典》辑录的七八千种古籍中已有许多成了"世所未见之书"，"或可补人间之缺本，或可以正后世之伪书"，"可谓宇宙间之鸿宝也"。乾隆时设"校勘《永乐大典》散篇办事处"，辑出大典本三百八十五种，其中经部六十六种、史部四十二种、子部一百另三种、集部一百七十五种。像《春秋释例》、《旧五代史》、《元和姓纂》、《直斋书录解题》等，都是十分重要而有用的古籍。《永乐大典》流出禁内后，钞辑者接续不断，取得了丰硕的成果。如钱大昕辑《宋中兴学士院题名》，徐松辑《中兴礼书》、《宋会要》、《元修河南志》、《伪齐录》、《秘书省续到阙书》、《大元马政记》，赵怀玉辑《斜川集》，辛启泰辑《稼轩诗文词佚篇》，胡敬辑《临安志》、《大元海运记》，孙尔准辑《山林词》，文廷式辑《中兴政要》、《元诗纪事》、《元代画塑记》、《大元仓库记》、《大元毡罽工物记》、《大元官制杂记》，缪荃孙辑《十三处战功录》、《中兴纡在杂买场提辖官题名》、《中兴东宫官寮题名》、《中兴三公年表》、《曾公遗录》、《苏颖滨年表》、《顺天志》、《滤州志》、《国朝百录》等等。现代著名学者的一些名著，如郭绍虞的《宋诗话辑补》，钱钟书的《管锥编》，唐圭璋的《全宋词》、《全金元词》等，也都利用过《永乐大典》中的佚篇佚文。尽管如此，《永乐大典》中的佚存古籍材料犹未淘尽，近来又有学者从中辑出一种《道藏》遗落的道教典籍。

2. 清《四库全书》

《四库全书》是清代一部最大的丛书抄本。尽管《四库全书》存在着很多缺点弊病，但它对中国近几个世纪文化学术的发展，仍起着十分重要的影响和作用。因此，《四库全书》一直是近现代学术界十分关心、重视的一个研究课题。据中华书局《清史论文索引》著录，有关《四库全书》的各类论文有一百数十篇之多，有概述全书的，如《四库全书纂修考》；有专考某一阁本的，如《文渊阁的四库全书》、《补钞文澜阁四库全书史实》；更有专论某一方面问题的，如《四库著录安徽先哲书目》、《四库全书与道藏》、《简谈四库全书中有关台湾史料的几种图书》等等。对《四库全书》的缘起始末、组织机构和作用评价等问题，更是大有论著。

乾隆四十七年（1782），第一部《四库全书》写毕，排庋于文渊阁。继而抄成三份，一藏圆明园文源阁，一藏热河避暑山庄文津阁，一藏盛京文溯阁。不久又建三阁于江浙两省人文荟萃之地，扬州大观堂曰文汇阁，镇江金山寺曰文宗阁，杭州圣因寺曰文澜阁。世称"内四阁"、"外三阁"，或"北四阁"、"南三阁"。"北四阁"书藏深宫禁地，虽排函列架，玲萃琳琅，却少人使用。倒是后抄的"南三阁"本，许以天下学子传抄，有益于人文之兴替。传世的不少"抄阁本"大都出自"南三阁"，尤其是杭州文澜阁。四库七阁藏本的种数、卷目、文字、篇幅稍有不同。咸丰年间，文汇、文宗二阁藏本先遭毁灭，继而帝国主义的侵略战火又把圆明园文源阁书烧尽。故现存仅文渊、文津、文溯、文澜四阁藏本。

文渊阁《四库全书》向储大内，秘不示人，与世隔绝。民国十三年，逊帝溥仪被驱逐出宫，宫内图书由政府方面与清室方面合组的清室善后委员会保存。后成立故宫博物院图书馆，文渊阁《四库全书》始归国家公有。但那时已有缺卷，计缺经部《四书大义》十卷、子部《天经或问》前集四卷、《天步真原》一卷、《天学会通》十卷、《邓子》一卷、《公孙龙子》一卷、《鬼谷子》一卷、《关尹子》一卷，集部缺《李太白集补注》一卷。北洋政府统治期间，曾几次动议影印文渊阁本《四库全书》，均未果议。1934年，国民党政府教育部组成编订《四库全书》未刊珍本目录委员会，委员中有北平图书馆副馆长袁同礼、上海商务印书馆张元济等人。经委员会多次协商，确定选择《四库全书》中从《永乐大典》辑出的佚书和流传极少的珍本二百三十一种，以故宫博物院藏文渊阁本为底本，缩印成十六开本，并委定由商务印书馆承担这项工作。书名

《影印四库全书珍本初集》，共二千册。嗣后，文渊阁藏本被移往台湾贮存。后有缩印本流布海内。

文溯阁《四库全书》原藏盛京故宫。民国三年，袁世凯称帝，奉天督军段芝贵以邀宠，移书京师。民国十四年，因张学良及东北文人力主，归璧原处。"九一八"事变后，被日本侵略军掠走。大战结束后，由苏军接收，归还于我，藏沈阳市辽宁图书馆。1966年，移藏甘肃省图书馆。除文渊阁外，向称"藏于盛京文溯阁者较为整齐"，存书共三千五百九十种，七万九千八百九十七卷，三万六千三百一十三册，稍超出文渊阁本。但文溯阁本在移置过程中也曾遭到损失，复归沈阳时曾验得经部缺《礼书纲目》十卷、《春秋列国世纪编》一卷、《春秋集传评说》八卷、《翻译五经四书》七卷、《瑟谱》六卷、《韶舞九成乐补》一卷；史部缺《钦定胜朝殉节诸臣录》十二卷、《钦定盛京通志》四卷、《谥法》四卷；子部缺《证治准绳》一卷、《高斋漫录》一卷；集部缺《鲸背集》一卷、《西河集》九卷、《御制诗集》二卷、《玉澜集》一卷、《雁门集》四卷，计七十二卷。后缺卷依故宫博物院藏文渊阁本补抄。

文津阁本抄成后庋藏于热河避暑山庄，以备清帝巡行时赏阅。民国四年，移存北京京师图书馆，供人阅读，并承托抄录业务，一时收入尚丰。该本现藏北京图书馆，可供各地学者校阅。

文澜阁本抄成后原藏杭州行宫圣因寺，清咸丰时遭劫，幸得丁氏兄弟发现，但已残失许多，丁氏曾有所抄配。光绪六年（1880）文澜阁重建于西湖孤山，民国后改立浙江省图书馆，馆长张宗祥等前后两度抄配，至民国十四年全部补齐，还对丁氏抄本作了校订。张宗祥《补抄文澜阁缺简记录》说："惟查文澜与文津之书卷数不同，而内容亦稍有歧异。故有《待访书目》（案：即丁氏未抄书）中当抄补者，而文津所藏往往原缺，以致无从补抄。然与文津较，亦可谓完善无缺矣。"所以现存的文澜阁本与文津阁本基本一致。

乾隆修四库，其功固不可没，但就版本而论，确实不足称善。这一点学术界早有訾议。张宗祥《补抄文澜阁缺简记录》说："四库之弊，不载诸书版本所自出，擅改古人卷帙词句，清初诸家著作删窜尤多。而各阁所藏各书提要，尤互异其词。四库有原目而无书者，如经部《日讲诗经解义》，各目皆有而藏书之匣空如也。当时初立京师图书馆，遑遑然如求亡子，检查文渊，亦空匣也。后始知是书藏宫中凡十余部，盖当时目成在前，书之写定在后，写定之后，即不发阁，故各阁皆空。又《老学庵续笔记》，亦有目而无书，此皆后人所当知者也。"陈登原《古今典籍聚散考》归结阁本之弊有三："非足本"、"割易"、"妄改"。又谓"四库所根据者，在当时允为足本，而今时尽有胜之者。例如辛文房《唐才子传》十卷，四库提要谓：'杨士奇《东里集》曾记其书，今无传者。欲辑自《永乐大典》，而《大典》传字一韵适佚，因取他韵中所载者辑成，大约得十之七八'。然此书自《古逸丛书》刊后，已从日本传得，如今日《指海》中之《唐才子传》，即系辛氏原书。""如明黄道周《易象正》，单不厂以《石斋九种》本校之，则'文津阁本以目次充卷首上，凡例序述充卷首下，而删去卷初上下之目，并原书卷初上下全缺乏，谬一；卷十三、四全缺，谬二；卷终上缺《岁实限吞卦图》，与《杂卦次序图》，卷终下缺《蓍法进退盈虚图》，谬三。'""如芮长恤《纲目书注拾遗》卷二'中国丧乱，某夷内附'，删改为'天降丧乱，竞起干戈'。卷三'假手于某，以抒中国之愤耳'，改为'张光晟之奏，实缘此而建议'。"诸如此类的例子，实在是太多了。所以，四库阁本不是善本，它的重要性是在文物价值而不在校勘价值。但阁本中也不是绝无善本可言。如宋吕陶《净德集》三十八卷，通行有武英殿聚珍本，经与文津阁本校比，发现殿本被四库馆臣以"非文章正轨"而删削掉《道场功德疏》二篇，因镌印漏除了《和初食嘉鱼》七律一首，还有付梓时散乱错简的，有排印颠舛漏字的。所以，尽管对《四库全书》版本价值已有定论，仍须具体分析。

"四库进呈本"是指各省采进献呈四库馆的版本。"进呈本"有特定的标识。比如有一部明抄本《诗意》，扉页钤有"翰林院印"满汉文大方印，书衣盖有军机处刊长方形牌记，中题"乾隆三十八年四月两淮盐政使李质颖送到马裕家藏刘敬纯诗意壹部计书□本"。卷端飞签行书"诗意"二字及"总办处阅定，拟存目"印记，下有长方印"臣昀、臣锡熊恭阅"。进呈本收入四库的又叫"四库底本"。"四库底本"大多有抹改勾乙或拼合删除的痕迹，或有四库馆臣的校签。进呈本上写有"毁"字的就是"四库禁毁本"了。"四库进呈本"、"四库底本"、"四库禁毁本"是研究《四库全书》重要实物资料。近年来，这些具有特殊意义和特殊价值的图书版本在各地均有发现，引起了学术界的兴趣和重视。

第二节 批校本

一、批校本及其版本价值

批校本是指有收藏者、鉴赏者、校勘者、阅读者批语校勘手迹的版本。批校本又简称校本，校本与校刻本（或亦简称校本）概念不同。校刻本指经过校勘后刻印的本子，所谓"校"是属于刻本原有的校勘。而批校本的批校则是在版本流传藏弄过程中添加附记上去的。有的讲义在解说批校本的定义时说："凡经校过的图书统统称为校本。"这样说不能把上述差别显示区分开来，比较含糊。版本学上向以"抄校稿本"并称，说明这三种版本的同一性在于书写手迹，即它们分别是有抄写者、批校者、著作者书写手迹的版本。因此，批校本的版本价值在于有批校者的批评校勘文字，而不在于被批评校勘的版本本身。普通的版本（刻印本或抄写本）可以因经名家批校而身价百倍，同一种版本的书因批校不同而各为不同的批校本。

古籍版本一经批校，尤其是经过名家批校，其版本价值就会提高。宋朱弁《曲洧旧闻》记载宋敏求"家藏书皆校三五编者，世之蓄书以宋为善本。居春明坊。昭陵时，士大夫喜读书者多居其侧，以便于借置故也。当时，春明宅子比他处僦直常高一倍。"宋沈揆《颜氏家训考证自跋》说："尝苦《颜氏家训》字讹难读，但无善本校对，后守天台郡，得故参知政事谢公家藏旧蜀本，行间朱墨细字，多所改定，乃与郡丞楼大防取两家本读之，大抵闽本尤谬误，惟谢氏所校颇精善，自题以五代宫傅和凝本参定，而侧注旁出，类非取一家书。"这些例子表明，早在宋代，人们就已认识到批校本的校勘价值了。清人校勘之学最盛最精，对批校本价值的认识也更加深入。黄丕烈《江淮异人录跋》说："余喜古书，虽已经刻行，必藏其旧者，况叠经名手校过，尤为可宝。"丁丙《善本书室藏书志·编辑条例》则认为古籍善本当包括旧刻、精刻、旧抄、旧校四类，说："校勘之学至乾嘉而极精，出仁和卢抱经、吴县黄荛圃、阳湖孙渊如之手者，尤雠校精审。他如冯已苍、钱保赤、段茂堂、阮文达诸家手校之书，朱墨烂然，为艺林至宝，补脱文，正误字，有功后学不浅，荟萃珍藏，如与诸君子面相质问也。"乾嘉以降，藏家越来越重视收藏校本，特别是明清以来的名家校本，以至出现了把校本单独归类列目的藏书目录。

批校本以校本居多。手校之本不外乎校改、校录两种形式。校改者，边校边改字也。沈括《梦溪笔谈》说："馆阁净本有误书处，以雌黄涂即灭，久而不脱。"《南宋馆阁录》的记载更详细："诸字有误者，以雌黄涂讫别书，或多字以雌黄圈之，少者于字侧添入，或字侧不容注者，即用朱圈，仍于本行上下空纸上标写。倒置，于两字间书乙字。诸点语断处以侧为正。其有人名、地名、物名等合细分者，即于中间细点。"雌黄是一种黄色的矿物质，学名鸡冠石，涂在纸上经久不褪。早期的写本书籍多用黄檗染色的硬黄纸抄写，用雌黄涂改字迹，效果很好。清代校勘学家校书最多，以戴震为代表的皖派学者主张校书当勇于改正。王引之说："吾用小学校经，有所改，有所不改。周以降，书体文七变，写官主之，写官误，吾则勇改。孟蜀以降，椠工主之，椠工误，吾则勇改。唐宋明之士，或不知声音文字而改经，以不误为误，是妄改也，吾则勇改其所改。若夫周之末、汉之初，经师无竹帛，异字博矣，吾不能择一以定，吾不改。假借之法，由来久矣，其本字什八可求，什二不可求。必求本字以改假借字，则考文之圣之任也，吾不改。写官、椠工误矣，吾疑之且思而得之矣，但群书无佐证，吾惧来者之滋口也，吾又不改。"其他像卢文弨、段玉裁等人的手校本也大都是直接在版本上改字的校改本。但宋元本贵重，不会直接勾画抹改。孙从添《藏书纪要》说："宋刻本，改正字句虽少，而改字不可遽改书上，元版亦然。须将改正字句，写在白纸条上，薄浆浮签，贴本行上，以其书之贵重也。凡校正新书，将校正过善本对临可也。"校录形式的校本，是把不同版本的异文一一校录在被校的版本上。它的好处在于能完整或部分地保留各种版本的文字特点，一旦他本失佚，尚可从校本中求证。如南宋刻本《重校添注音辨唐柳先生文集》，是柳宗元文集较早的印本，可惜传至今日已残缺不全，仅存五卷。幸而清初何焯曾校录异文于宋刻本《增广注释音辨唐柳先生集》上，使今人犹能复见该本已缺部分的文字特点。清代藏书家大多采用校录方式校书，一来以杜绝臆改自戒，二来校录一个版本等于多收藏一个版本，何乐而不为？传世的宋元校本极少。明人不喜不擅校书，故明人校本也不多见。清人校书最多最好，故流传于今的清代校本也最多。校本以清代名家校本价值最高，他们或校改以纠谬正误，或校录以保存异文佚篇，校改者审慎不妄，校录者认真不苟，藏家视若拱璧。

批校本的"批"主要指对图书内容的批评，扩而大之，还包括批注、笺疏等。在书上批评圈点是明代文人的时尚，评点的内容比较广泛，文笔比较自由，是古代文学批评、史学批评和其他学术批评的一种时代形式。如钟惺、谭元春、汤显祖、徐渭、李贽、茅鹿门、陈继儒等，都是明代著名的批评家，他们的批点评论，本身就是一种学术研究。明代名家批本很多已经刊印行世，如明刊本《西厢记》就有容与堂刊本《李卓吾先生批评北西厢记》，师俭堂刊本《鼎镌陈眉公先生批评西厢记》，游敬泉刊本《李卓吾批评合象北西厢记》，笔峒山房刊本《新刻徐笔峒（徐奋鹏）先生批点西厢记》，师俭堂刊本《汤海若先生批评西厢记》，汇锦堂刊本《三先生（汤显祖、李贽、徐渭）合评元本北西厢》，存诚堂刊本《新

刻魏仲雪（魏浣初）先生批点西厢记》等等。这些已经刊印成文的
批本不是这里要谈的批本。现存明代名家批本已很难得。清代文
人一反前明学风，重考辨而轻思辨，批点图书也不像明人那样纵
横恣意。虽然也有脂砚斋评本《石头记》等清代名家批本，但与
批注笺疏为主的批本相比，毕竟少多了。大多清人批本或笺疏文
句，或阐述本旨，或增补辑佚，或探源发微。这些工作也是一种
学术研究，有些详尽精当的批本实际上已近乎撰述了。如清人邵
懿辰，字位西，购书甚富，阅书甚多，案头常置《四库简明目录》
一部，所见宋元旧刻本、抄本，则手记于各书之下。最后根据手
批本《四库简明目录》汇编成《四库简明目录标注》二十卷。莫友
芝的《郘亭知见传本书目》也是这样编成的。据友芝子绳孙《书
目》序说：“先君子于经籍刊版善劣时代，每笺志《四库简目》当条
之下，间及《存目》，其《四库》未收者，亦记诸上下方。又采录邵
位西年丈懿辰所见经籍笔记益之，邵本有汪铁樵先生家骧朱笔记，
并取焉。同治辛未，先君子弃养，绳孙谨依录为十六卷。”又如傅
增湘往来南北访书时，必携带笔记和一部莫友芝撰《郘亭知见传
本书目》，所见善本详记在笔记上，题名为《藏园瞥录》或《藏园经
眼录》，又把各书行款牌记序跋摘要记在《书目》上，以便检索核
对，题名为《双鉴楼主人补记郘亭知见传本书目》。数十年后，《瞥
录》积至四十余册，《书目》也批注殆满。近年来出版的《藏园群书
经眼录》就是其后嗣根据这些笔记和批注《书目》整理编纂而成的。
当然，有整理出版价值的批校本毕竟是少数，大量的仅对阅读、
研究某书有参考价值。如清康熙三十八年（1699）忠救堂刊小字本
《本草述》，上有佚名批注，增补了不少内容。如卷九下“佛耳草”
加补曰：“鼠尾草，主鼠瘘塞口，下痢脓血。”“蜀葵”上注曰：“红

葵花，治赤痢、赤带、血燥。根茎除客热，利小便，解丹石结热。子，催生滑胎，治淋沥水肿、一切疮疥肿毒，研末敷之。叶，捣烂贴金疮火疮，煮食除丹痢热痢。黄葵花，催生，敷金疮。子，研末酒服，催生尤捷。白葵花，止白带、白痢，茎，主散血，理恶疮。"如此等等，不一而足。对阅读或研究《本草述》的人来说，这个批本自然要比无批的印本更为有用。有些批注者与撰书人过从密切，那么他的批注往往会提供一些有关作者的轶事遗闻。如《石头记》的脂砚斋评语，不仅对考证曹雪芹身世、思想有参考价值，而且还透露出这部未竟巨作后半部分的原始构想。又如在清屠倬《是程堂集》的一个嘉庆真州刻本上，有舒位的批注。舒位是屠倬的好友，工诗善文，著有《瓶水斋集》。批注中写有一封舒位致屠倬的书函，以及他手录的自著《诗中有画录序》，这些佚文对研究屠、舒两人都很有用。

批校本的版本价值高低，主要取决于批校者的学识和学术水平，所以它的重点在于名家批校。但我们在实际工作中应该尽量避免顾名不顾实的盲目偏向。名家批校本中往往也有泛泛而论的无益之作。旧时代藏书界和旧书行业视"顾批黄校"为至宝，一发现有顾、黄手迹的批校本，书价顿时升高百倍，其中不免有盲目性。

当然，我们也不能因为批判这种书商习气而走上轻视、无视名家批校本的反道。总而言之，应当在古籍整理工作中重视发挥批校本，尤其是名家批校本的作用。旧时藏家若得一名家批校本，多手临移录其批文校语于他本之上，这种批校本称作"过录批校本"，书目里还往往著录为"某某过录某某批校""某某临某某批校"。过录批校本自然要低批校真迹一等，但若非草率从事的移录

（好的过录批校本不仅文字不差，甚至连批校书的字体、书写格式都要模仿），亦当重视。特别是在原批校本失落或难觅的情况下，好的过录批校本就能起代替作用。

二、清代名家批校本举隅

清代是校勘学史上的鼎盛时期，校勘方法日精，校勘名家辈出，其中取得显著成绩者，如戴东原、段玉裁、王念孙、王引之、阮元、孙诒让等之于经，王鸣盛、王先谦、章学诚等之于史，王念孙、俞樾、孙诒让等之于子，蒋骥、仇兆鳌、冯浩等之于集，顾炎武、戴东原、钱大昕、段玉裁、王念孙、桂馥、郝懿行、朱骏声、王筠等之于小学，都立了大功。他们的校勘成果有些已整理成文，或成专著，或入别集，未刊的既少见而愈珍贵。现存常见常用的主要是那些不专一学的校勘家和藏书家、目录版本学家的批校本。

陆贻典校本。贻典字敕先，号觌庵。江苏常熟人。师事钱谦益，精于校雠之学。因为毛晋的儿子毛扆做了他的女婿，所以能纵观汲古阁庋藏，由此看到并校对了许多善本秘籍。王欣夫《文献学讲义》认为"死校法"即始于陆贻典，由此可见陆校本的性质特征。但陆贻典也不是个只知移录、不辨是非的文抄公。他在《校〈管子〉跋》中曾说："余校此书，一遵宋版，再勘一过，复多改正，后之览者，其毋以刻舟目之。"又说："古今书籍，宋版不必尽是，时版不必尽非，然较是非，以为常宋刻之非居二三，时版之是者无六七。"陆贻典校书很多，传世的陆校本不少，各家书目常有著录。如上海图书馆就藏有陆贻典亲笔批校的元刻本《乐府诗集》。

叶树廉校本。树廉字石君。徐乾学《叶石君传》说："其性嗜书，世居洞庭山中，尝游虞山，乐其山水，因家焉。所至必聚书，常损衣食之需以购书，多至数千卷，皆亡于鼎革兵燹之际。已而复居虞山，益购书，倍多于前。"他购书尤喜宋元抄本，虽零缺单卷，必重购之，而世所常行者则勿以为贵。他又喜抄书，孙从添《藏书纪要》称："余见叶石君抄本，校对精严，钱遵王书籍装饰虽华，不及也。""石君所藏书，皆手笔校正，博古好学，称为第一。叶氏之书，至今为宝，好古同嗜者赏识焉。"清初校勘名家何焯也十分赏识叶石君的校勘及其校本，谓其"考订精审，评骘古今，源流了然，别见手眼"，"一时好事者因义门之言争购其书，于是朴学斋所藏不胫而走"。此外，传世的过录叶石君校本也不少。叶石君号南阳豰道人、南阳道彀，批校题跋多署此号。

惠栋校本。栋字定宇，江苏长洲人。祖周惕，父士奇，三代以五经之学传家名世，栋则集其大成，是清代考据学吴派的开山宗师。钱大昕《惠先生栋传》说："先生自幼笃志向学，家多藏书，日夜讲诵，雅爱典籍，得一善本，倾囊弗惜，或借读手抄，校勘精审，于古书之真伪，了然若辨黑白。"吴派的精神在谨守家法，笃信汉儒，多泥于古；见异于今者则从之，大都不论其是非。梁启超把它概括为"凡古皆真，凡汉皆善"。惠栋校本便体现了这种精神，虽缺少批判怀疑，仍不失其价值，尤其是传世的惠栋手校经史诸本，虽已有刊行者，仍为藏家所重。

何焯校本。焯字屺瞻，人称义门先生。江苏长洲人，康熙进士。蓄书数万卷，均集众本参稽互证，真伪是非皆有题识。他校定的《汉书》、《后汉书》和《三国志》最负盛名，是当时众望所归的校勘大家。全祖望《长洲何公墓志铭》说："圣祖仁皇帝闻其姓名，召直南书房，寻特赐甲乙科入翰林。是时诸王皆右文，朱邸所聚册府，多资公校之。"又说："年来颇有嗜吾师之学者，兼金以购其所阅经史诸本，吴估多冒其迹以求售，于是有何氏伪书而人莫之辨。"传世的何焯校本较多，还有不少过录何焯校本，临摹他的笔迹，几可乱真。

鲍廷博校本。廷博字以文，号渌饮，世为安徽歙县人，后迁居浙江桐乡。他是乾嘉时代最著名的藏书、刻书家之一。阮元《知不足斋鲍君传》说："君以父性嗜读书，乃力购前人书以为叹，既久而所得书益多且精，遂蔼然为大藏书家。"鲍廷博对版本极熟，翁广平《鲍渌饮传》称其"每一过目，即能记其某卷某叶某讹字，有持书来问者，不待翻阅，见其板口，即曰此某氏板，某卷刊讹若干字，案之历历不爽。"知不足斋刻书、抄书又多又好。鲍廷博不以校勘称名，但他与江浙各藏书家素有往来，参合有无，互借抄校，故鲍校本多萃集诸家校本之精华。鲍校本流传颇广，校语往往朱黄数色，灿然可观，很有特色。

吴骞校本。骞字槎客，号兔床，浙江海宁人。家有拜经楼，藏书五万卷，尝以"千元十驾"戏对黄荛圃"百宋一廛"。骞藏书皆校勘题跋于上，后其子吴寿旸录为《拜经楼藏书题记》。但世传吴骞校本很多，尚有未入录者可补。

陈鳣校本。鳣字仲鱼，号简庄，浙江海宁人。购藏宋雕元椠及近世罕见本甚夥。晚年客居吴中，闻黄荛圃"百宋一廛"九经三传各藏异本，于是欣然定交，互携宋钞元刻，往复易校，疏其异同，精审确凿。陈鳣以治经名家，手校诸经极多。《经籍跋文》即抄撮诸书题识批校汇集而成。

钱泰吉校本。泰吉字辅宜，号警石，浙江海盐人。官海宁州学训导。遇善本，非力所不能得，必购藏焉。尝以毕生精力汇校《史记》、《汉书》、《后汉书》、《三国志》，最为详赅。钱校《四史》原本现藏上海图书馆。

李文藻校本。文藻字素伯，号南涧，山东益都人。钱大昕《李南涧墓志铭》说他"性好聚书，每入肆，见异书辄典衣取债致之，又从友朋借钞，藏弄数万卷，皆手自雠校"。李文藻校本除已刊入《贷园丛书》十二种外，余多收藏于山东省立图书馆。

劳权、劳格校本。权字辅言，格字季言，兄弟二人俱不出仕，专攻群史，终日丹铅不释手。劳格校书尤为知名，校本皆钤有"实事求是，多闻阙疑"小印。格殁后，权辑其校书杂记成《读书杂识》。劳氏手迹，笔划纤细方正，最易辨认。上海图书馆颇多收藏。

孙诒让校本。诒让字仲容，号籀廎居士，浙江瑞安人。孙诒让是清末经学大师，一生校书约百种。得一佳本，辄晨夕目诵，"卅年来，凡所采获，咸缀简端，或别纸识录，朱墨戢眷，纷如落叶"。孙诒让校书之精华，已辑录成《札迻》十二卷，余则珠散在其他各种校本上。

校书是清人治学的基本功，"上自巨卿名儒，下逮博士学究，无不通知其义"，不论是专攻一学的，还是兼晓数门的，都以校书为始，凡在学术上有所造诣的学者的校本，都可以称作名家校本。清代名家校本数量极多，范围极广，难以历数。

第三节 稿本

一、稿本的类别

稿本是图书版本的最初形态。稿本虽少，价值却很高。稿本有许多名称，按不同性质类分，大约有以下几种：

1. 按写稿时间先后类分

（1）初稿本，即作者初次拟定的书稿。初稿本的字迹不整齐，甚至十分潦草，行格字数无一定之规格，或间有空白页留待补充。初稿本一般也是作者的手稿本，但也有他人代笔的特例。如吴兴刘翰怡请缪荃孙编《嘉业堂藏书志》，当时缪氏已届暮年，记忆力衰退，故初稿本中就有子侄代笔的篇章。还有一种"提纲稿"，是作者著述前起草的纲要，1959年中国科学院历史研究所资料室整理出版清刘文淇等撰《春秋左氏传旧注疏证》时，就参用过作者的提纲稿。

（2）修改稿，或称修订稿、改写稿，指经过作者本人或其亲友学生修订改写过的稿本。著书立说难能一次写定，总需要反复修改，几易其稿才能成功。修改书稿是一个复杂的过程，所以修改稿本的形式内容最复杂。修改稿既有在初稿本上作修改的，也有另成一稿的；既有修改一次的，也有屡经修改的；既有本人或他人单独修改的，也有数人合改的。如清徐毅编纂的《律例汇考》，乾隆四年（1739）初稿，在此后十五年中，因清政府三次修改律条，又作相应补充修改。以后又经王又曾等人修订过。这几次修订都批改在初稿上，书内贴满校改签条，通篇眉批夹注。如缪荃孙编写《嘉业堂藏书志》，未竟而身故。董康继之，董还改写了一部分另纸改稿，改稿又经傅增湘校阅批改。又如清嘉道间陈澧撰《东塾杂俎》稿本，是一部改定后准备发抄誊写的修改稿，书上有作者亲笔朱墨双色批文"要"、"删"、"合"、"空格"、"必存"、"另抄"、"注出处"、"此段要校"、"此段最要"、"此段必采"、"此段要大发挥"、"校毕发抄"等等。这些都是判定修改稿的依据。

（3）定稿本，即经修改后最终写定的稿本。如上海图书馆藏清焦循《毛诗草木鸟兽虫鱼释》初稿本、定稿本二种。定稿本上有作者嘉庆四年（1799）的自叙，云："创稿就而复易者三。丁未（乾隆五十二年）馆于寿氏，复改订之。至辛亥（乾隆五十六年）订讫为三十卷。壬子至乙卯（乾隆五十七年至六十年）又改一次，未惬也。戊午（嘉庆三年）春，更芟弃繁冗，合为十一卷，以《考证陆机疏》一卷附于末，凡十二卷。"凡经誊清的定稿称誊清稿。誊稿或为作者亲笔，或请他人代笔。如清李培《灰画集》的定稿本就是他自己誊清的。誊清稿上有作者自序说："逐段立稿誊清，至今岁仲春毕其功。"定稿付送梓印的叫做付梓稿、付印稿。如清缪日藻撰《寓意录》定稿本，经徐渭仁校定付梓，书中夹有"上海徐渭仁紫珊校"签条数十张，还有一些批语，如"'南有居士'下加'缪日藻'三字"，"红字用小字双行"，"分两行作注"，"红笔两条俱不必刻入"，"'真迹倒写'四字删"等等，类似今日编辑审定书稿后写给排字工人的关照语。

（4）原稿本。这是一个相对的概念，对后世一切传抄、传刻本来说，初稿、修改稿、定稿都是原稿本。而对修改来说，初稿是原稿本；对定稿来说，修改稿是原稿本。

2. 按著述形式来类分

（1）著述稿。略。

（2）笺注稿，即注释类著作的稿本。笺注稿往往直接笺注在印本或抄本的眉头行间。如清佚名撰《律例简明录》稿本，作者先抄录《大清律例》，然后用朱、蓝、墨三色蝇头小楷考证于天头、行间或空页上，校笺字数超过正文。而像清佚名撰《水经注注要》，则是注释在明朱谋㙔刻本《水经注》上的稿本。笺注稿本要符合注释著作的条件，只有少数批注的版本是批校本而不是稿本。

（3）编纂稿，即编纂类著作稿本。有一种编纂稿是利用各种版本的书页编辑成的。如上海图书馆藏《澹生堂丛钞》、《天一阁建安七子集》等稿本，就是直接用澹生堂钞本、天一阁抄本辑集而成。辑集不是合订，必须有明确的编纂目的、意图，自成一书（大多是丛书）。

3. 按笔迹来类分

（1）手稿本，即作者或修订者亲笔书写的稿本。

（2）抄稿本，即直接据原稿抄写的稿本。

4. 按刊行情况来类分

（1）已刻稿。

（2）未刻稿。

其他还有进呈稿、写样稿等等名称。稿本的名称未曾作过统一的命名和规范，书目著录大多随本而定，随意而名。但基本上不出以上几种。

二、稿本的版本价值

稿本是图书版本的最初形态，它没有传写翻刻的舛讹，也没有后人的妄改臆删，是最可靠可信的版本。未刻稿的版本价值自不言而喻，即便是刊印过的稿本，也不失各种参考价值。比如可以用来校正印本之误，可以据以了解成书过程及作者思想的演变、发展过程等等，归纳起来，大约有如下一些方面：

1.印本不全，稿本可以补阙拾遗。如清陈澧撰《东塾读书记》是一部内容比较丰富的学术笔记，传世的刻印本很多，除单刻本外，《皇清经解续编》《海粟庐》《国学基本丛书》《四部备要》等都收入，绝非珍罕之书。但是该书原有二十五卷，而传世的各种印本却都是缺本，存卷一《孝经》、卷二《论语》、卷三《孟子》、卷四《易》、卷五《书》、卷六《诗》、卷七《周礼》、卷八《仪礼》、卷九《礼记》、卷十《春秋三传》、卷十一《小学》、卷十二《诸子》、卷十五《郑学》、卷十六《三国》、卷二十一《朱子》。印本阙卷注明"未成"，实际上是刊印时未见到《东塾杂俎》十卷稿本。这部稿本的书口印"东塾杂俎"，卷内印"东塾读书记"或"读书记"等名。十卷分别为：卷十三《西汉》、卷十四《东汉》、卷十七《晋》、卷十八《南北朝、隋》、卷十九《唐、五代》、卷二十《宋》、卷二十二《辽金元》、卷二十三《明》、卷二十四《国朝（清）》、卷二十五《通论》。这部稿本是仍处于原始阶段的初稿本，改动很多。据记载此后还有一个"重编稿"，但重编稿不知流落何方。故读《东塾读书记》者非读《东塾杂俎》稿本则不可称之完璧。

2.印本传刻致误，稿本可以纠谬订讹。有一部清蒋良骐《东华备遗录》的乾隆间誊清稿本，共八卷，是通行的《东华录》三十二卷印本的祖本。《东华录》抄摘自《实录》、《红本档》等宫廷档案而成，叙事自清先祖至雍正十三年（1735）。光绪初王先谦续辑乾、嘉、道三朝史料，合编成《九朝东华录》。后又补辑成咸丰、同治、光绪三朝《东华录》，总成为一部编年体的清史史料长编，是研究清史的重要参考书。1980年，中华书局出版了校点本《东华录》，为清史研究者称便。整理者花费大量精力，参校了各种印本和抄本，却遗憾地疏漏了这部《东华备遗录》誊清稿本。致使脱校了不少传本中的错字漏句，还影响了标点的正确性。

3. 印本与稿本非属同一版本系统，稿本可作参校之资。如明阎尔梅《白耷山人集》曾累经刻印，世行有清初刻二卷本文集、十卷本诗集，光绪时刻四卷本诗集、二卷本文集，民国时铅印六卷本全集，《徐州二遗民集》本中的诗集四卷、文集二卷等等。此外另有清李少云新编不分卷的《拟编次白耷先生文稿》清稿本，其中一些诗文篇章及文字句段与印本相出入，可供整理阎尔梅诗文集时参考资证。

4. 已经刊印的稿本，因有初稿、修改稿和定稿本的差别而可供研究所用。如清严章福传下初稿本《说文成议》、改稿本《说文决议》和定稿本《说文校议议》三部稿本，民国时，嘉业堂据定稿本刊印《说文校议议》，收入《吴兴丛书》。但因印本经许梿、蒋维培重订，难免千虑一失之虞，而现存修改稿《说文决议》正可用作参校。又如章太炎的名著《訄书》，屡版屡印，各本文字皆有出入。曾有学者专门研究《訄书》从原刻本至手校本、重印本、手改本，直至改名《检论》的整个版本发展过程，以了解太炎先生思想体系的形成和发展。

任何稿本都是孤本，保存孤本自然是很难很难的事。宋元人的稿本几乎没有了，明人稿本也大多集中在明末。谢国桢《晚明史籍考》、武新立《明清稀见史籍叙录》著录不少有价值的稿本书。如《惧庵拟存》稿本不分卷，作者黄鼎新生于明万历，卒于清顺治，江西吉水人。父黄显官明太仆寺卿，后降清，署湖西道。作者生逢明清交替之际，不仅目睹家乡战火连绵、人民涂炭的悲惨景象，自己也饱尝了战争的苦难，在诗文中多有反映，若记李自成起义、明朝灭亡、清兵入关、南明轶事及家乡吉水的遗闻等等。有些明稿本是出自著名书家之手，如文徵明的《文衡山文稿》、钱榖的《吴都文粹续编》等。清代及近世，稿本流传口多，但旧时藏书家多不重视，书目中少有著录。迄清末民初始有改观，相继有邓邦述《群碧楼善本书目》、《寒瘦山房鬻存善本书目》、傅增湘的《双鉴楼藏书目录》、刘承幹《嘉业堂善本书目》和公立《北平图书馆善本书目》等书目收录了相当数量的稿本，且多把稿本独立为一类。嘉业堂据藏稿本刊印过不少学术专著，如周中孚《郑堂读书记》、王颂蔚《明史考证捃逸》、沈钦韩《王荆公文集注》、徐松《宋会要辑稿》等，有益于学林匪浅。

三、日记和书信

古人日记和书信的原件原函也常作稿本处理，经整理编辑后即能成书。

1. 日记

古代日记是一种具有特殊价值的文献。鲁迅先生在杂文《马上日记》中说："凡是写给自己看的日记，是可以看出真面目来。"

写日记大都不是为了给别人看的，也没有拿去出版的预定目的，所以在记述历史事件、表达思想感情时无需故意掩饰的曲笔，其真实可靠性更在一般稿本之上。而且日记与一般著述的写作角度不同，记录的史料往往可补正史的不足，或可作旁证参资，从而使历史事件、历史人物的真相更显立体丰满。政界要员的日记中往往会透露出一些鲜为人知的历史内幕，学界名士的日记则多有精湛的论学之道。如清孙宝瑄官任邮传部金事，父兄都是清廷重臣，因而结交相识了许多重要政治人物，耳闻目睹了不少官场秘事，所写《忘山庐日记》，内容涉及近代中国政治变迁中的许多事件和人物。原稿藏上海图书馆，现已整理出版，受到近代史研究者的欢迎和重视。又曾任清末黑龙江电报局总办的屠寄写的《黑龙江驿程日记》，所记沿途见闻，是有关东北边疆近代历史的珍罕文献。又如清光绪时总理衙门章京袁昶，曾参与过多次涉外事件，他的《乱中日记残稿》记录了许多外交纠纷的始末细节，对搞清历史的真相大为有用。而袁昶另有一部《渐西村人日记未刊稿》，长达七十二卷，记自同治六年（1867），中止于光绪二十三年（1897），所记颇多涉及清代同、光间学术界动态。或论书画鉴赏，或较历代校雠之得失，或评述历代诗文，或议论清末经学研究，是一部包罗万象的学术史资料。再有像清末著名文学家李慈铭，从二十岁起即开始写日记，直到晚年，数十年后，累积了日记手稿七十二册，名作《越缦堂日记》。日记记事起咸丰四年（1854），终光绪十五年（1889），除记述三十余年来读书心得，且于朝野掌故、日常生活亦多缕述，为近代日记中的重要作品。解放前商务印书馆曾据原本石印，另将日记中的学术笔记部分单独辑出，编成著名的《越缦堂读书志》。

日记原稿的研究价值，已引起国内外学者的重视，日记研究已成为一门专学。但现已发现的日记原稿尚未完全，发掘整理而有所利用的更是少数。这片广袤的处女地，有待于我们去发现，去开发。如《越缦堂日记》印出后，又发现了李慈铭另一部《癸巳琐院旬日记》未刊稿，是作者在光绪十九年（1893）秋以御史派充顺天乡试时所写的日记，起九月初一，止同月十一日，虽只寥寥万余字，却载述了清末考试制度、文苑人物掌故等不少材料，实际上也是《越缦堂日记》续篇的一部分。诸如此类的日记原稿还很多，全靠研究者的慧眼去识别。

2. 书信，或称尺牍、信札等

同日记一样，书信原函也具有稿本的作用和价值。在历代名人文集里，书信常作为一种文体单独列目，以后又出现了编集各种书信名篇的成书，如《历代尺牍大全》等。

尺牍书信的保存也很不易，现存较早的名人尺牍大都因其书法艺术而珍藏传世，较多的则是近代人的书信。近人尺牍以史料价值见重，如1979年，在河北冀县发现了一批李鸿章、左宗棠、丁宝桢等清末著名历史人物写给李鹤年的信。李鹤年字子和，奉天义州人，道光二十五年（1845）进士，历任福建将军兼署巡抚，河东河道总督兼署河南巡抚等官。这批信件就是他在任内收到的，内容俱系公事，不涉私事闲语。其中有左宗棠信述西征新疆，讨伐阿古柏战事紧急，催筹粮款之事；有两江总督李宗羲信，叙述日美勾结侵略台湾及沿海边防的内情，以及台湾同胞奋起抵抗的情况、清政府的对日政策和交涉事宜等。由于写信的都是朝廷命官、封疆大吏，所述之事又系亲手操办，故其史料价值极高。信稿共二十五札，编辑后取名《清代名人书信集》。

名人书信不仅是研究社会、历史的文献资料，也是研究他们本人的宝贵材料。例如近代名人王国维的书札，不只可以订补《王国维年谱》的某些误漏，而且本身就是王氏学说思想、学术活动的系统实录。他的书信，表达了"对时政的种种关切，对国家民族之所忧患，对人事进退的好恶，对交游向背的去取，直至师友间的学术讨论，文字切磋"，是研究王国维及其有关各种问题不可或缺的重要文献。他的部分书信已经整理出版，名《王国维全集（书信卷）》，共收录王氏书札五百余通，是目前较为完善集中的王国维书信汇编。有的学者经常就某些学术问题互相通信，切磋商讨，如新近整理出版的《张元济、傅增湘论书尺牍》，收辑了这两位近代著名版本目录校雠学家自 1912 年至 1947 年间的互往信札六百二十二件，对清末民初大户藏书流散，以及商务印书馆编印《四部丛刊》、《百衲本二十四史》的版本搜集、研究、使用，多有所记录，是研究近代图书史、出版史的珍贵文献。

名人书信手稿的作用和价值已越来越引起学术界的重视。近年来《林则徐书札手稿》、《艺风堂友朋信札》、《汪康年师友书信》等一批名人尺牍先后整理出版，但在传世的名人书信中仅是一个零头。所以，整理书信原稿也是一个很值得研究的课题。

第四节　活字印本

活字印刷术也是我国古代的伟大发明。世界上第一个试制活字排印书籍的人是北宋庆历年间的普通百姓毕昇，时间要比西方第一个使用活字印刷法的德国人谷腾堡早出四百年。据北宋沈括《梦溪笔谈》记载，毕昇创制的泥活字制作和印刷工艺技术已经接近现代金属活字的排版印刷方法。可惜这一伟大发明问世之后，并没有得到广泛应用，也没有取得更大的技术进展。直到十九世纪初西方印刷术（凸版、平版、凹版）传入我国，才逐渐代替传统的雕版印刷而成为图书出版印刷的主要方法。中国从输出先进技术，转而为输入先进技术，印刷法仅是一例。这里既有历史的遗憾，更有历史的教训。传世的古籍版本中，活字印本不但大大少于雕版印本，而且还少于抄本。活字印本中，木活字印本最多，其次是铜、锡等金属活字印本，至于泥活字、磁活字印本等只是微量的点缀。现分别叙述如下。

一、木活字印本

1. 王桢与元代木活字印本

木活字印本是活字印本的主要成分。北宋时，毕昇曾率先试制过木活字印刷法，但因"木理有疏密，沾水则高下不平，兼与药相粘，不可取"，而放弃试验，改制泥活字。二百余年之后，这项困难的工艺技术，终于由元代的王桢创制成功。王桢，山东东平人，元皇庆间任安徽宣州旌德县县尹。他根据记载中的毕昇泥活字制作法，雇请工匠用梨木刻梓了三万多颗大小相仿、高低一般的活字。平时把木活字按韵分部排列在两架特制的轮盘上，排版时推动轮盘，按需就近检字。排版时先把字按行排好，字行间用薄竹片隔开，拼满一版后用小竹片和木楔垫平塞紧固定，然后在版面上均匀地涂上黑墨，铺上纸张，用棕刷刷印，即成书页。

王桢制作这套木活字的目的是因为他"方撰《农书》，因字数甚多，难于刊印，故用己意，命匠创活字"。木活字制成后，王桢先试印一部《大德旌德县志》，六万多字的书，不到一个月就印出百部，效果显著。不久，王桢奉调江西永丰县令，赴任时携去这套木活字，准备继续印制《农书》，但因江西已开版刊印《农书》，遂而作罢。《农书》既未用木活字印刷，《大德旌德县志》木活字印本也久已失传，这是十分遗憾而可惜的事。幸亏王桢写了一篇《造活字印书法》附于《农书》后，把他创制木活字印书的经过和方法一一作了介绍，如"写韵刻字法"、"锼字修字法"、"作盔嵌字法"、"造轮法"、"取字法"、"作盔安字印刷法"等等，使后人能从中对此创造有所知解。所以，王桢《造活字印书法》是我国印刷史上极其珍贵的文献。

继王桢之后，奉化知州马称德也做了一次尝试。元延祐六年（1319），他"镂活书版至十万字"，印成《大学衍义》等书，可惜久佚无存。有些著述说元代木活字印本流行于皖南、浙东一带，实质上是就王、马两家而言。

2. 明代的木活字本

清龚显曾说："明人用木活字印刷书，风乃大盛。"万历以后，木活字印本遍及各地，非但东南沿海的富庶之乡盛行，甚至连云南边陲地区也采用此术印书。这是因为明代中叶社会商品经济的发展，特别是印书业的迅速商业化，使木活字印书这一经济实用、有利可图的先进技术找到了发展的市场。但是，流传至今的明木活字印本却不多。现存最早的明木活字印本是弘治间碧云馆摆印的《鹖冠子》，版心镌有"碧云馆活字本"一行。清乾隆时李质颖持此本进呈四库，引起乾隆的兴趣。据说后来武英殿聚珍版的木活字就是摹仿《鹖冠子》木活字印本的字体改制而成的。见于著录的明代木活字印本还有，嘉靖间的宋刘宰《漫塘刘先生文集》、宋苏辙《栾城集》、明劳堪《柴桑问答》、明储巏《柴墟文集》、明桑悦《思玄集》，隆庆间的明陈善《黔南类编》，万历间建阳游榕排印的明徐师曾《文体明辨》、念初堂排印本邓元锡《函史》、明曹佺《诗经质疑》、明魏国显《历代史书大全》等等。

3. 清武英殿聚珍本及其他

清代木活字印本最多，最出名的是清宫的武英殿聚珍本。乾隆三十八年（1773）诏令校辑散见在《永乐大典》里的罕见而有益于治世的书籍，发武英殿刊行。时任武英殿主管刻书事务的四库馆副总裁金简，上疏建议采用活字印刷法印制这套书籍。奏疏中说：“但将来发刊，不惟所用版片浩繁，且逐步刊刻亦需时日。臣详细思维，莫若刻做枣木活字板一份，印刷各种书籍，比较刊板工料悬殊。臣谨案御定《佩文诗韵》详加选择，除生僻字不常见于经传者不均集外，计应刊刻者约六千数百余字。此内虚字以及常用之熟字，每一字加至十字至百字不等，约共十万余字。……遇有发刻一切书籍，只须将板照底本一摆，即可刷印成卷。”奏议经高宗批准，第二年便制成一套二十五万字模的木活字及全套排印设备。刻成后，高宗嫌“活字”之称不雅，改称“武英殿聚珍版”。武英殿用这套木活字排印了《武英殿聚珍版丛书》，共选《四库全书总目》中书一百三十八种。其中包括先行刻成的四种印本：《易纬八种》十二卷,《汉官旧仪》二卷《补遗》一卷,《魏郑公谏续录》二卷,《帝范》四卷。因为这四种书原在计划之内，故虽是刻印本,也一并称之"聚珍版丛书"。《武英殿聚珍版丛书》印本分开化纸本和太史连纸本两种。开化纸本只印了二十部，专供内府各处陈列。太史连纸本印了三百部。此外还有增印的竹纸本，增印本允许按成本定价发售。《武英殿聚珍版丛书》版式一律，均半叶九行，行二十一字，白口，版心下镌识校勘官姓名，正文前录四库提要和高宗撰聚珍版十韵诗序。这部丛书虽距今不远，但因印数不多，所以现存全套足本也不多，开化纸印本更少。嘉庆时，武英殿又排印过宋吕祖谦《大事记附通释、解题》，清鄂辉等奉敕撰《钦定平苗纪略》，清王履泰《畿辅安澜志》，清齐鲲、费锡章《续琉球国志略》，清阿桂等奉敕撰《乾隆八旬万寿圣典》，清董诰等奉敕编《西巡圣典》，乾隆编《钦定重举千叟宴诗》，清和珅等《吏部则例》等书。这些木活字印本的版式行款不一，与《武英殿聚珍版丛书》不同，世称"聚珍版单行本"。

武英殿聚珍版是金简参照王桢《造活字印书法》改制而成的。金简还撰写了《钦定武英殿聚珍版程式》一文，记述他的印制方法与王桢的不同之处。如王桢直接徒手刻字模，金简改为先写字样纸覆贴木块上再镂刻；王桢削竹片界行，金简改用梨木预制成相隔十八行的套板，印出格纸，再用格纸覆贴在活字版上印刷；王桢用竹片垫板，金简改用纸条；王桢用转轮式排字盘贮字检字，金简改用贮字柜等等。《钦定武英殿聚珍版程式》也是我国印刷史的珍贵文献，在世界印刷科技界很有影响，曾译成英文和德文传播各国。十分可惜的是，这套二十五万字的木活字模，最后因长久闲置一隅，无人监理，而被值殿卫士拿去烤火。

清代私家和书坊的木活字印本也很多。如顺治时印明孙贲《义门郑氏道山集》，康熙时印清施琅《靖海记》，雍正时印宋陈师道《后山居士诗集》、宋唐庚《眉山诗集》，乾隆时紫阳书院印《婺源山水游记》、萃文书屋印《红楼梦》，乾嘉时省园印宋范祖禹《帝学》，嘉庆时易安书屋印《甫里逸诗》、《假年录》、《甫里闻见录》。嘉庆时常熟大藏书家张金吾从无锡购得一套十万余字的木活字模，依照文澜阁传抄本摆印宋李焘《续资治通鉴长编》五百二十卷，以十六个月的时间印成一百二十部。该本版心下印"爱日精庐"，总目后印有"嘉庆己卯仲夏海虞张氏爱日精庐印行"牌记。爱日精庐木活字印本《续资治通鉴长编》一直被称为清代木活字印本的代表，其实该本文字豕亥丛脞，难符其名。大凡活字印本很少有校勘好的，大概这也是它终究不能取代刻印本的原因之一吧。张金吾还用这套木活字排印了《爱日精庐藏书志》。嘉庆木活字印本还有玉峰陈景川刻字局摆印本《淞南志》、吴淑骐企瑶山馆摆印本《瑶光阁集》等。道、咸、同、光时期，又有六安晁氏聚珍版印本《学海类编》，崇敬堂排印本《燕香居诗稿》，金陵甘氏津逮楼排印本《帝里明代人文略》、清黎定攀《黎氏易学》、清黄崇惺《徽州府志辨正》、明李拜华《李忠肃公集》、吴敬梓《儒林外史》，福建晋江黄氏梅石山房排印本《毛诗国风绎》，晋江陈庆镛诵芬堂排印本《籀经堂集》，以及各地书坊排印的《蒿庵随笔》、《扪烛挫存》、《保闲堂集》、《宝纶堂集》、《文选笺证》、《孝经学》、《徐霞客游记》、《野叟曝言》等等。

二、铜活字印本

1.明代无锡活字铜版印本

王桢《造活字印书法》说："近世又铸锡作字，以铁条贯之作行，嵌于盥内界行印书。但上顶字样，难于使墨，率多印坏，所以不能久行。"可知宋元之际曾有过锡活字印书的研制，因长期缺乏实证而难知其详。近年来，南京图书馆版本目录专家潘天桢对明代中期无锡会通馆华燧的活字印书问题作了多方面的研究和考证，认为素以铜活字印本著称的华燧会通馆印本实际上是锡活字印本。据清光绪三十一年（1905）存裕堂义庄木活字印本《勾吴华氏本书》卷三十一中的《三承事南湖公会通公东郭公传》一文记载："会通公……乃范铜板、锡字，凡奇书艰得者，悉订证以行。"又明嘉靖十一年（1532）华从智刻本《华氏佳芳集》卷十五中的《会通华处士墓表》记载："乃范铜为版，镂锡为字，凡奇书艰得者，皆翻印以行。"潘先生认为无锡华氏会通馆印本是用锡活字放置在铜板中印成的，华氏印本题有"会通馆活字铜板印"字样，并无冒名"铜活字版"之嫌，只是没有把"锡活字铜版印"说清楚而已。至于把"活字铜版"说成"铜活字版"，则是后人的附会。

传世的无锡华燧会通馆锡活字铜版印本不少，如弘治三年（1490）印本宋赵汝愚《会通馆印正宋诸臣奏议》一百五十卷，弘治五年（1492）印本《锦绣万花谷》前、后、续、别集共一百六十卷，弘治八年（1495）印本宋洪迈《容斋随笔》七十四卷，《会通馆印正辑补古今合璧事类备要》六十九卷，弘治十一年（1498）印本《会通馆集九经韵览》十四卷，正德元年（1506）印本《文苑英华纂要》八十四卷《辨证》十卷。会通馆活字印本与十五世纪欧洲的"摇篮本"（欧洲最早的金属活字本），和朝鲜的"癸未字"（最早的铜活字印本）时间相近，从中西文化比较研究而论，倒是很有意思的。继华燧之后，无锡华氏中又有尚古斋华珵和兰雪堂华坚二家活字印本。华珵尚古斋有弘治十五年（1502）印本《渭南文集》。华坚兰雪堂有正德八年（1513）印本《元氏长庆集》六十卷、《白氏长庆集》七十一卷附目录二卷，正德九年（1514）印本《玉台新咏》十卷，正德十年（1515）印本《艺文类聚》一百卷、《蔡中郎集》十卷，正德十一年（1516）印本《春秋繁露》十七卷，《春秋繁露》卷末印有"正德丙子季夏锡山兰雪堂华坚乞刚活字铜板印行"字样。嘉靖时，无锡安国"桂坡馆"继华氏而起，以摆印活字本而著称于世。安国字民泰，富几敌国，喜桂花，自号桂坡，居名"桂坡馆"。《常州府志》说他尝"以活字铜板印《吴中水利通志》"，世称安氏桂坡馆活字印本。又有嘉靖二年（1523）印本《颜鲁公集》十五卷附《补遗》一卷、《年谱》一卷、《附录》一卷，嘉靖十年（1531）印本《初学记》三十卷，以及《重校鹤山先生大全文集》一百卷等。隆庆间，闽人饶世仁、游廷珪等在无锡制作活字，印制《太平御览》，始印十之一二，遂因故散去，活字为常熟周光宙、周堂父子，无锡顾肖岩、秦虹川等收购均分。万历二年（1574），三家合聚活字，仍聘用游、饶在无锡继续印制《太平御览》。该本版心记载说曰："宋版校正闽游氏（或作饶氏）全版活字印一百余部。"兰雪堂、桂坡馆和饶、游印本皆因题有"活字铜版"，"全版活字"字样而被认作是铜活字印本。但从时间、地域的联系和题字内容来看，华氏尚古斋、兰雪堂，安氏桂坡馆和游、饶印本很可能同华燧会通馆一样，是"范铜为版，镂锡为字"的"锡活字铜版印本"。至于历代书目著录的其他明铜活字印本，如弘治十五年（1502）金兰馆印本宋范成大《石湖居士集》、弘治十六年（1503）印本明孙贲《西庵集》，嘉靖间常熟杨仪五川精舍印本《王岐公宫词》，建业张氏印本《天宝遗事》，五云溪馆印本《玉台新咏》，宋刘宰《漫堂刘先生文集》，嘉靖三十一年（1552）芝城姚奎兰印本《墨子》等等，就只能暂且从旧说了。

后世对无锡活字印本的批评不少，以为制作虽精巧，校雠却欠细致。清顾千里批评华燧会通馆排印本《文苑英华辨证》"字句多所脱遗，未为精善"。《天禄琳琅书目》批评华坚兰雪堂排印本《白氏长庆集》"参差不齐，则其法虽精，而其制尚未尽善也"。张金吾批评华燧会通馆排印本《宋诸臣奏议》"谬误不可枚举"。陆心源《重雕兰雪堂本〈蔡中郎集〉序》说："明弘治中，华坚兰雪堂活字印本即从欧出，传古虽殷而校雠甚疏，或上下互倒，或形近而互讹，亥豕鲁鱼，无叶不有。"这种情况，不能不知。

2. 清代铜活字印本《古今图书集成》及其他

清代铜活字印本以康熙间内府铜活字印本《古今图书集成》为代表。《古今图书集成》是陈梦雷编辑的一部大型类书，"凡在六合之内，巨细毕举；其在《十三经》、《二十一史》者，只字不遗；其在稗史子集者，十亦只删一二"，收容范围几乎囊括了清以前历代古籍的基本内容，具有很重要的文献价值。

陈梦雷字则震，一字省斋，号松鹤老人，福建侯官人。生于顺治七年（1650），卒于乾隆六年（1741）。康熙九年（1670）进士，授翰林院编修。康熙十年（1671）他回乡省亲，适逢靖南王耿精忠叛乱，被胁受官职。"三藩之变"平息后，下狱，减死谪戍辽宁尚阳堡。康熙十八年（1679），玄烨东巡盛京，因赞赏陈梦雷献诗，特赦召回京师，置西苑辅教皇三子诚亲王胤祉。侍读期间，陈梦雷编成《古今图书集成》。康熙四十五年（1706）由诚亲王奏进，初名《古今图书汇编》，后赐名作《集成》。原获准送武英殿开雕，终却未果。玄烨死后，胤禛得位，建元雍正，而其宗室兄弟及幕客与党羽则纷纷罹难遭殃。陈梦雷因是胤祉尚师再度谪贬塞外，老死不得生还。后雍正委令蒋廷锡为重修《古今图书集成》总纂官，并用铜活字排版，用上等开化纸、太史连纸印刷，共印六十四部，每部连目录在内有五千零二十册，分装五百二十五函。由于印数很少，只限内宫陈设及分送皇室贵胄、名卿显臣和修《四库》献书有功者，因而民间极少流传。

《古今图书集成》印成后，内府又用这套铜活字排印过《律吕正义》、《数理精蕴》等书。以后则长期束之高阁，无人看管，损缺严重，最后竟被投入熔炉冶炼，以供铸币之用。这件蠢事是乾隆所为，后来他在《题武英殿聚珍版诗注》中不无懊丧地追悔说："康熙年间编纂《古今图书集成》，刻铜字为活版，排印藏工，贮之武英殿。历年既久，铜字或被窃缺少，司事者惧干咎，适值乾隆初年京师钞贵，遂请毁铜字供铸，从之。所得有限而所耗甚大，已为非计。且使铜字尚存，则今之印书，不更事半功倍乎？深为惜之。"光绪时先后出版过铅印本和石印本《古今图书集成》。1934年，中华书局又据原本影印。这些后印本现在也很难得。

清代私家铜活字印本很少。著名的如清康熙二十五年（1686）"吹藜阁全板"排印《文苑英华律赋选》，楷书字体，十分精美。道光时期有福建林氏铜活字印本。福建福清县龙田人氏林春祺，花了二十年时间铸成一套四十万字的铜活字，摆印过顾炎武《音论》、《诗本音》等书，该本题有"福田书海铜活字版，福建侯官林氏珍藏"，"古闽三山林春祺怡斋捐镌，兄季冠痴石校刊，长子永昌正画，次子毓昌辨体"等字样。还印有《水陆攻守战略秘书》七种，其中《军中医方》一书是十分稀罕的军医学著作。林春祺还撰写过《铜板叙》一文，叙述他铸制铜活字及印书的原委经过，也是我国古代活字印刷法的珍贵文献。

三、泥活字印本

毕昇创制泥活字印书法是推动世界文明发展的一桩大事，沈括《梦溪笔谈》谓"昇死，其印为予群从所得，至今保藏"，说明他的记载并非道听途说之辞。但由于长期以来缺少必要的物证和更多的文献佐证，引起了一些疑古者的大胆设想。如"以火烧胶泥作字似不合情理，也许毕昇所用是锡类"，"毕昇的活字是金属做的，所谓胶泥刻字，乃是铸字的范型"等等。事实上，清道光时有人仿制成功了泥活字印本，证明毕昇的创造完全合乎情理，沈括的记载确凿无疑。

道光十二年（1832），苏州人李瑶在杭州用泥活字排印出《金石例四种》。自序中说："以自治胶泥板统作平字捭之。"封面有篆文题记："七宝转轮藏定本，仿宋胶泥版印法。"同年，李氏又排印了清温睿临《南疆绎史勘本》二十卷《摭遗》十卷，封面上镌识"道光九年秋借关山庙开局，暨阳程文炳排版"。引用书目后记述制字印书的经过。

翟金生，字西园，家居安徽泾县水东村，是个能诗善画，以教书为生的秀才，对《梦溪笔谈》中记载的毕昇泥活字印书法很感兴趣，认为活字印书可以帮助那些无力刻印自己著作的文人。于是率领诸子发奋试验，制成了一套十万颗，分大、中、小、次小、最小五种型号的泥活字模。道光二十四年（1844），试印翟金生诗集，书名《泥版试印初编》。书中有以铸字印书为主题的四首五言绝诗。《自刊》诗云："一生筹活版，半世作雕虫。珠玉千箱积，经营卅载功。"《自检》诗云:"不待文成就,先将宇宙齐。正如兵养足,用武一时提。"《自著》诗云:"旧吟多散佚,新作少推敲。为试澄泥版,重寻故纸堆。"《自编》诗云:"明知终覆瓮,此日且编成。自笑无他技,区区过一生。"道光二十七年(1847),又排印了黄爵滋诗集《仙屏书屋初集》十八卷,印数四百部。封面题印"泾翟西园泥字排印"小字两行。道光二十八年(1848)印成翟廷珍《修业堂集》二十卷,道光三十年(1850)又印成黄爵滋《仙屏书屋初集诗录》十六卷、《后录》二卷,咸丰七年(1857)又排印成《嘉靖水东翟氏宗谱》。翟金生以一己一家之力,为中国印刷史补写了极有意义的一笔。

1984年12月,在香港中文大学举行的国际宋史研讨会上,台湾学者黄宽重宣读了他的论文《南宋活字印刷史料及其相关问题》,引用南宋周必大《文忠集》中《与程元成结事》一信所载:"近用沈存中法,以胶泥铜版移换摹印,今日偶成《玉堂杂记》二十八事,首恼台览。尚有十数事,俟追记补缀续纳。"据黄宽重先生考订,周必大于南宋光宗绍熙四年(1193)在潭州(今湖南长沙)仿沈括记述的毕昇泥活字印书法,摆印成《玉堂杂记》。他认为这件珍贵史料是支持毕昇以胶泥作活字材料的重要佐证,"在时间上可看出活字印刷从北宋经南宋到元朝持续发展","在地域上可说明毕昇之后,南方仍存在活字印刷的传统"。

第四章　版本的鉴定

第一节　版本鉴定及其意义

什么是版本鉴定？通常以为，版本鉴定就是鉴定版本的优劣真赝。然而图书版本包含着形式和内容两个方面，鉴定优劣真赝是指其形式呢，还是指其内容，还是两者兼有？对于这个问题，一般有两种理解和解释。一种解释说，版本鉴定"侧重于从图书形式上来研究版本，重在鉴别什么时代的版本"，它是版本学的一个方面，可称之"版刻鉴别学"（参见卢中岳《版本学研究漫议》）。另一种解释说，版本鉴定的内容"不会局限在目前着重于宋元明清各代版刻和写本的狭窄范围之内"，它除了要鉴别"时代早晚，刻印精劣"外，还要鉴别"版本流传"和文字内容方面的"版本差异"（参见魏隐儒《古籍版本鉴定丛谈》）。按理说，鉴定任何一项事物，不必有什么限制。比如鉴定一种新产品，主要是鉴定它的性能，鉴定一件文物，主要是鉴定它的时代，鉴定一个人，既可指他的品德操行，也可指他的技能水平。那么，对古籍版本来说，鉴定的内容当然可以是多方面的，只要作出规定相沿成习就行。但是，从传统和现状来看，鉴定版本似乎都侧重于版本的形式方面，是专有所指的概念。比如在历史文献中，版本鉴赏家的形象就是，"第求精本，独嗜宋刻，作者之旨意纵未深窥，而刻书之年月最为深悉"，是"眼别真赝，心知古今，闽本蜀本一不得欺，宋椠元椠，见而即识"。比如现在从事版本鉴别的大都是图书馆古籍编目的同志，他们工作的具体内容就是辨别版本的时代、地区、类别等，以备著录编目之用。显然都是从版本的形式特征来作鉴定。现有的各种版本学专著中，有关版本鉴定的内容也都以版本形式为限，即使是主张版本鉴定要突破狭窄范围的著作，在具体叙述时，也未有超出版本形式范围的内容。可见版本鉴定是侧重于从图书形式上来研究版本，重在鉴别什么时代的版本。这在目录版本学界似已约定俗成。

版本鉴定是版本研究的基础工作，是版本学的主要内容。没有正确可靠的版本鉴定，考订版本源流，比较版本优劣，就失去了正确可靠的前提。古籍版本不仅是文献，也是文物，从这个意义上说，版本鉴定是一种与文物鉴定、考古发掘工作有着同等意义的科学研究。所以，任何轻视版本鉴定，以为是骨董家的雕虫小技而不足称道的看法，都是片面错误的。有的同志认为，古籍版本鉴别工作发展至今已初步告一段落，今后对版刻鉴别的研究用不着再耗费大量的精力了，因为历史上遗留下来的线装古籍就那么多，不可能再大量增加了，版刻鉴别在版本研究中已日益退居次要地位。这未必合乎事实。虽然我们已经做了很多工作，《古籍善本总目》也将告成，但还没有完成对全国的普通古籍作全面准确的调查的工作，而且还有许多流散在海外的古籍版本。此外，虽然近年来已培养了不少鉴定版本的新人，青黄不接的严重情况有所改观，但与老一辈专家相比，他们的业务经验差距还很大。所以加强版本鉴定的研究和专业队伍的培养，仍是今后版本研究中的重要工作。

　　鉴别版本是一项实践性、经验性较强的技术工作，从某种程度上讲，鉴定者的感性经验要比理性认识更为重要。鉴别就是比较，没有比较就没有鉴别。一些精于版本鉴别的老专家常以"观风望气"这句话作为他们的经验之谈，其实质就是要熟悉书，熟悉版本，从而能举一反三，触类旁通。学习版本鉴定技术的最好方法，莫过于多看，多比较，多实践。百闻不如一见，纸上谈兵是永远到达不了认识的彼岸。当然这并不否定理性认识的意义和作用，恰恰相反，总结鉴别版本的实践经验和方式方法，把它上升为具有普遍指导意义的理论，同样十分重要。除此之外，丰富的知识和学术修养也是提高鉴别能力的重要条件。这就像学习绘画、摄影、篆刻、书法等艺术，掌握技巧才算入门，若要使作品达到意境深邃的更高水平，非得提高其自身的文化素养，开阔其自身的知识面不可。如果版本鉴别工作者懂得一点书法艺术，了解我国书体的种类、演变以及各个时代的流行风尚，而且能写一手好字，就能在鉴别版本、辨别真伪时发挥很大作用。如果懂得一点金石学，而且还能运刀刻章，就能熟练地利用藏书印章来作鉴定版本的依据。所以培养一个版本鉴定专家是很不容易的事。

第二节　雕版印本的鉴定方法

　　在长期的实践过程中，人们逐步掌握了鉴定刻本的一般规律，逐渐形成了一套鉴定的程式。每当鉴定一种版本，首先要揭开卷首看一看，从字体、版式、纸张的特点来判断一下是何朝何代所刻，也可以书名和编著者、校订人的衔名作为参考。心中先有了底。特点突出的立即肯定，有些似是而非不能作出结论的，需要进一步详细考证为某代某一时期、某一地区、某一家所刻，以及内容、卷数与他本的异同，是否残卷等，就需要详看序跋、目录、卷末、书尾，查找有无牌记、封面、讳字、刊工姓名。如仍不能解决问题，再翻阅名家著录、题跋、识语等等。实际鉴定的一般程序，可分成三个层次，或者可以看作是鉴定版本的三种依据。

一、依据刻本的形式特征来鉴定

不同时代、不同地区刻本的形式特征，如版式、字体、刀法、墨色、装帧、纸张等因受当时当地物质力量、技术水平和文化学术思潮的影响，而出现差别并体现出各自的风格。版刻形式的差异和风格是鉴别刻本的重要依据。所谓"观风望气"，就是指版刻的特征和风格，它是版本鉴别技术和理论的实质所在。因为倘若古籍版本都有文字记载版本情况的话，鉴定也就无所谓难了。版刻的风格主要体现在以下几个方面：

1. 字体

不同时代、不同地区刻本字体的异同和衍变，一受当时当地流行书体的影响，二受当时当地经济条件的制约，三受雕版印刷技术发展规律的支配。北宋刻本早期多欧阳询体，瘦劲清秀，转折有角，后期流行颜真卿体，丰厚淳朴，间架开阔。南宋刻本字体多柳公权体，刚劲挺拔，横轻竖重。金代刻本受南宋影响，也多柳体。元刻本初期似宋，后则摹仿赵孟頫体，流丽活泼，柔软圆润。这都是受时代流行书体的影响。汴梁、燕京、平水、大名等北方刻本的字体，笔划硬朗，气息质朴，有似北人的粗犷豪放性格；而江南刻本字体风格纤巧秀丽，犹如水乡中人的性情。从经济角度来看，官刻与私家刻书大都能多费金，故字体工整漂亮。而书坊刻书以盈利为目的，贪多求快，字体多恶劣粗俗。明洪武至正德，刻本字体基本保留元末遗风，自嘉靖起变化成一种横平竖直、横细竖粗、撇捺直挺、整齐严谨的长方形字体。万历时代，这种特征愈发突出而规范，千本一面，个性殆于消失。规范化的字体虽然缺乏流利生动的感觉，却有利于提高刊板写板的效率，这和当时出版业的商业化是相适应的。清康熙刻本字体又在明代仿宋体的基础上，从字形、笔划间变幻出"肥宋"、"瘦宋"、"小宋"、"方宋"、"扁宋"等多种风采不一的字体。康熙中期，江南金陵、苏常一带私家刻书重兴写体字，在当时遍地皆是的宋体字刻本中，尤显柔美秀丽，令人耳目一新。写体字又称软体字，康熙软体字刻本的典型是扬州诗局刻本，写刻之精，前所未有。以扬州诗局刻本为代表的康熙软体字刻本被后世誉称为"康版"。如扬州诗局刻本《全唐诗》、《历代赋汇》、《历代诗余》、《楝亭十二种》，以及宋荦、朱彝尊、顾嗣立、王士禛等私家刻本，是"康版"的典型。康熙刻本中还有一些名家手书的印本，如林佶手写的《渔洋精华录》、《古夫于亭稿》、《尧峰文钞》、《午亭文编》，郑燮手写的《板桥集》等，字体美，刻印精，是可供欣赏临摹的书法艺术品。雍正、乾隆刻本字体稍逊前朝，软体字刻本字形工整而拘谨，书法笔意渐无，被称作"馆阁体"。道光以后，刻本字体愈发呆板，字行密集如涂鸦一片，很不雅观。

2. 版式

北宋刻本早期多白口，四周单栏。后期多左右双栏，左右栏线粗，上下栏线细，白口，单鱼尾，行间宽疏，版心镌刻工姓名和字数，卷端书名小题在上、大题在下等特征。南宋末期改为四周双栏，小黑口或大黑口本。元代也是如此，只栏线更粗，书口更阔，行间更窄，鱼尾更多。明初刻本多承袭元刻版式，唯内府经厂刊本字大行疏，独具一格。正德以后，风格渐变，版框边栏皆刻意摹仿宋版格式。再以后，版式变化就不大了。有些官刻私刻本的版式各具特点，如明新安吴勉学刻本，吴兴凌、闵刻本，毛氏汲古阁刻本和清武英殿刻本等，根据版式，很易辨认。版本行款字数的差异多用于鉴定宋元刻本，因为宋元版可参考的依据较少，不得已则退而用之。如宋蜀刻唐人集有十一行本和十二行本两种版本系统，就是从行款上来区别的。

3. 印纸

刻书印纸也往往因时因地而异。经济繁荣时，印纸质地较好，经济衰落时，印纸往往粗劣不堪。坊刻本大多用低廉的劣纸印书，以节省工本，官、私刻本的纸张就要好些，宫廷刻本的印纸更好。至于竹纸、棉纸、麻纸、皮纸的不同，就和造纸史相关了。一般来说，宋刻本主要用麻纸和竹纸。麻纸以麻等硬纤维为主要原料，质地较好。白麻纸正面色泽洁白，纸质细薄而坚韧，有两指宽的帘纹，纸背面似黏有小纸棍，抚摩却不觉粗糙。黄麻纸颜色略呈黄色，纸质手感均稍粗糙一些。宋代浙刻和蜀刻本大多用白麻纸、黄麻纸印。建阳书坊刻本的印纸，以当地出产竹木为原料，色泽质地都不如麻纸，暗淡粗劣，影响印刷质量。这种印纸又称作

"麻沙纸"，是鉴定宋刻建本的重要依据。宋刻本中还有把印过的纸翻过面再印书的情况，这种再经利用的纸大多是官署公牍印纸，故而有"公文纸本"的名称。宋刻佛经多用硬黄纸，纸色深黄近茶褐，纸质硬刮不透明，又称"藏经纸"。金刻本也以黄麻纸居多。早期元刻本多用黄麻纸，后期多用竹纸。竹纸色暗黄，质薄脆，易碎不宜久藏。元刻本还偶有"蚕茧纸印本"和"硬棒纸印本"。蚕茧纸比白麻纸更洁白细韧，以似蚕茧而名之。还有一种发笺纸，因掺入发须而得名，其纸色略显灰白，丝丝须发隐约可见，质地也很柔韧。明代刻本用麻纸较少，前期、中期较多棉纸印本，棉纸的原料纤维较细，上好的称白棉纸，纸色洁白有光泽，纸质细滑而坚韧；次一等的称黄棉纸，色质皆低次，或称之粗粉纸、白粉纸。棉纸在南方又称作皮纸。白棉纸印本是嘉靖刻本印纸的特点，万历以后渐多用黄棉纸和竹纸印书。清代刻本的印纸名目繁多，如开化纸、桃花纸、太史连纸、连史纸、粉连纸、吉棉纸等等，但从其原料来看，仍不出棉、竹两大类。开化纸属高档印纸，用料精选，纸薄而韧，洁白柔软。康熙时代的内府刻本和名家刻本，字体既美，再配上洁白细腻的开化纸，极为赏目。开化纸因其产地浙江开化县而得名，又比同桃花之艳而称作"桃花纸"。还有一种高丽纸印本，高丽纸用树皮一类硬纤维制成，以产于高丽者为上，通称高丽皮纸。

4. 墨色、刀法

刻本的墨色和刀法特征，主要用于鉴别宋元旧椠。宋代刻印书籍，用墨质料比较讲究，墨色浓厚似漆，着潮而无漂迹，字黑纸白，十分显眼。宋版刻工刀法较精细认真，笔划不苟，存有书法神韵。元版则墨色较混，刀法生硬而无力。明代一些仿宋刻本，形似原刻，细加比较，刀刻字划却差神韵笔意。

5. 装帧

宋代书籍的主要装帧形式是蝴蝶装，少量有旋风装。南宋出现包背装，并逐渐替代蝴蝶装而成为元代书籍的主要装帧形式。包背装一直流行到明嘉靖、隆庆时，至万历始广泛采用线装形式。书籍装帧最易损坏，修补更新，少有原装未改的，故今存之宋元本大都已改装成线装本。所以装帧对版本鉴别的作用很小，偶尔才会用到。

二、依据刻本的文字记录来鉴定

刻本中记录版刻情况的文字有直接和间接两种。直接记录版本情况的文字大致存在于刻本的序跋、牌记、书名页、书衣和书口等处。

（1）序跋。古籍序跋大都有版刻缘起、经过的翔实记载，是鉴定版本的重要依据。如明嘉靖三十九年（1560）刻本《临川先生文集》的王宗沐序曰："德安吉阳何先生巡抚江西，悉厘百工，表章往哲，刻公集于抚州。"根据序文内容和作序时间，该刻本的刊印年代、地点和刊印者等情况就很清楚了。有些版本刊印过程几经周折，需要互相参阅各篇序跋才能了解清楚。如明刻本《陈眉公先生订正丹渊集》四十卷《拾遗》二卷《诸公书翰诗文》一卷，卷首有钱允治序，说："李务滋先刻是集于蜀，吴建先受之眉公，眉公复为校雠，付建先重刻于吴，时万历三十八年矣。"又崇祯辛未

（1631）毛晋序说："辛未返吴门，遇苏苍木氏，谓向偕蜀友李君订正《丹渊集》四十卷，能梓而不能行，亦渐入蠹鱼腹矣。因尽挈其梨枣以相赠。亟为之理其残缺，授之楮君，以君其传。"综合钱、毛二序，而知是本刻于万历而印在崇祯。又如清刻本《邵子湘全集》，卷末附李超琼跋，称该书原有清康熙三十二年（1693）青门草堂刻本，刻版收藏在邵长蘅嗣裔邵孝渊处，同治六年（1867）曾染印百部，光绪丙申（1896）又复印百部云云。据此则可鉴定此本是光绪二十二年重印康熙三十二年青门草堂刻本。一般来说序年和刻年相近，所以在缺其他证据时，也可以根据序跋年代来鉴定。著录时称作"序刻本"。

（2）牌记。牌记是出版者用以说明版本情况的一种专门标志，坊刻本的牌记兼有版权和商业广告的作用。牌记主要记录刊刻时间、地点和刊刻者姓名等。最初的牌记只是无边框的题识，如宋刊本《周贺诗集》卷末题识"临安府棚北睦亲坊南陈宅书籍铺"一行。以后在文字周围框以方格，即成牌记，如元刻本《静修先生文集》卷末题刻长方形牌记曰"至顺庚午孟秋宗文堂刊"。有些刻本牌记的文字较多，如明建文四年（1402）刻本《新刊标题孔子家语句解》书尾有长方形牌记，题字四行："右《家语》，古今天下宝之，而吾大东未有版本，予得是本，命刊于江陵，以贻后学学焉。建文四年七月望，潘溪朴訔志。"又如宋浙刻本《抱朴子》的牌记曰："旧日东京大相国寺东荣六郎家，见寄居临安府中瓦南街东，开印输经史书籍铺，今将京师旧本《抱朴子内篇》校正刊行，的无一字差讹，请四方好事君子幸赐藻鉴。绍兴壬申岁六月旦日。"

牌记最初都是简单的方框形，别无其他款式，以后出现了钟鼎形、香炉形、琴瑟形、莲龛形、幡幢形等各种不同的图案形。

不少私家、书坊刻本都有专用的牌记形式。如南宋咸淳间廖莹中世綵堂刊本《昌黎先生集》，用的是"亞"字形牌记，中间篆书"世綵堂廖氏刻梓家塾"两行字。如明正德十一年（1516）陈世瑛存德堂刻本《太平惠民和剂局方》的牌记，上覆荷叶，下托莲花，造型独特。独特造型的牌记，其图案也可作为版本鉴定的依据。如上海图书馆收藏的旧刻本《颜氏家训》，曾经清代名家何义门、孙伯渊、钱竹汀、黄荛圃等人鉴定，宋椠元刊，莫衷一是。最后还是根据刻本中一个琴形牌记"廉台田家印"确定为元刻本，因为这个特殊图案的牌记只在其他元刻本中出现过。

（3）书名页。书名页除题刻书名外，还常有作者姓名、刊刻时间、地点、刊刻者姓名、斋室、藏版处等文字。这是直接可作鉴别版本依据的材料。如明万历间金陵陈氏继志斋刻本《半夜雷轰荐福碑》的书名页上写有："镌出像半夜雷轰荐福碑杂剧，继志斋原版。"清嘉兴间刊本《三星园》书名页题曰："三星园，嘉兴庚午镌，版藏尺木堂。"个别刻本的书名页还刻有类似前言题识的文字，如清康熙间刻本《国语》《国策》的书名页上刻着："乌程闵氏原版，自万历己未迄今八十五年矣，流传之久，版多残缺。本堂得之，悉心校雠，重加镂版补正。康熙癸未秋九月重九日，金谷园主人识。"宋元刻本已有书名页，但展转流传，存者不多。如元延祐元年（1314）翠岩精舍刻本《程朱二先生周易传义》十卷的书名页，题曰"翠岩精舍新刊程朱先生周易传义"。明清时代的刻本，书名页比较常见。

（4）书衣。书衣上的文字主要是书名和作者名，但偶尔也有例外。如明胡世安《龙乘》，专述剑、马的历史，因《礼记·少仪》中有剑为匣龙，马为厩龙之语，而书名《龙乘》。《龙乘》原刻本的书衣上印有"汲古阁鉴定，本衙藏版"一行字，字体款式与汲古阁本一般，但版心却未题"汲古阁"。原来这是崇祯九年（1636）胡世安在典试两浙时交付汲古阁梓印的，刻成后版藏胡世安官衙中，故书衣作如此题识。据此而知，这是一部汲古阁刻印的非汲古阁本。又如明刻本《香乘》的书衣上镌有康熙元年（1662）周亮节的一段告白："先生逝而嗣君西有以其板归之。"说明这是一部明刻清印的本子。

（5）书口。书口上下空白处，多用以记录刊刻年代和刊刻单位等内容。

如明弘治间锡山华氏会通馆活字印本《锦绣万花谷》的书口上方刻有"弘治岁在阏逢摄提格"一行，书口下方印着"会通馆活字铜板印"，把版刻情况交代得十分清楚。明清内府递修本的补刻页书口上也多题刻补版年代，以示区别。

刻本中间接反映版本情况的文字有如下几个方面：

（1）刻工姓名。刻工是刻本制作者，作用至关重要，社会地位却十分低下。刻本上记录刻工姓名并不表示出版者对他们的重视，而只是为了便于考定他们的责任。古代早有"物勒工名，以考其诚"的制度。刻工姓名一般记录在书口下端或各卷卷末。有无刻工姓名可以用来鉴定版本，但刻工姓名之所以是鉴定版本的重要依据，主要并不在于有没有记录，而在于记录了哪些刻工，即根据所录刻工的时代和地区来反证刊印的年代和地区。比如有一宋刻本《东观余论》，具体刊印时期不明，但它记录的陈靖等刻工姓名却另见于宋宁宗嘉泰四年（1204）刻本《东莱文集》，于是推算出这部《东观余论》也是宁宗时代刻印的。又如传世的眉山《七史》，自然是因刻于四川眉山而命名的，自晁公武《郡斋读书志》

作此说后，历来相承无疑，所谓井宪孟刊于眉山者。但眉山《七史》本记载的许多刻工姓名，如《宋书》中的王成、许茂、陈伸、章忠，《南齐书》中的王成、孙春、陈伸，《梁书》中的余敏、滕庆，《陈书》中的余敏、李询、孙春、滕庆，《魏书》中的李文、李宪、余敏、章宇、章忠、张富、陈伸、孙春等六十余人，又都各在南宋绍兴间杭州所刻的《汉书》、《周易正义》、《周礼疏》、《尚书正义》、《仪礼》、《尔雅》、《礼记正义》、《春秋公羊疏》等书中出现。这说明现存的所谓眉山《七史》，并不是记载中的眉山《七史》，而是南宋绍兴间浙江刻本（参见赵万里《两宋诸史监本存佚考》，载《庆祝蔡元培先生六十五岁论文集》）。

利用刻工鉴定版本自然必须先对刻工作考订，归纳起来，才能演绎。日本汉学家长泽规矩也编的《宋元刊本刻工表初稿》一书，摘录日藏汉籍一百三十种宋本、七十三种元本中的宋代刻工姓名计一千五百余人，元代刻工姓名计七百五十余名，是鉴定宋元刻本的一部很好的参考书，但甚不完备。魏隐儒著《古籍版本鉴定丛谈》后附录有"宋至清各代部分刻本所见刻工及写画人姓名简表"，补充明清两代刻工姓名颇多。

（2）避讳字。避讳是中国古代社会特有的风俗，起于周，成于秦，盛于唐宋，垂二千年之漫长历史。陈垣《史讳举例序》说："民国以前，凡文字上不得直书当代君主或所尊之名，必须用其他方法以避之，是之谓避讳。"又说："其流弊足以淆乱古文书，然反而利用之，则可以解释古文书之疑滞，辨别古文书之真伪及时代，识者便焉。盖讳字各朝不同，不啻为时代之标志，前乎此或后乎此，均不能有是，是与欧洲古代之纹章相类。偶有同者，亦可以法识之。"把依据讳字鉴定版本的道理说得非常清楚。

　　宋代避讳很严格，宋刻本不但要避帝王本名，而且涉同形音的字也要避。如仁宗赵祯，除避"禎"字外，还要避"貞"、"偵"、"湞"、"楨"、"征"、"症"、"懲"、"旌"等字。钦宗赵桓，除避本名"桓"外，还要避"垣"、"恒"、"轗"、"完"、"丸"、"院"、"汍"、"統"、"瓛"、"莞"、"紈"、"源"、"萑"、"鸛"、"蒐"、"狟"、"皖"、"瑗"等字。有时还要避帝皇历祖列宗的名讳。宋太祖赵匡胤始祖名玄朗，因避"玄"、"弦"、"眩"、"胘"、"絃"、"畜"、"縣"、"懸"、"恨"、"朗"、"浪"等字。曾祖名珽，则"珽"、"庭"、"廷"字皆讳。祖父名敬，故避"敬"、"警"、"擎"、"儆"、"竟"、"境"、"鏡"、"獍"等字。父弘殷，避"弘"、"泓"、"紭"、"殷"、"澱"等。辽、金、元代避讳不如宋代严格。明初也较宽弛，万历以后又稍紧，如避光宗朱常洛讳，即以"嘗"代"常"，改"洛"为"雒"。熹宗朱由校，则"校订"、"校正"俱改作"較订"、"較正"。清康熙朝避帝讳"玄燁"二字，兼讳"炫"、"弦"、"率"、"牽"、"茲"、"曄"等。雍正朝避帝讳"胤禎"二字，兼讳"真"、"貞"等。乾隆朝避帝讳"弘曆"二字，兼讳"紭"、"強"等。嘉道以后刻书避讳渐渐宽松。

　　刻本避讳字有各种形式，或缺笔，或拆写，或代字，或留空，或改题"今上御名"等等。避讳改字最容易使人误读，如改字再刻错的话，就更令人费解了。但我们"反而利用之，则可以解释古文字之疑滞，辨别古文书之真伪及时代"。如宋刻本《说文解字系传》，避宋帝讳名止"慎"，可知是南宋孝宗年间的刻本。如果清抄本"玄"避而"弘"不避，即可断定是乾隆以前所抄。又如一唐写本《礼记·檀弓》"民"字缺笔，知其写于太宗之时，而一唐写本《汉书·刑法志》，避"世"、"民"、"治"三字，则当是唐高宗时代的写本。有些私家刻本、抄本还要避家讳。比如有一部清残抄本

《脂砚斋重评石头记》，"玄"、"祥"、"晓" 三字也缺笔，原来这是怡亲王府的抄本，故而要避两代亲王胤祥、弘晓之名。

（3）特殊字。特殊字特指唐武则天时期和清太平天国革命时期杜撰、使用的字，特殊字是鉴定特殊时期版本的主要依据。

武则天时期共造字十九个，在全国推广使用。如 "日" 作 "囝"，"月" 作 "囸"，"天" 作 "兲"，"人" 作 "𠆥"，"国" 作 "圀"，"圣" 作 "𡔈"，"正" 作 "𤷛"，"年" 作 "秊"，她的名字 "照" 改写作 "曌"，形义为日月当空。武则天造字的使用期很短，而这一特殊时期的唐写本也很少。

太平天国文书中的特殊字有新造字和改写字两种，字数虽不多，造成的妨碍却很大。如《天情道理书》中有 "乃龕天下万郭弟妹" 一句，"龕" 是造字，"郭" 是改字，不理解其义根本无法读懂。太平天国明令公布的造字有二十一个，即 "国"（國），"璽"（玺，专用于金玺），"𡈼"（意为小王，即低于王之爵位），"華"（華），"福"（福），"𩄑"（魂），"𩄰"（魄），"忟"（愧），"𩃮"（魏），"𩃧"（魁），"𩃩"（块），烧（火），洐（明），"𥯤"（儓），"屌"（属），"庙"（廟），"𨍭"（轄），"豐"（专指咸丰帝之丰），"顺"（順），"妭"（媿），"龕"（根据客家方言所造，意为聚合，团结）。改字计有五十四个，实质上，是扩大范围的避讳字。五十四字是：國、天、上、聖、神、皇、帝、君、王、主、高、老、爺、火、華、耶、穌、基督、仙、師、洪、秀、全、貴、福、光、曾、清、朝、雲、山、正、昌、輝、達、開、鏡、龍、府、僚、德、祐、溫、虹、年、月、日、醜、卯、亥、商、遲、魁。

元代刻本多喜用简化字，如 "國" 作 "国"，"學" 作 "斈" 等等。也常用作鉴定元刻本的依据。

（4）书名冠词。为了表示对当朝的尊重，古籍书名中的朝代名前，往往要冠以"皇"、"圣"、"大"等褒词，如"圣宋"、"皇元"、"大明"、"皇清"、"国朝"、"昭代"等。书名冠词具有较强的时代性，因而能利用来辨别刻本的时代。比如只有宋人书名才题"圣宋"，元人书名才题"皇元"，明人书名才题"大明"，清人书名才题"皇清"。比如元苏天爵编集当朝人文集，名之《国朝文类》，元刻本作此书名，明清刻本就不称"国朝"而改名《元文类》了。

（5）卷端题名。卷端题名有时也能为版本鉴定提供一点线索。比如明万历间刻本《国朝历卿记》，卷端题名"柱国少傅兼太子太傅工部尚书丰城雷礼纂辑，提督应安等府学校监察御史同邑徐鉴校梓"，知其为徐鉴校刻本。作者有官职的卷端题名一般都兼题官衔职名。由于历史上职官制度一直在变动，所以也能用作版本鉴定的依据。清钱大昕《答卢学士书》说："读阁下所校《太玄经》，云向借得一旧本，似北宋刻，末署'右迪功郎充两浙东路提举茶盐干办公事张寔校勘'。大昕案，宋时寄禄官分左右，唯东都元祐、南渡绍兴至乾道为然，盖以进士出身者为左，任子为右也。而建炎初避思陵嫌名，始改勾当公事为干办公事。此结衔有'干办'，则是南宋刻，非北宋刻矣。"

三、依据其他资料来鉴定

其他资料是指非刻本原有的资料，包括后人附添在刻本上的资料，如题跋、印章等，和不在刻本上的资料，如书目、图录等。

1. 题跋

题跋的内容较广，鉴定版本是其中一个方面。清代很多藏书家、校勘家精于版本鉴定，经验丰富，见多识广，在他们的藏书题跋、校勘题跋中常有鉴定版本的精辟之论，可供后人参考。如有一旧刻本《史记集解索隐》，黑口，四周双栏，前有元中统二年（1261）董浦序。清海源阁杨绍和在该本的题跋中考证说："钱晓征詹事《养新录》记所见《史记》旧椠，一宋乾道蔡傅卿本，一宋淳熙耿直之本，一元中统本，云海宁吴槎客藏，计其时亦在南宋之季。嘉兴钱警石丈校《史记杂识》中亦有中统本，称假自拜经楼，盖即詹事所见之本也。予于吴本未得目验，钱校曾录副藏之。此本首载中统二年校理董浦序，与吴本同，然核之钱丈《杂识》，殊歧异。《杂识》谓犹避宋讳，此本则否。又每叶末行外上角标题篇名，此本亦无之。至《田敬仲世家》标题后《齐世家》，尤钱丈所讥为臆造，此本并不误。且以校本勘对，合者固十九，而所谓讹者脱者，此本多不讹不脱，判然出于两刻。予按中统二年，其时尚称蒙古，迨至元八年十一月始改国号曰元。董浦序中统上署皇元二字，自是后人追改，必非段氏原刻之旧。顾追改者既称皇元，则犹是元翻可知。由是推之，吴本与此皆元代从段刊重雕之本，故于《杂识》所云密行细字大致略同。特此本已填补宋讳，校雠之功复加审耳。詹事直以吴本刊于中统时，则非也。予又藏有建阳尹覆本，标题款式全经窜易，望而知为明人陋版，愈证此本的属元椠无疑。蔡、耿两本，詹事所见者俱归余斋，因并以此附之，俾相鼎峙云。"杨氏在鉴别时运用了几种方法：一是与吴骞拜经楼藏本对校，"判然出于两刻"；二是据董浦序以皇元加冠中统之上分析，"则犹是元翻可知"；三是与明人陋版比较款式，"愈证此本的属元椠无疑"。于是鉴定该本为元翻刻蒙古中统二年平阳道段成子刊本。后来该本为傅增湘所收藏，傅氏详加考证，又推倒了杨绍和的鉴定。该本有傅增湘题跋说："余昔年曾收得中统本《史记》全帙，其字体方正，气息朴厚，版式略为狭长，与此大不类。余以为乃真中统本，故其体格尚与宋刊相近。若此本，字体散漫，刻工草率，决为明覆本无疑。余别藏有明正统时游明刻本，持与此本相较，其版式刊工正同，则决为游明本可知矣。杨氏未见真中统本，故其言游移不决如此也。"这两篇跋文不仅提出了鉴定意见，还能启迪后人的鉴定思维。从某种意义来说，名家题跋中关于鉴别版本的方法，要比鉴定的结论更有价值。

2. 藏书印章

藏书印章是藏书家钤印在藏本上以表示所有权或鉴赏意见的信物。有些藏书章的印文直接反映藏书家的鉴定意见。如汲古阁毛晋的藏书印章里有一枚专用于宋版书的椭圆形朱文印"宋本"，以及朱文印"神品"、朱文小方印"甲"等。清季振宜藏本有"宋本"藏书印，宋荦藏本有"商邱宋荦收藏善本"朱文印等。但这种印章很少，常见的藏书印章大都是藏家的姓名、字号和斋室堂名。藏家印章的作用在于能以此为线索，追根寻源，找出版本的藏弄流传过程，然后再到有关文献中去寻找可供版本借鉴的参考材料。因此藏书印章对版本鉴定的作用很小，是一种间接又间接的鉴定依据。

3. 书目

版本著录是图书目录的一项主要内容，是版本特征的缩影，因而历代书目是鉴定版本的重要工具。书目著录版本有详有略，著录越详细参考价值越高，这也是评价书目好坏的标准之一，《四库全书总目提要》的主要缺点就是未列版本。书目著录版本自宋尤袤《遂初堂书目》、陈振孙《直斋书录解题》始。最初的著录内容很简单，随着目录学、版本学的发展，著录内容渐渐详细，著录方式渐渐规范。著录内容详细的，一般包括版本的款式、字体、刻工姓名、纸张，以及序跋、牌记、题识、批校、藏书印章等等，比较全面地反映出版本的各种特征。如傅增湘《藏园群书经眼录》，著录每书都有一定之规，首先记书名卷数，其下小字记作者和存卷数，然后依次著录版刻年代、地点、出版者、版式特征、本书序跋、刻书牌记，以及后人题识、收藏印记，最后是傅氏的按语，发表自己的鉴定意见和评论等。这样的书目著录，实在太有用了。谢国桢《〈中国善本书提要〉序》说："研究版本目录之学，所以要明了书籍的页数、行款、尺度的大小、刻书人的姓名、装订的形式，为的是给后人留下原书的本来面貌。《提要》对于每书的行款，每页每行的字数，以及刊刻书籍的逸事，记载得极为详细。这种做法，不要看它是一桩细事；有人甚至讽刺为'书皮之学'，这是不对的。故友赵万里先生尝对我说：顾（广圻）批、黄（丕烈）校、鲍（廷博）抄的书籍和他们所著的题识之所以可贵，因为书籍既经他们考定版刻的年代，评定真伪，和当时获得此书的情况，则此书的源流全部表现出来，给后人读书或校刻书籍以不少的便利。"

4. 书影、图录

顾廷龙《明代版本图录初编叙》说："自杨守敬创为《留真谱》，一书数刻，各橅其形，以便稽览，此言版本而注重于实验也。若仅闻传本之众多，而不获目睹其真面，则诚有释氏所谓宝山空返之慨矣。故书景之业，尤为从事目录学者当务之急。"书影、图录是一种特殊形式的目录，由于它注重实验，使人看到原本的复制品，这就比仅有文字的一般书目更有益于版本鉴别工作。而且书影、图录又是初学者最好的实验教材。

仿宋刻本、影宋抄本，刻意求真，尽量保存原式旧样，可谓书影、图录的前身。正式的书影始自杨守敬《留真谱》。杨氏《留真谱自序》说："著录家于旧刻书多标明行格以为证验，然古刻不常见，见之者未及卒考，仍不能了然无疑。余于日本医士森立之处见其所摹古书数巨册（或摹其序，或摹其尾，皆有关考验者），使见者如遘真本面目，颜之曰'留真谱'，本河间献王传语也。余爱不忍释手。立之以余好之笃也，举以为赠。顾其所摹，多古钞本，于宋元刻本稍略。余仿其意，以宋元本补之。又交其国文部省书记官岩谷修与博物馆局长町田久成，得见其枫山官库、浅草文库之藏，又时时于其收藏家传录秘本，遂得廿余册。即于其国鸠工刻之，以费重，仅成三册而止。归后拟续成之，而工人不习古刻格意，久之稍有解，乃增入百余翻。友朋见之者多欢赏，嘱竟其功。至本年春，共得八册，略为分类而已。"但《留真谱》不著附略说，先后无次，历代所刻，亦多寡不匀，美犹有憾。后继者吸取教训，总结经验，编辑书影、图录附以提要说明，功用更为完整。现代摄影技术的传入又给古书珍本的留真带来了福音。1922年常熟铁琴铜剑楼主瞿启甲影印出版了《铁琴铜剑楼宋元本书影》，书楼秘笈，真容毕呈，世人得之，大饱眼福。1941年潘承弼、顾廷龙合编《明代版本图录初编》，荟萃有明一代版刻之精，分类十二，体例完善，选择精当，是研究明代刻本的极好的参考工具书，贡献不在《留真谱》之下。1960年出版了赵万里先生主编的《中国版本图录》,《图录》精选历代版本之典型,蔚为巨帙,其中宋元版册最为精善。此外还有 1953 年苏州文学山房编辑的《文学山房明刻集锦初编》,是把各种明本残叶辑成图录,虽不是历代刻本的精萃,但因是实物,观来自有特殊效果。

5. 其他文献记载

除书目外,其他古代文献中也有对刻印本及其鉴定方法的记载,特别是在明清笔记中常有发现。如明叶盛《水东日记》记载说:"宋时所刻书,其匡廓中折行上下,不留墨牌,首则刻工私记、本版字数,次书名,次则卷第数目,其末则刻工姓名以及字总数。余所见当时印本如此。浦宗源家有司马公《传家集》,行款皆然,洁白厚纸所印。乃知古于书籍,不惟雕镌不苟,虽摹印亦不苟且。"又明屠隆《考槃余事》《论宋版》说:"宋元刻书,雕镂不苟,校阅不讹,书写肥细有则,印刷清朗,况多奇书,未经后人重刻,惜不多见。佛氏、医家二类更富。然医方一字差讹,其害非轻,故以宋刻为善。宋人之书,纸坚刻软,字画如写,格用单边,间多讳字,用墨稀薄,虽着水湿,燥无湮迹。开卷一点书香,自生异味。元刻仿宋单边,字画不分粗细,较宋边条阔多一线,纸松刻硬,用墨秽浊,中无讳字,开卷了无臭味。有种官卷残纸背印,更恶。宋版书以活衬纸为佳,而蚕茧纸、鹄白纸、藤纸固美,而遗存不广。若糊背宋书,则不佳矣。余见宋刻大版《汉书》,不惟内纸坚白,每本用澄心堂纸数幅为副。今归吴中,真不可得。又若宋版遗在元印,或元补欠缺,时人执为宋刻,元版遗在国初补欠,人亦执为元刻。然而以元补宋,其去犹未易辨,以国初补元,内有单边、双边之异,且字刻迥然别矣。"其他如明胡应麟《少室山房笔丛》、谢肇淛《五杂组》等笔记，都有不少精彩珍贵的记载。但对历代文献中的版本记载一直没有很好地搜辑整理过，引来引去总是那么几条。若能做成这件工作，无疑就成了一部版本学史的资料汇编。

第三节　非雕版印本的鉴别方法

一、活字印本的鉴别方法

鉴定活字印本，首先是把活字印本和雕版印本区别开来，其次是把铜活字、木活字、泥活字等不同质料的活字印本区别开来。至于如何确定其排印年代、地点和排印者等其他方面的鉴定方法则与刻本相同。

1.活字印本和雕版印本的差别，主要是由于印本制作技术和工艺的不同造成的。活字印本的版面形式的主要特征如下：

（1）栏线。雕版印本的版框是刻在书板上的，而活字印本的版框是拼合成的，所以版框四角横竖线拐角拼缝处大都留有缝隙，缝隙大的间隔一分左右，雕版印本的版框没有这种现象。但清武英殿聚珍版例外，因为它是用事先刻印好的框格纸来印书的。同样原因，活字印本行线两端与上下栏线的衔接处也不严密，且栏线时有时无，版心中的鱼尾与两侧直线也衔接不严。雕版印本也没有这些现象。活字印本版框高低一律，装订成册后书口栏线整齐。雕版印本的版框虽也有一定的尺寸，但刊刻时难免有出入，加入书版涨缩等原因，致使版框高低不很一律，装订时一般只齐下栏，不齐上栏。

（2）字体。活字印本的字体大小、笔划粗细、书体风格往往不很一致，字行排列不很整齐，横排字行也多参差上下，甚至还有个别歪斜、横列、颠倒的字体。因为活字字模成千上万，且出多人之手，大小粗细自然不易一律，集中在一块版子上，差异就十分显著。刻版印本写稿上版，虽刻工不一，但同一书版的字大都出自一人之手，因而字体、刀法能互相照应，更不会刻歪刻倒。但是刻本的字与字之间的撇、钩、竖、捺等笔划有时会交叉错叠，而活字印本字体各自独立成型，笔划绝不会交叉。这也是区别两者的标志。

（3）墨色。由于活字印本字模大小厚薄不均匀，排列起来，版面会凹凸不平，染墨一刷，凸处受力大，墨色浓黑，凹处受力小，墨色浅淡，版面字迹就墨色深浅不一。而雕版印本是在一块平整的木板上刻字，所以字体的表面总处在同一平面上，高低一样，只要刷墨用力均匀，字迹墨色就不会浓淡不一。同样道理，活字印本的行线也因排扎时高低不平而时隐时显、时断时续、时深时浅。

（4）版面。雕版印本的书版经过反复刷印，润湿燥干，木质容易胀裂。书版一裂开，印页上就有着不上墨的痕迹，裂缝成直线刀切似地把栏线、字体割开，这种现象称作断版。而活字印本是不会有断版现象的，因为它随排随印，印完即拆，再印再排。

2. 不同质料的活字本的差别是由质料的性质决定的。活字印本以金属活字和木活字为主，金属活字质地坚硬，不易吸墨，刻制时笔划常会歪斜，刷印时对纸张的压力大，纸痕比较明显，有时还会戳破印纸，字迹墨色比较浅淡。木活字与之相反。另外，木活字印本字体的较粗笔划里往往还能隐约分辨出木质的纹理。这是区别两种不同质料的活字印本的主要依据。

3.活字印本与影刻、覆刻活字本的区别是，覆刻活字本大都故意保留活字印本的某些特征，如字体不一，行格不齐等，假若不详加考辨，很容易误作真活字本。影刻活字本就更容易乱真了。但影刻活字本不多，据传才四种：①明徽藩崇古书院影刻锡山华氏会通馆活字印本《锦绣万花谷》。②明影刻会通馆《文苑英华辩证》。③明影刻华氏兰雪堂活字印本《蔡中郎集》。④清广雅书局影刻武英殿聚珍版。鉴别活字印本和覆刻、影刻活字本要全面分析考察版本的各种特征，切莫一见有活字印本的某些特征便轻易下判断。比如明影刻华氏兰雪堂活字印本《蔡中郎集》，既保持了活字印本的一些特征，还影刻了兰雪堂活字印刷的牌记，但细察各书页，却屡见断版处，这是活字印本绝对不可能的，根据这一点即可否定。又比如，武英殿聚珍本用上好的开化纸、太史连纸印刷，而广雅书局的影刻本却是用广东土纸（山贝纸、本槽纸）印刷，虽然影刻得逼真，一看印纸即能区别。

二、抄本的鉴定方法

抄本与刻印本的形式差别比较明显，所以抄本的鉴定，是指鉴定抄本的抄写年代、地点和抄写单位等，鉴定的方法与雕版印本的鉴定法基本相同，一看抄本的形式特征，二看抄本中的文字记载，三看抄本之外的文献资料。

1. 纸张

抄本用纸除纸质有别外，还有无格、有格的区别，格纸中又有黑格、蓝格、红格、绿格的差别。明清藏书家大都备有专用的稿纸抄书，且多在抄稿纸的版心书口处印上自己的斋室堂名。凡用这种专用稿纸抄写的抄本，几乎能立刻鉴定出抄本的时代、地点和抄书者来。不出名的藏家抄本，则可通过查考《室名别号索引》等工具书来作鉴定。抄稿纸上没有斋室堂名的抄本，则可通过鉴别纸质及其新旧程度来作判断。比如明代抄本多用棉纸，明末抄本多竹纸，私家多蓝格抄本，内府多红格抄本。清抄本常用开化纸、连史纸、毛太纸等，纸色纸质较新，墨格和无格抄本较多。

2. 书体

抄本的字体是鉴别抄本时代的重要依据之一。虽然绝大多数抄本都是普通人的手笔，不特别讲究书法性，但某个时代、某个时期的流行书体多多少少会影响到一般人的字体。鉴定抄本主要是鉴别明抄还是清抄，清初抄还是乾嘉抄，旧抄还是新抄。宋元抄本因罕见而无所谓鉴别，晚近抄本容易辨别也无所谓鉴定。明抄本的字体洒脱自由，无一定之规，无约定之束。清初抄本字体落落大方，没有拘泥作态的感觉，仍保留着明人的遗风。康乾抄本流行比较规则的正楷体字，工正秀丽，却少自然神韵，称之为"馆阁体"。

3. 墨色

明抄本时代稍远，墨色稍旧。清抄本时代较近，墨色较新。分辨墨色新旧需积累经验方能掌握。

4. 避讳

讳字多用以鉴别清康熙、雍正、乾隆抄本。因为明抄本避讳不严，清末抄本多不避讳。

5. 落款题识

有些抄本的卷末有抄书者的落款题识，记录抄写年月、地点，抄写者姓名以及来源等。这是鉴定抄本最直接可靠的依据。如一清抄本《郭天锡日记》卷末落款曰："嘉庆己未冬月某泉居士赵之玉写于星凤阁。"又一清抄本《芦浦笔记》卷末识语曰："戊戌中元，借陆孟庄家西宾本勾张兴宗令弟钞，惜多误脱。古欢堂主人吴翌凤。"有些传抄本抄录原来落款题识而不写传抄年月，很容易搞错。如一旧抄本《封氏闻见录》卷末题识曰："隆庆戊辰借梁溪吴氏宋抄本录此，并记。"但该抄本的各种特征都够不上明代，可以肯定是明隆庆抄本的传抄本。

6. 题跋

如清吴翌凤抄本《芦浦笔记》上有黄丕烈题跋说："郡中吴枚庵先生多古书善本，皆手自抄录或校勘者。久客楚中，归囊尚留数十种，此《芦浦笔记》，其一也。"黄丕烈与吴翌凤同时、同乡，根据他的题跋鉴定为吴翌凤抄本可无疑义。又如一旧抄本《钱考功诗集》上有何焯跋曰："此册乃明景泰以上钞本，虽字迹不工，犹有元人气脉，其优于新刻处亦复不少，后人所当珍惜。"何焯是清初名家，见识的明抄本毕竟多于今人，故其题跋称之明景泰以上抄本是可以取信的。再如一清抄本《袁氏通鉴纪事本末撮要》有书跋说："此书简而有要，可与袁氏书各自单行。恬裕主人从郡中汪氏所藏宋本影钞，装甫竟，出以见示，披读一过，为校正若干字，惜未得原本一覆也。咸丰丙辰七月五日，菘耘居士记。"根据跋文知道这是他亲眼所见的常熟瞿氏恬裕斋（铁琴铜剑楼前身）影宋抄本。又如一清抄本元徐东《运使复斋郭公言行录》《敏行录》，书后有道光十年单学傅跋曰："元运使郭郁，字文卿，号复斋。《言行录》一册，《敏行录》三册，芙川张兄得当时元刻本，选工影写，而略改徐东所编书例，实自来藏书家所未经著录本也。"经查考"芙川张兄"即张蓉镜，于是抄书的年代和抄书者姓名就都清楚了。

三、批校本的鉴定方法

鉴定批校本主要鉴定批校的年代和什么人的批校，是亲笔批校还是过录批校。至于是否批校本，一看即知，无所谓鉴定。通常批校者会在批校完毕后落款题记，署名盖章。有时在某段批校语终也署上姓名。如一元刊本《说文解字韵谱》卷尾有题记曰："《篆隶四声韵》，皆经余手自校补者，三四始完，而版刻模糊者，犹十一二，好书之难得也如此。俨山记于中和堂，壬辰秋。"根据题记知道这是明陆深的手校本。又如清嘉庆五年（1800）巽轩丛书本《大戴礼记补注》，卷中有多处批校，书末则有龚橙跋曰："庚申四月寓上海，从英吉利威妥玛借得高安本对一过。高安本即重刊淳熙本，而与孔校不同，盖高安有从他本改者。予幼时读本为武英殿戴校本，癸丑之灾，后来不得。戴校实亦未尽善也。橙，时月之十二。"经比较题跋与批校的字迹，同出一手，证为清龚橙的亲笔批校本。后人的题跋也会反映一些批校的情况。如原瞿氏铁琴铜剑楼藏校宋本《三辅黄图》有顾千里的题跋，说："此毛斧季手校《三辅黄图》，内一处'构'字作御名，是用南宋高宗时刻本也，云云。"又如一元刊本《南史》有徐波跋曰："丁丑暮秋，先为亡友周云治借看一遍，甫掩卷而长逝。中间欠叶，亦此兄手补，楷法精谨，无一笔苟且。"再如一明刻本《大戴礼记》，书中墨笔点抹，批评考订，却未署名。但封面有题记说："天池公手批《大戴礼记》真迹，同里后学童钰敬题。"天池公是明代著名文人徐渭的号。有的题跋还考证出原有批校题记的虚妄伪作之处，如铁琴铜剑楼原藏宋刊本《周易注疏》有署名顾亭林的批跋，但书中又有陈鳣题跋说："亭林先生此识，似非其手笔，文集中亦不载入，即《日知录》中，未曾勘正及此。既避讳，书'校'作'较'，而不避'检'之作'简'。所云'偶憩传是楼中检得'，而并无徐氏收藏印记。甲辰（按为顾亭林跋年）为康熙三年，考亭林生于明万历四十一年癸酉，计是时年五十二，不合云迄今皓首，且未必遽自称曰老人。又按《日知录》有驳孔氏《正义》，而此云'阐发奥旨，莫如仲达'。种种疑窦，因钞本所有，姑附存焉。鳣记。"这些名家题跋的意见及其考证方法都很值得参考借鉴。没有题记、题跋的批校本，只能靠辨认批校笔迹来鉴别，但辨认笔迹难度很高。大多数缺名批校的字迹很难确认出于何人之手，碰到这种情况，只有付诸阙如。

　　过录批校本大多如实说明是根据某人批校过录的。比如一旧抄本《石刻铺叙》后有跋曰："此书吾友姚蕙田从祁门马氏传抄义门何先生手批本，字画精审。余苦目昏不能书，因命从子兆元录其正文，自加磨对，并写何先生批点。痰嗽乏精力，疑不免于漏落也。乾隆丙申六月四日，董煟记。"由此可知这是董煟过录再过录的何焯批校本。又如一汲古阁本《春秋穀梁注疏》上有何焯批校，且有何焯跋曰："康熙丁酉七月，心友写寄宋本及石经，校出讹字，至京师，据以改正。焯记。"字迹也颇合。但同时又有姚世钰跋曰："余既假马氏丛书楼所藏义门先生《公羊》校本校勘竣事，复假此经得以刊改讹脱一过。时乾隆丙寅七月十有七日姚世钰记。"于是就确定为姚世钰的过录何焯校本。当然也有不加说明的过录批校本，或者过录题识被书商故意割芟的情况，这就给鉴别带来了困难，制造了麻烦。像何焯在当时，不仅校书第一，书法也为众人向慕效法，很多门人弟子摹仿他的书体，有人学得惟妙惟肖，他们过录的何义门批校本，如果没有过录题记的话，实在不容易辨认。

四、稿本的鉴定方法

所谓鉴定稿本，首先是要把它从抄本中区别出来，然后鉴别它属于何种类型稿本。鉴别稿本大致可以从如下几个方面进行：

1. 版面

除誊清稿本外，稿本的字迹大都比较潦草，每行字数不等，且多修改涂抹，夹附校签，看上去版面不很整齐清楚。抄本则不同，尽管抄书者的字不一定写得很好，但毕竟不会十分潦草；虽然抄写时难免会有涂涂改改，但涂改毕竟不会很多，看上去版面总比稿本整齐、干净、规则得多。根据版面情况，还可以区别究竟是初稿，还是改稿，还是清稿。如清徐毅编《律例汇考》稿本，版面倒很整洁，工笔小楷，字体清秀，似已为作者誊清。但此稿从乾隆四年（1739）编成后，至乾隆十五年（1750）间，作者曾三度修改增补，此后又经王又曾参订。修订者为了保持卷面整洁，都未在版面上直接改动，而是把修改意见写成校签贴在稿本上。根据这一点，即可鉴定它是一部修改稿。

2. 笔迹

稿本大多出自作者本人之手，如果一部抄本能确定是作者的手迹，就能肯定它是稿本。但识别古人笔迹是一桩高难度的工作，如同鉴定书画一样，不是凭几条经验之谈所能解决的。辨认古代名人手迹的唯一途径是多看，多看才能熟悉某人的字体，分辨其特征，以及早年晚年的字体变化。

3. 题记

作者题记是鉴定稿本的重要依据。如上海图书馆藏清焦循《毛诗草木鸟兽虫鱼释》定稿本十二卷，前有作者嘉庆四年（1799）自叙云："创稿就而复易者三。丁未馆于寿氏，复改订元，至辛亥订讫，为三十卷。壬子至乙卯又改一次，未惬也。戊午春，更芟弃繁冗，合为十一卷，以考证陆玑疏一卷附于末，凡十二卷。"

4. 印章

如果稿本有作者亲笔题记，再用作者的印章，证据就更充分了。比如有一部清黄名瓯《答问》，手写十分工整，卷面十分清洁，因为对黄名瓯的字体不熟悉，所以一时难以鉴定稿本。后来发现卷首钤有作者私印"黄名瓯印"、"御卜"两方，各册前还钤有黄氏先祖的"数马堂"、"存问牧马之家"两枚大方印，于是就可以鉴定为稿本了。

5. 题跋

如清李培撰《灰画集》，封面有李根源题签"李益溪先生原稿"。又如清钱方琦《续读史兵略》写本的卷端有作者父亲钱绍云的题跋，说："亡儿方琦辑《续读史兵略》十八卷。儿殁于光绪二十七年十一月，年二十六岁。此书当为删改付梓，以成其志云云。"便可知这部写本就是作者的初稿本。

6. 文字内容

有些抄本的形式特征很像稿本，细阅书中文字内容，却露出破绽。比如有一部被鉴定为明代冯梦桢手稿的《快雪堂日记》，从各方面看都无问题，但细阅全书，却发现很多错字，如"于"写成"千"，"板"写成"扳"，"挑"写成"桃"，以致字句不顺，文理不通，其舛误之多之劣，绝不会是冯梦桢这样的名家所为。另外，该本的纸张貌似陈旧，细细分辨，却是用茶水浸染做旧的。这样就推翻了原结论，鉴定是一部经过书商作伪的假稿本。再比如有一部写本杨升庵《六书索隐》，书中有叶德辉两篇题跋，确认是杨氏的手稿，后人也一直承依此说。后来细加考鉴，发现书中避清讳"玄"，却又没有全避；再仔细辨认，发现不缺笔的"玄"字，那一个墨点都是后来填补上去的。明本岂会避清讳，因此推翻前说，鉴定为清抄本。

第四节　版本的辨伪

所谓版本辨伪就是鉴别伪造的版本。伪本是指那种经旧时代书商做过手脚，加工作伪，企图以新冒旧，以次充好，以假乱真的版本。有的著作认为伪本还包括那种"由于时代的局限或某些条件的限制，有些古籍经藏书家、著录家鉴定并加以著录，或个人实未见到原书，仅据著录而加以推定，实际上是错定了的"版本。把著录错误的版本与书商作伪的版本混为一谈，似属不妥。伪本容易造成著录错误，但著录错的版本并不一定是伪本。著录错误是鉴定工作的失误，古往今来，在所难免，而书商作伪是故意地作乱，两者不能相提并论。版本辨伪与古书辨伪也不同，伪书指托名伪撰的假书，如经书中的《子夏易传》、《关朗易传》、《古文尚书》，史书中的《汉武故事》、《西京杂记》、《十六国春秋》，子书中的《鹖子》、《子华子》、《亢仓子》，集部中的《隆平集》等等。古书辨伪就是一项考辨古书是否伪作的专门研究。伪书之"伪"指书而言，伪本之"伪"指版本而言。杜撰伪书的人并无意在版本上作假，制作伪本的人也不会考虑伪书不伪书的问题。古书辨伪的历史早自先秦两汉，发展到清代，已成为历史文献研究中一门独立系统的专门之学——辨伪学。相比之下，版本辨伪的历史就短多了，而且也没有独立成学的必要，只是版本鉴定中的一个方面而已。

版本鉴定的一般方法是根据版本形式、内容特征的普遍规律归纳总结出来的。由于伪本是人为的、有意制造的版本赝品，为了让伪本鱼目混珠，蒙混过关，作伪者就要采取种种手段破坏版本的原有特征，致使版本鉴定失去正常的依据。因此用一般的鉴定版本方法是不能辨别伪本的，用了正中圈套。所以版本辨伪必须熟悉版本作伪的手段和规律，"知己"又"知彼"，方能去伪返真。

一、版本作伪的原因和历史

制作伪本和制作伪书的原因不同。伪托古人著书的原因很多很复杂，一般来说有三条。一是社会原因。由于历代兵燹动乱、自然灾害，典籍的散失与积聚变动极大，原书佚失，后人据记载而伪造古书。二是政治原因。由于统治阶级内部派系斗争，为了制造舆论，达到某种政治目的而伪托古人造假书。三是好事者所为，目的在于欺世盗名，招摇撞骗，扩大个人的社会影响，是为名利私欲所驱。这些都不是经济原因所致。版本作伪就不同了，经济因素是其决定因素，不法书商利欲熏心是其根源。当然还应当考虑到促发这种贪欲膨胀的客观因素，比如古书旧本的流传日稀和藏家的争购，使古书旧本的商品价值日益增长抬高，加上附庸风雅者和居奇牟利者推波助澜，更使作伪者有机可乘，有空可钻。

伪本想要冒充的大都是价值较高的版本，是值得作伪者冒险的版本。确切地说，伪本主要是伪宋本、伪元本，很少有人去假造明本、清本，因为古书版本的商品差价主要反映在宋元旧刻和明清新刻之间。而且伪造旧本需要具备一定的物质条件，必须有与古本旧本形态接近相似的版本为基础。很难设想有谁能在一个与古本相差很大的版本上作假到可以乱真的程度。所以伪本一般都是以元本充宋本，或以明本充宋、元本。清代刻本形式特征去古已远，作假很难。当然也有以明清劣本伪充明清善本的情况，如用翻刻明世德堂《六子全书》本冒充原刻本。但这在伪本中毕竟是次要的少数。

版本作伪是旧时代的怪胎，是一定历史条件下的产物。宋元刻本在宋元时代并不珍贵，宋代女词人李清照在南渡避难时，忍痛割爱，把藏书弃去。她"先去书之重大印本者"，"后又去书之监本者"，"独余少轻小卷轴书帖，写本李、杜、韩、柳集，《世说》、《盐铁论》，汉唐石刻副本数十轴，三代鼎彝十数事，南唐写本书数箧"。明初，宋元旧本虽损失惨重、日益稀少，但当时还没有形成追复宋元古风的社会势态，宋元旧刻的身价并未凭空拔高，书商作伪的气候尚未成熟，而这些条件都是在明中期才逐步具备的。嘉靖时代出现的仿宋刻本既反映了时代之风尚，同时也为伪本制作者提供了制作伪本的基础。况且那时宋元版本的身价已达到了按叶计价的程度，作伪者有暴利可图，见利忘义，也就无所不为了。所以伪本的大量产生应在嘉靖之际。据明万历间高濂《燕闲清赏笺》"论藏书"条记载："近日作假宋板书者，神妙莫测。将新刻模宋版书，特抄微黄厚实竹纸，或用川中茧纸，或用糊褙方帘棉纸，或用孩儿白鹿纸，筒卷用槌细细敲过，名之曰刮，以墨浸去嗅味印成。或将新刻板中残缺一二要处，或湿霉三五张，破碎重补；或改刻开卷一二序文年号；或贴过今人注刻名氏留空，另刻小印，将宋人姓名扣填；两头角处或妆茅损，用砂石磨去一角，或作一二缺痕，以灯火燎去纸毛，仍用草烟熏黄，俨状古人伤残旧迹；或置蛀米柜中，令虫蚀作透漏蛀孔；或以铁线烧红，锤书本子，委曲成眼，一二转折；种种与新不同。用纸装衬，绫锦套壳，入手重实，光腻可观，初非今物，仿佛以惑售者。"类似的记载在其他万历间笔记札记中还能找到，这说明版本作伪之风当时已很炽烈。及至清代，宋元旧本更见稀罕，而且清人重视版本胜过明人，宋元旧刻更是身价百倍，书商制伪变本加厉。这在清人著作中屡见记载。郭麐《灵芬馆诗话》说："近时初印本仿宋刻之精好者，以物染纸作旧色。其无缺笔者，或另刻一二页，或伪刻

年号以实之。"蒋光煦《拜经楼藏书题跋序》说："旧刻旧抄本之中，
茗贾弊更百出，割首尾，易序目，剜画以就讳，刓字以易名，染
色以伪旧，卷有缺，划版以杂之，本既亡，录别种以代之，反复
变幻，殆不可枚举。"民国时代，北京、上海等地的某些书商还专
门雇佣工匠来制作假本，手段之高明竟使专门研究版本目录学的
行家里手也上当受骗。解放后，通过对旧书行业的社会主义改造，
这种旧时代的罪恶才从根源上得以消除。但是，延续了数百年的
版本作伪活动，毕竟在社会上留下了不少难以鉴别的赝品。这也
正是版本研究工作者现在仍需学习掌握版本辨伪方法的原因。

二、版本作伪的手段

版本作伪大致有两种情况，一种是用近刻本冒充旧刻本，一
种是以残本充足本。作伪的具体手法大致有如下几个方面：

1. 挖改

版本中可供鉴定参考的文字资料是制造伪本必须剔除的主要
障碍，剔除的办法就是挖改。比如明正统刻本《汉书注》，形神极
似宋刻，故书商多取以充宋，把版心原刻"正统八年刊"字样统统
剜去，溜口修补，掩饰剜痕。又比如明宣德甲寅年朱氏尊德堂刻
本《增修附注资治通鉴节要续编》，作伪者把牌记中的"宣德"挖改
为"大德"，假冒元刻。其实元大德无甲寅之年，手法虽劣，却照
样有人上当受骗。署明年月姓名的原书序跋，作伪者要更彻底抽
撤，否则就会暴露面目。以残充全者往往挖改原本卷端、
卷尾的卷目数字，裁去原本目录页，使残存卷数与书目相符，

或无从检测其残缺与否，让顾客在匆忙翻阅之下，误以为是足本而上当买下。比如明万历刻本《云间杂识》，原本八卷，某书商得残本三卷，将书中原卷次数字统统挖去，并依次改为卷上、卷中、卷下，不熟悉的人一看，以为原本就是上、中、下三卷。又比如原藏四明墨海楼的明嘉靖袁褧嘉趣堂刻本《文选》是一部残本，缺卷第四十一至第五十。后由某书估以残本价收购，把最后的卷五十一至六十的十卷卷数，依次挖改为卷四十一至五十，使全书卷数相连，不露断缺的痕迹，冒充全本出售。

2. 添补

挖改之外，伪作者还经常假造一些旧本的牌记、题记等，添印在版本上，混淆视听。比如上例那个《文选》残本，书商既挖去版心原刻"嘉趣堂"三字，又在版心上方添印"淳祐三年善本校刊"两行篆体小字。又比如在明胡广刻本《书传大全》上添印一块"至元己卯仲春泉州府儒学刻行"的伪牌记。

3. 伪造名家题跋、藏书印章

伪作者往往利用购书者对名家权威的迷信心理，摹仿名家笔迹伪作题跋，复制名家印章加钤醒目之处，制造该版本曾经名家收藏鉴定的假象，使购书者产生信任感、安全感，以售其奸。如许多图书馆都藏有清鲍廷博批校的《巴西文集》抄本，各馆藏本的卷尾都有鲍氏题识曰："前借抄振绮堂所藏《巴西文集》，顷观新仓带经楼本，计八十余篇，始悉汪氏藏本未称完善，尚有缺憾！今托友人重借带经楼本付手民补录，庶后之庋藏家得窥全豹，岂非快事！乾隆四十年乙未夏四月，以文鲍廷博谨识。"而且都钤有"以文"、"知不足斋抄传秘册"等鲍氏印章。实际上都是书估伪造的假迹。还有的书估收购到流散于外的名家印章，便大量钤印在伪本之上，由于是真印，挑不出什么毛病，但仍可以从印色等其他方面找到破绽。

4. 混杂

用少量真的旧本书页装在卷首，而把大量伪充的后刻印页混杂于后，粗心者不及细看，以为全是旧刻，受其欺骗。也有把真宋本一拆几，混杂其他版本书页而分成几部宋本出售。或把真宋本后的真的名人题跋拆下，另装在伪本之上，以售其奸。

5. 制旧

制旧是伪造版本的主要手法，作伪者在挖改、添补之后，大都还要再在版本的形式外观上做一番手脚制旧，就是根据书本纸张经长期流传后容易产生质脆色黄、生霉虫蛀等现象来仿旧做假。制旧的手法在明高濂《燕闲清赏笺》等文献中已有详细记载。其实仿旧仿古的制作技术是一项专门的技艺，像现在博物馆的工艺师们仿制古代器皿、书画，可达到天衣无缝的逼真程度，是把技艺用于正途。而制作伪本的书商以此来牟取暴利，坑害别人，却是走上了非法的歧途。

上述五个方面是为叙述方便清楚而作的归类。实际上，作伪的手段、方法是多方面的，因此版本的辨伪也必须从多方面入手作综合的考察鉴定才行。尽管版本作伪能够达到十分巧妙逼真的程度，却不可能达到无懈可击的地步。物质要完全复旧是不可能的，比如用茶汁浸纸染色，能产生旧纸的效果，但仔细辨认，浸染之迹毕竟还能看出。其次，作伪者总会有疏漏之处，难能面面俱到，彻底消除原本的特征。而且作伪者大多是胸中无墨的商贾，作伪多在其表，不知因此而留下许多自相矛盾之处。所以只要鉴别者能以十倍的仔细去作全面的考察，就必定能发现破绽，找到不合情理、自相矛盾的漏洞，从而分辨出真伪来。

伪本主要是指以新刻充旧本，这一点毫无疑问。但除此之外，明清时代的书坊主还常用剜改旧版的方法来炮制新版本。利用旧版重新印书本来是无可非议的正当之事，但若不加说明，按现在的说法就是侵犯版权，更何况书坊主往往还要改头换面，移花接木，用不正当的手段来掩盖原版的面目，这就完全沦为有预谋的欺人东西。比如《说郛》，是元末明初著名学者陶宗仪荟萃经史杂说，纂集而成的一部丛书，虽经删节，却也保存了不少珍本佚册、遗文旧记，仍有较高的文献价值。传世的《说郛》版本，除明抄百卷本外，还有清顺治四年（1647）李际期宛委山堂刻印的一百二十卷本。由于百二十卷本要比百卷本收书种数多出六百五十余种，所以人们一向以此为好。但实际上宛委山堂本却不是从陶宗仪原编而来的重编本，而是把明王道焜辑印的《雪堂韵史》等丛书版片剜改重印的一部书，与《说郛》本来面目大相违失。原版卷端所题"王道焜阅"一类涉嫌之处，都被剜割，以除痕迹。又比如明万历间新安吴勉学和黄之寀都有《二十子》刻本传世。从子目篇名来看，差别仅在于吴勉学刻本的《吕氏春秋》，黄之寀刻本换成了《楚辞》。但细细比较版式、行款字体、边栏尺寸、两本却无毫发之异。而且还在黄之寀刻本《庄子》、《楚辞》中发现有"吴勉学校刻"文字存在，而且题刻"黄之寀校刻"的文字却又明显露出剜改的痕迹。根据这些证据考知，所谓黄之寀刻本《二十子》原来就是吴勉学刻本《二十子》，黄之寀从吴勉学处得到书版后，剜去旧题名，填印上自己的名字，充作新印之本。又因转让书板时少了

《吕氏春秋》一种，不足"二十子"之数，便把吴勉学刻本《楚辞》凑入其中。这样一来，从版式上看也统一了，但是却把不是子书的《楚辞》归入"二十子"，闹了个笑话。又比如明弘治间无锡华氏的仿宋刻本《百川学海》，刷印既久，书板残阙破损，后被坊贾购得，重新编次，以剩余之数，改头换面，推出一部名为《古今类推三十一种》的新丛书。再有世传毛晋汲古阁刻印的两部丛书《群芳清玩十二种》和《山居小玩十种》，从版式上看，毫无疑问都是汲古阁的产物，但仔细察对，《山居小玩十种》就是《群芳清玩十二种》中的十种。不过，作假的并非毛晋，而是书坊主的滑头。原来汲古阁辑刻《山居小玩十种》后，书板被一李姓书商购得，因碍于汲古阁本的版式特征已为世人熟识，不便剜改，于是灵机一动，加进两种汲古阁刻本，另取名《群芳清玩十二种》，以掩世人耳目。这种情况在清代刻本中也屡有发生，不仅丛书有，单刻本也有。除剜改出版者姓名外，往往还会改换书名、著作者名等，性质类似伪本。这种版本在目前的目录著录中仍以新版本入目，但版本研究者必须对其实质有所认识，有所鉴别。

第五章　版本的考订

第一节　版本源流及其考订

　　考订版本源流是版本研究工作中的一项重要内容。源流者，历史也。版本源流，亦即版本之历史渊源；考订版本源流，亦即是对图书版本的发生、发展过程及其相互间关系的一种研究。由于图书版本既是一种"个体"现象，又是一种"群体"现象，所以对其源流的考订也就必然是多层次的，既要"微观"地考订某一种图书的版本源流，又要"宏观"地考订整个历史时代一切图书版本的发展源流，当然也还要研究介于中间层次的如某种类型图书，某个人物著作的版本源流，某个时代、某个地区图书版本的源流等等。像《中国雕版源流考》《五代两宋监本考》《两浙古刊本考》《廿四史版本沿革考》《〈文史通义〉版本考》《明刊本〈西厢记〉研究》《论〈红楼梦〉庚辰本》等，就都是从不同层次考订版本源流的专论专著。不过"考订版本源流"的基本含义，还是指对具体某一种图书版本源流的考订。这正是本节所要谈的问题。

一、考订版本源流的意义

图书是一种具有物质形态的精神产品，在它产生的同时亦即孕育了消亡的因素，要使图书传至后世，单靠妥善保藏还不够，只有不断地传抄重刻，才能延续它的"生命"。所以古籍大多不止一种版本。所谓"孤本"，但指其存世而已，并非没有翻刻重印的历史。而且，凡是传世愈久，流布愈广，影响愈大的古籍，其版本种类就愈多，版本源流就愈复杂。在古籍版本发生发展的过程中，每一种版本都不是孤立的，抄本也好，刻本也好，都不是凭空而来的天生之物，它们或来源于稿本、古本，或出自某抄本、某刻本，必有所继承，有所依傍，有所本源。此外，每一种古籍版本的产生，总还会同这种或那种、一种或数种其他版本发生联系，或据以校改文字，或据以增删篇章。古籍版本的源流正是在这种多方向、多层次的相互关联中形成的。因此，考订一种古籍的版本源流，决不是简单地胪列它的各种版本，而是要摸清理顺版本发生发展的过程，以及在过程发展中形成的相互关系。

古籍版本的相互关系有"亲"、"疏"之分。假若甲本是根据乙本重刻的，那么甲乙两本之间就呈现为一种直接的"亲"的关系。比如清洪亮吉《春秋左传诂》的《四部备要》本，是按照清光绪间洪氏授经堂刻本排印的，而授经堂本又是咸丰间旌德吕氏原刻本的翻版，所以在这三个版本间就发生了两次直接关系，呈现了一种犹如祖与父、父与子般的"承嗣关系"、"血缘关系"。当然，版本间的直接继承关系并非只此一种模式，它会因"承嗣"方式的不同而发生变异。比如据甲本重刻的乙本，既可能是一般的翻版，也可能是依式依样的摹写仿刻，或者可能是用各种方法复制的影写、影刻、影印本。比如同样是以甲本为底本重刻的乙、丙、丁、戊本，乙本经过名家精校细雠，丙本则是敷衍了事的一般性校刊本，丁本刻于书坊，未作雠校，戊本更是坊刻中粗制滥造品，臆改妄删，不堪一读。像这样的四种版本与甲本的关系，就好比诸子与乃父，或貌同，或貌异，或形神俱似，或貌合神移，各不相同。另外还有父本不止一个的特殊情况，如某经部书的正文出自某一版本，注文则出于另一版本；如某诗文集的文集出自某一版本，诗集则出于另一版本等等。但不管版本关系怎样变异，既为直接的"承嗣关系"，既有很亲的"血缘关系"，那么互相之间就必然在总体上保持一致，或基本相近。与此不同，版本与底本之外的其他版本之间的关系，是一种比较疏远的、横向的、间接的关系。比如说，同源于甲本的乙、丙、丁、戊本，因"承嗣"形式不同而互有异同，它们之间就呈现出一种疏于底本的版本关系。再比如说，据甲本重刊的乙本还参校过属于其他版本系统的丙本，那么乙本不但继承了甲本的"血统"，还渗入了丙本的"血液"，乙本丙本之间就呈现出一种疏于甲本的版本关系。不管版本间的横向联系具有怎样不同的形式，既为疏远、间接，那么它对版本的影响总是次要的。

　　每一种古籍的每一种版本都有与之发生直接或间接关系的版本存在。拥有众多而复杂版本关系的古籍，有似一个经过几代繁衍的宗族，在由同一祖先衍生出来的几代人之间，既有纵向的直系亲属关系，又有横向的旁系亲属关系。把宗族图谱中那种纵横交错、亲疏有致的关系，用来比喻版本的源流关系，是比较适合而形象的。

　　研究历史人物，往往需要通过考订其亲友关系，来拓宽研究的路子。同样，考订版本源流，摸清理顺每个版本与其他版本的关系，其意义更在于有助于辨别、比较、确定版本的优劣。研究版本的主要作用和意义在于为研究古代科学文化和发展现代科学文化提供真实可靠、完整优良的图书文献，所以比较、辨别、确定版本优劣是整个版本研究工作的核心和关键。版本内容的优劣固然需要通过文字校勘手段来获知，但校比文字的工作量很大，若遇上卷帙浩繁、异本众多的古籍，逐一比较既不胜其烦，亦无此必要。在这种情况下，考订版本源流即可助以一臂之力，把版本的优者和劣者作一基本归类和初步筛选。

为什么考订版本源流具有这种作用呢？因为版本的文字差异原产生于版本的发生发展过程中，而差异本身就包含着优劣。余嘉锡先生说过：“所据不同，则其本互异；校者不同，则所刻又异。”同样道理，所据之本善，则其本亦善；所校之本精，则其本亦精。版本的优劣从根本上说是取决于它的“血缘关系”和“社会影响”，取决于与它发生“直接关系”和“间接关系”的各种版本，而这些正是考订版本源流要解决并可以解决的问题。比如，通过对西汉贾谊《新书》版本源流的考订，知道清乾隆五年（1740）卢文弨抱经堂刻本虽较他本晚出，但卢文弨曾汇集了南宋淳祐八年（1248）潭州刻本、南宋建宁府刻本、明正德九年（1514）陆良弼刻本、正德十年（1515）何梦春刻本、万历二十年（1592）程荣《汉魏丛书》本、何允中《广汉魏丛书》本等多种旧本校勘订讹，比较集中地反映了《新书》各版本系统的内容特点，而且又有卢文弨这位校勘名家的许多校订成果，后世刻本如光绪间浙江书局本、夏献云本、陈希祖本、王耕心本等都是抱经堂本的翻刻本。这样，整理者就可不必逐本逐字细细校对，而对《新书》抱经堂本的价值作出估量了。

又如明郑若曾撰《筹海图编》，是一部反映和研究以倭寇为中心的中世纪中日关系史的珍贵文献，自嘉靖初刻以来，几经翻刻，一印再印，百年之中就有嘉靖、隆庆、天启、康熙四版和万历重印嘉靖本。这些版本虽然同属一个系统，但由于在这百年期间发生的一些政治事件牵涉到本书的有关人物，致使翻版重印时改动文字，变换署名，并直接影响到《筹海图编》的内容。事情经过是这样的：嘉靖四十一年（1562）兵部尚书胡宗宪总督江浙等地剿倭军务，他的幕宾郑若曾编纂《筹海图编》曾得到他的支持，编成后又在胡宗宪属下的浙江布政司刊印出版。但版成之日，胡宗宪却因党附严嵩被革职问罪，瘐死狱中。出版者不得不撤去《筹海图编》的胡宗宪序，并一律刬去书版中出现的"胡宗宪"名字。隆庆六年（1572），浙江巡抚重刻此书，仍按原刻署名"昆山郑若曾辑"。后来胡宗宪平反，他的孙子胡灯想利用这本与胡宗宪关系比较密切的《筹海图编》，恢复其祖的名誉。万历时，胡灯把嘉靖初刻原版稍作改动重印，然而却肆意篡改署名为"明少保新安胡宗宪辑议，孙举人胡灯重校，昆山郑若曾编次"。到了天启四年（1624），胡宗宪的曾孙胡维极再刻此书，变本加厉地把原作者郑若曾的名字完全剔除，把有关郑若曾的文字彻底删节，把容易泄漏真相的其他序跋及校刻者姓名割芟一净，以掩天下人之耳目，另外还增添附加了《平倭录》等为胡宗宪歌功颂德的文章。因嘉靖、隆庆两个版本难以见到，世间以天启本流传最广，以致后人只知道《筹海图编》是胡宗宪所编，不知其真正的作者是郑若曾，甚至连《千顷堂书目》、《明史·艺文志》和《四库全书总目提要》等著名书目也都因袭着错误的著录。直到三四百年后的今天，凡谈及该书的，仍多承说讹传，张冠李戴。清康熙三十一年（1692），郑若曾的五世孙郑起泓为承先志，恪遵原本订正，重寿梨枣。新刻本不仅恢复了原作者的真名，还根据嘉靖原本订正了万历重印本、天启刻本中篡改的文字，重新收入被删诸序，尽可能地恢复了原本的面貌。我们了解《筹海图编》版本的发展源流，就等于了解了各本的优劣。

由此可见，考订版本源流，搞清某种版本是在什么时间、地点和条件下产生的，搞清它与其他版本之间的关系，确实是版本研究中一个十分重要的环节，是在鉴定版本的基础上，为进一步弄清版本真相而进行的一项研究。

二、考订版本源流的方法

考订版本源流分两个步骤，先考订每种版本各自的源流关系，然后把各种版本关系综合起来，全面考订其源流。考订版本源流的方法大致有以下几种：

1. 根据序跋记载来考订

古书序跋是记载版刻源流最重要可信的文献资料。如明正德间陆良弼刻本贾谊《新书》载黄宝序说："余昔承乏选部时，偶于京国书肆中得贾太傅《新书》钞本若干卷。正德甲戌，余致仕，家居长沙。郡守陆公以谊谪于长沙，去今千有余岁，国朝既崇祀享之礼，但傅长沙时所著《新书》独无传焉。乃检阅郡斋故楼中，得版刻数十片，计其脱落尚多，因询于予。予即出是书补刻，遂成完书，属予为序。"据考证，藏于郡斋故楼中的旧刻版就是南宋淳祐八年（1248）潭州刻本，潭州刻本则源自淳熙八年（1181）程漕使刻本。这样一来，明正德陆良弼刻本的源流关系就清楚了。又如宋政和间沈晦刻本《四明新本河东先生集》附沈晦自序说，柳宗元文集旧刻有四个版本，"大字四十五卷所传最远，初出穆修家，云是刘梦得本。小字三十三卷，元符间京师开行，颠倒章什，补易句读，讹正相半。曰曾丞相家本，篇数不多于二本，而有邢郎中、杨常侍二行状，《冬日可爱》、《平权衡》二赋，共四首，有其目而亡其文。曰晏元献家本，次序多与诸家不同，无《非国语》。四本中晏本最为精密。柳文出自穆家，又是刘连州旧物。今以四十五卷本为正，而以诸本所录作《外集》参考互证，用私意补其阙，凡漫乙是正二千处而赢。"自序不但讲清了沈晦刊本的来源，还简单评价了四个旧本的特点，由于这四个旧本久已失佚，所以这篇序文的资料价值也就更高。

　　有时，一种版本的序跋叙述源流不够清楚，不够完整，那就需要参考其他版本的序跋。如宋晁公武《郡斋读书志》自问世以来传本很多，归结起来可分成宋袁州刻四卷本和宋衢州刻二十卷本两大系统。衢州刻本卷端题署"门人姚应绩编"，卷末载该本刊印者游钧跋，但跋文对版刻源流却语焉未详。幸亏有袁州刻本的黎安朝、杜鹏举、赵希弁诸序跋提到，才知道所谓衢州刻本就是南宋淳祐九年（1249）衢州知州游钧根据晁公武门人姚应绩编的蜀刻二十卷本重刻的版本。又如明天启刻本《筹海图编》的出版者胡维极篡改作者名字的勾当，自然不会写进本书的序跋中，须得借助郑起泓康熙刻本的跋文，才能弄清真相。跋文说："先贞孝赞画浙闽军务，著有《筹海图编》、《江南经略》、《万里海防》等书凡数十种。而《图编》一书，一镌于新安梅林胡公，再镌于东泉邬公、虬峰谢公、玉岗张公。列诸简端者，金曰昆山郑某辑著。先后刊本及武林、姑苏志乘，鹿门茅公、秀水吴公诸文集，斑斑可考。厥后制置萧公命晋江邓钟辑《筹海重编》，中丞刘公命海道范公涞辑《海防类考》，大司马王公在晋手辑《海防纂要》，咸于是书取衷，亦无不曰昆山郑某有《筹海图编》若干卷。则是书非胡氏之书彰彰也。讵意故明之季，新安后人取《图编》《海防》二书，潜为翻刻，窜改姓氏，而以先贞孝厕于编次之末。祖宗受抑，子孙之罪也。幸值圣朝购求遗书，起泓用承先志，恪遵原本订正，重寿梨枣。随经呈明诸当事鉴定，工竣之日，敬附数语以告海内云。"因此考订版本源流必须尽可能收集各版本的序跋，除各刊本所见外，更要留意散落在刊本之外的序跋，如收录保存在作者文集里的序跋文章，如《文献通考·经籍考》《爱日精庐藏书志》一类辑录体提要书目里保存的序跋佚文。

2. 根据版本的牌记题识来考订

刻本牌记、题识的文字内容以记录刊刻时代、地点和刊刻者为主，或也略微反映与其他版本的关系，可用作考订版本源流参考。比如有一个元刊本《论语》，各卷卷末刻有一个长方或椭圆形的牌记，其中写着："盱郡重刊廖氏善本。"由此可知这是南宋廖莹中世绥堂刻本的重刊本。又比如南宋建阳崇化书坊陈八郎宅刻本《文选注》，书序后刻一牌记曰："谨将监本与古本参校考正，的无舛错。"又比如明嘉靖间宗文堂刊本《皇明文衡》的目录后有牌记曰："《皇明文衡》一书，原版出在金陵，乃于我朝名贤之所著，纂集百余卷。今书坊宗文堂购得是本，命工刊行，以广其传，四方君子幸为鉴焉。"据此可知宗文堂本出自金陵原刻。但书坊刻本上的牌记内容，常掺杂着很大的虚假成分。清陆心源《宋刻〈玉篇〉残本跋》说："南宋时蜀、浙、闽坊刻最为风行，闽刻往往于书之前后别为题识，序述刊刻原委，其末则曰：'博雅君子，幸毋忽诸。'乃书估恶札，蜀、浙本则无此语。"因此利用版本牌记题识考订版本源流，应当谨慎从事。

3. 根据版本的版式特征来考订

重刻翻刻本往往会在版刻特征上沿袭摹仿原本，如果原本失佚，且无书目著录可寻，那么翻刻重刻本就可以用作追源溯流的依据。比如明嘉靖间谢鸾刻本《豫章罗先生文集》，每半叶十三行，行二十三字，黑口，四周双栏。傅增湘题跋说："此书余曾见元刊本于田中庆太郎处，乃郁松军藏书，因循不及购，嗣得此本，行款版式悉同，盖直从元本翻雕者。至正德姜文魁本，则十行二十字，已改易旧式矣。"这是根据行款版式的相同来考订源流的例子。又比如一旧钞本《石屏诗集》的目录页前题有"西充马金汝砺重编"一行字，且行款版式悉与明弘治十一年（1498）庐州府同知西充马金汝砺刻本相同，由此可知这是马刻本的传抄本。这是根据卷端题识来考订版本源流的例子。又比如一旧抄本《石林居士建康集》，卷中凡遇宋帝则空一格，避讳则标明某帝讳，可知其是抄宋本或宋本的传抄本。这是根据避讳字来考订版本源流的例子。其他如字体、刻工姓名等，均可引以为据。

4. 根据版本的内容文字来考订

如果说，构成源流关系的版本之间在版刻形式上还不一定有联系的话，那末它们在内容文字上的联系却是必定的。因此，在缺乏文献资料的情况下，比较版本文字也是考订其源流的一种方法。比如唐柳宗元的文集有四种宋椠传本，一种名叫《新刊增广百家详补注唐柳先生文集》（简称"百家注本"），一种名叫《五百家注柳先生文集》（简称"五百家注本"），一种名叫《重校添注音辨唐柳先生文集》（简称"郑定本"），还有一种就是廖莹中的世綵堂刊本《柳宗元集》。从各本序跋、牌记和版式特征都看不出这四个版本之间存在怎样的关系。通过文字对校，发现廖氏世绦堂刻本的正文、注文都与郑定本基本相同，只是删去了郑定本中各注家的姓氏，并偶有增补之文。可以说世绦堂本实际上是郑定本的改头换面。同时又发现郑定本的所谓"重校添注"，实际上就是在五百家注本的基础上稍作改动而已。而五百家注本与百家注本的注家、正文和注文几乎并无异处，五百家只不过是个夸张的虚数而已。这样一来，四种宋刻本柳宗元文集的版本关系就大致弄清楚了。又比如明崇祯间张道浚刻本《张深之正北西厢秘本》，从表面上看，张深之眉批对徐文长评本的批评指摘很尖锐，但细细对校一过，却发现张本与徐本在本文、校注、字数定格、宫调、韵律等方面的批注和插图等关键细节之处，都是一脉相承的，实质上是一种上继下承的"血缘关系"。利用版本的文字来考订版本源流需要考订者具有更深的功力，考订的结果自然更令人信服。

5. 根据前人的研究成果来考订

很多古籍的版本源流问题，前人早有考订，尤其是清代的那些著名藏书家、目录版本学家和校勘家，见多识广，考辨精细，常有精湛绝妙之论，使后人茅塞顿开。比如清人杨守敬《日本访书志》中的《明宗文堂刊本〈初学记〉跋》，对《初学记》的版本源流叙述尤为详尽，原文略曰："今世行《初学记》，以安国本为最旧。其书刊于明嘉靖辛卯。其本亦有二：其一边口书'九洲书屋'者，安氏原刻，即《天禄琳琅》所载本；其一边口书'安桂坡馆'者，覆安氏本也。嘉靖十三年甲午，晋藩又以安本重刻。至万历丁亥，太学徐守铭又以安本覆刊。又有陈大科刊本，亦安本之枝流也。又有万历丙午虎林沈宗培所刊巾箱本，盖以他书校改也。古香斋本，以安国之卷第而据沈氏为底本。然以严铁桥所举宋本无不违异者，唯明嘉靖丁酉书林宗文堂刊本。刘本序后有木记云：'近将监本是正讹谬，重写雕镂，校雠精细，并无荒错，买书君子，幸希详鉴。'书中讹文夺字触目皆是，知其未以安本植改者。"然而，杨守敬的考订并不完善，后来傅增湘又对《初学记》的版本源流作了进一步的澄清和阐明。《藏园群书经眼录》中《明本〈新刊初学记〉跋》说："此书前有旧人题签，云'元补宋椠大字本初学记'，然实明刊也。余所见日本图书庋藏本题'新雕初学记'，十二行二十二至二十五字。刘本序后有东阳崇川余四十三郎牌子四行，与此绝不类。第据余昔年所传录严铁桥宋本证之，明本误字此皆不误，则此本亦从宋本出，与明代安氏诸刻迥异，斯亦足贵矣。""顷检严铁桥所校宋本，细比核之，知其所据即此本，盖前辈赏其佳胜，亦久认为宋本矣。"参照两家题跋，我们对《初学记》版本源流的认识就更清楚而全面了。但前人的研究成果毕竟是第二手的材料，智者千虑，难免一失，即使是名家的考证结论也未必能尽依尽信。总而言之，考订版本源流必须亲自动手，采取一切可以采取的方法，综合之，辨证之，才能作出较为科学合理的结论。

三、考订版本源流的方式

考订版本源流的第二步工作是把已经考订清楚的每一种版本的源流关系贯串起来，综合起来。综合考订的方式大致有如下几种：

1. 提要式

把综合考订版本源流的结果概括成一段简明扼要的文字，我们把这称作提要式考订。古书题跋中对版本源流的考订大多取这一形式，新版古籍的前言出版说明也大都有这样方式的考订文字。提要式考订的特点是删繁就简、提纲挈领。

以《史记》为例，历代刻本可谓夥矣，而中华书局的新版标点本《史记前言》只用了四五百字就把《史记》的版本源流概述一清。分析一下这段文字，可以看出它在"提要"上具有以下一些特点：一，根据清《天禄琳琅书目》记载，《史记》三家注合刻的宋本有四种，嘉祐二年（1057）建邑王氏世翰堂刊本、嘉定六年（1213）万卷楼刻本、绍兴间石公宪刻本和建安黄善夫家塾刻本。对这些版本，《史记前言》是这样说的："把三家注散列在正文下，合为一编，始于北宋，但旧本都已失传。现存最早的本子有南宋黄善夫刻本，经商务印书馆影印，收入《百衲本二十四史》中。"可知《前言》突出的是存世之本，删略的是失传之本。二，明清两代，《史记》屡屡翻刻重印，如王延喆刻本、秦藩鉴抑道人刻本、慎独斋刻本、廖铠刻本、汪谅刻本等都很出名，且有传本。而《史记前言》只具列了明嘉靖、万历间的南、北国子监刻《二十一史》本、毛晋汲古阁刻《十七史》本和清武英殿刻《二十四史》本。可知《前言》突出的是通行之本，省略的是难得之本。三，《史记》有不少善本，但《史记前言》只详细介绍了清同治间金陵书局刻本一种，说："这个本子经张文虎根据钱泰吉的校本和他自己所见到的各种旧刻、古本、时本加以考订，择善而从，是清朝后期较好的本子。"并选为校勘底本。可知《前言》突出的是校勘用本，省略的是一般善本。写好考订版本源流提要的关键，在于能否从纷繁复杂的版本关系中抓住要点、把握纲领。《史记前言》叙述版本源流的取舍之道可供参考。

提要式是反映版本源流最普遍的一种考订形式，尤其对那种版本源流不很复杂的古籍更为适用。它的好处在于简明扼要，通俗易懂，但稍嫌缺少一点留给读者思辨的余地。倘若考订错误失漏，他人也难以发现纠正。

2. 附录式

把可供考订版本源流参考的各种文献资料按一定的体例编集起来附录书后，是谓附录式考订。可供考订版本源流参考的文献资料，一般以各版本的序跋，各家藏书题跋、读书札记和历代官私藏书目录为主。由于附录是有目的有章法地选择和编排参考资料的，因此虽然从表面上看未对材料作任何考订，读者却可从那些经过条理化、系统化的文献资料中辨正是非，寻绎源流。这种方式似乎同校勘学中的"不校校之"有异曲同工之妙。

附录的方法有"通录"和"选录"两种。比如上海人民出版社1978年出版的《贾谊集》，有整理者编辑的两个附录。附录一是"历代著录"，收录自《汉书·艺文志》以下的各种史志、官簿和私家藏书目录的提要著录，以及宋黄震、清卢文弨、姚鼐、孙志祖、孙诒让、余嘉锡等名家的校书读书的题跋札记。附录二是"各本序跋"，收录宋、明、清历代各种贾谊《新书》版本的序跋。凡可索见的《新书》版本资料，无论详略，收罗殆尽，辑录无遗，似属"通录"之例。而像中华书局1979年出版的《柳宗元集》，整理者只选择宋刻本的序跋和历代名家对宋刻柳集的著录、题跋、札记作为附录内容，则当属"选录"之例。通录还是选录，以及怎样选录，都应该根据古籍版本及其文献资料的具体情况和实际需要来规定。一般来说，资料多的，应该删繁就简，选择重点；资料少的，应当尽量多收。

提要式考订和附录式考订两种方式，各有千秋，互为短长。前者有论无据，后者有据无论。所以不少新版古籍都同举并用，前有前言作提要式介绍，后有附录以备考索，取长补短，相得益彰。

3. 图表式

因为版本的源流关系和宗族家族之间的关系有相似之处，所以还可以像宗谱、家谱图系一样，用图表的方式反映版本源流。以图表线条代表文字叙述，具有比较形象直观的优点，一目了然的功效。假如在一篇叙述文字之后配上一张条理清晰的图表，两者相辅相成，就能把版本源流显示得格外清楚。现誊录北京大学中文系古文献专业在整理贾谊《新书》时绘制的"贾谊《新书》各种重要版本关系表（初稿）"（见下页），以供参考。

4. 论文式

顾名思义，就是把考订版本源流的过程和结果写成有论有据、论据结合的论文。比如万曼先生撰著的《唐集叙录》，共叙录有传本的唐人集子一百零八家，实为论文一百零八篇。各篇叙录虽长短不等，但都对各唐人集子的成书经过、版本源流、编次体例、藏弆残缺等情况详加考订。考订时广泛征引了各朝历代的官修书目、正史目录、私家藏目和本传中的有关材料，并充分吸取了清代一些著名考订家、校雠家、收藏家、鉴赏家的藏书叙录、题跋及考证校勘等研究成果，乃至近代新兴的"敦煌学"研究成果，将丰富的材料融会贯通，考订成论。论文式考订不能只写考订结果而不写考订过程，不能只写考订结论而不写考订论据，否则就成了提要式考订。

考订版本源流的论文往往还采取先分别介绍各传本情况，再综合分析的方式。如汪向荣先生著《〈唐大和上东征传〉考》一文

贾谊《新书》各种重要版本关系表(初稿)

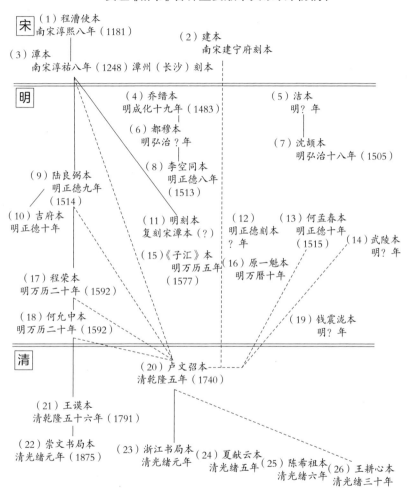

说明：（一）实线表示翻刻前一种版本或以前一种版本为底本而加以校勘的。

（二）虚线表示校勘时所根据的或曾参考过的版本。

（三）（1）—（26）表示刊书年代的先后次第，"？年"表示刊书年代还不能确定。

（四）有些没有连接实线或虚线的版本，它们的继承关系还待进一步调查。

中的"传本"一节，首先按时代顺序，逐一介绍了钞本中的观智院本、高山寺本、金泽文库本、高贵寺本、内阁文库本、彰考馆本、东大史料编纂所本、成箦堂文库本、唐招提寺本、群书类从本、安藤藏本、岩濑文库本，刊本中的戒坛院本、北川智海本、大日本佛教全书本、大日本大藏经本、大正大藏经本、扬州刊本、北川智海再刊本、中日文化协会本、东方学术协会本、安藤更生现代（日）语译本、藏中进校本、汪向荣校注本、和泉本、两国现代语译本等，对各传本的传抄刊刻原委源流、版本特点、存佚情况等分别予以考订论证。然后综合分析，从内容（用词、写法和错脱）上把这些传本归结成四个系统：观智院甲本、观智院乙本、高山寺本、戒坛院本。并抽绎出《唐大和上东征传》总的版本源流。这种形式的论文，考据色彩较重，汇集的资料较多，更适合考订版本源流的特点。

　　还有一类论文着重考订版本源流中的某环节、某个问题。如黄永年的《重论〈西游记〉的版本》，专门论述《西游记》的祖本究竟是简本还是繁本的问题；陈乐素的《袁本和衢本〈郡斋读书志〉》，侧重于考辨袁本和衢本孰先孰后及其渊源关系；蒋星煜的《徐士范刊本〈西厢记〉对明代"题评音释本"的影响》，重点讨论了明徐士范刊本与熊龙峰刊本、刘龙田刻本的"血缘"关系。这些论文有一个相同之处，就是都注意从版本内容，如故事情节、诗韵曲调、评注批语，以及作者的思想脉络、时代的政治变幻等方面，来发掘使用考订版本源流的材料，因而常能思人所未思，发人所未发，具有较高的学术价值。

5. 专著式

论文的进而发展，就汇集成了专著。专以考订一书版本源流的著作很少，蒋星煜先生的《明刊本〈西厢记〉研究》堪称典范。《明刊本〈西厢记〉研究》由二十篇论文缀合而成，分别以"明刊本《西厢记》的古本、元本问题"，"论徐士范本《西厢记》"，"顾玄纬本《西厢记》与李楩本《西厢记》"，"李卓吾批本《西厢记》的特征、真伪与影响"，"六种徐文长本《西厢记》的真伪问题"，"张深之本《西厢记》与徐文长本、王骥德本的'血缘关系'"，"凌刻《西厢记》与闵刻《西厢记》"，"徐奋鹏及其校刻之评注本《西厢记》与演出本《西厢记》"等为题，撰写论文，对明刊本《西厢记》的版本源流等问题，展开了博大精深的研究。著名戏曲理论家赵景深先生为该书作序评论说："在这些论文中，主要论述了以下几个问题：一，六十多种明刊本《西厢记》的大致系统和异同之点，彼此在曲文、批校、注释、著录、插图等各方面的关系。二，《西厢记》的独特体例以及和南戏的关系。三，《西厢记》形式上的差别影响内容的问题。四，探讨一些名家批注本的真伪问题，探讨一些仅存的《西厢记》的残本和残叶，探讨一些仅有记载而尚未发现的明刊本。五，比较详细地考证了明刊本《西厢记》某些过去不甚知名的批校、注释、刊行者，如何璧、张深之、徐笔峒诸人的生平事迹。"尤其令人欣赏的是，作者把传统的版本研究方法从"冰箱"里解冻出来，化为研究古典文学名著的利器，从而提出了许多新颖独到的见解，解决了不少疑难问题。即如日本学者波多野太郎为该书写的序中所说："他一来以乾嘉之文献学做基础，二来用戏剧家之文艺科学为武器，考究新颖，考核精细。"《明刊本〈西厢记〉研究》不仅是一部研究《西厢记》的创新之作，又是一部在版本研究领域内具有开拓意义的著作。

　　当然并不是任何古籍都有必要和可能写成考订版本源流的论著或论文的。至于采取什么方式最为合宜，则完全应当根据古籍版本的实际情况和整理研究的实际需要来决定。

第二节　版本优劣及其比较

　　归根结蒂，研究古籍版本的作用、意义是在为各种学术研究提供丰富的善本。所以在版本考订乃至版本研究的所有工作中，版本优劣及其比较乃是头等重要的核心问题。

一、比较版本优劣的标准——善本

　　"善本"是古籍版本学和目录学、校勘学，以及古籍整理工作中广泛使用的一个术语。善者，优也。善本即谓版本中的优者。比较版本异同，辨别优劣是根本任务。因此，"善本"的概念问题，即版本优劣的标准问题，也就成了版本比较考订中一个必须研究探讨的问题。

　　对"善本"一词的诠释理解，历来因时因人而异。但凡是论及这个问题的文章，无一不把《汉书·景十三王传》中记载河间献王刘德"修学好古，实事求是，从民间得善书，必为好写与之，留其真"这段文字，说成是最早提出"善本"概念的历史文献。但是，要把"善书"直接理解、解释成"善本"，把"善书"和"善本"两者完全等同起来，似乎还有值得商榷的地方。首先，"书"字本义并没有"版本"的意思。虽然，"书"和"本"互相不能摆脱，但毕竟是各有所指的两个不同概念。"善书"指图书内容好，"善本"则指版本内容好。所以，"善书"的版本并不一定是好本子，而"善本"也不一定是好书。其次，从上下文意看，"是时，淮南王安亦好书，所招致率多浮辩，献王所得书皆古文先秦旧书"，所谓"浮辩"之书是指方术一类的图书，可见两者也是从书的内容上来作比较的。所以从史传本文并不能引出"善本"这个概念来。不过，"必为好写与之，留其真"这句话，倒确是说的版本问题。唐颜师古注曰："真，正也。留其正本。"就是说，刘德从民间获得好书后，必定很精细地复抄一本，但他却把抄录的副本还给原主，自己留下正本。这里我们且不去批判汉代王公贵族巧取民间财物的卑鄙伎俩，但从中却能获得这样的信息，即西汉时代，人们已有了比较版本优劣的初步认识，抄本再精细，终不如原书正本为善。

从现已发现的文献资料来看，"善本"一词和"版本"一词，同样都是在宋代才开始使用的术语。欧阳修《唐田弘正家庙碑》说："自天圣以来，古学渐盛，学者多读韩文，而愚集本讹舛，惟余家本屡更校正，时人共传，号为善本。"江少虞《事实类苑》说："宋嘉祐四年，仁宗谓辅臣曰：'宋、齐、梁、陈、后魏、北齐、北周书，罕有善本，可委编校官精加校勘。'"周辉《清波杂志》说："国朝庆历间，命儒臣集四库为籍，名曰《崇文总目》，凡三万六百六十九卷。尔后，《总目》外日益搜补校正，皆为善本。"朱弁《曲洧旧闻》曰："宋次道家藏书，皆校雠三五遍，世之藏书，以次道家为善本。"陈振孙《直斋书录解题》说："《元和姓纂》绝无善本，顷在莆田，以数本参校，仅得七八。后又得蜀本校之，互有得失，然粗完整矣。"叶梦得《石林燕语》说："唐以前凡书籍皆

写本，未有摹印之法，人以藏书为贵，书不多有，而藏者精于校
雠，故往往皆有善本。"等等。我们引用这么多文献记载，并不是
为了炫耀资料的丰富，而是为了在证明"善本"一词始自于宋代文
献之外，再说明一个问题，即尽管宋人还没有对"善本"一词的概
念作出明确解释和规定，但从文意中完全可以清楚地知道，宋人
说的"善本"是指那些经过精心校勘，舛误较少的版本（包括抄本
和刻本）。在明代文献中，"善本"的概念与宋人基本一致。如明龙
洞山农《刻〈重校北西厢记〉序》说："北词转相摹梓，蹲驳尤繁，
唯顾玄纬、徐士范、金在衡三刻，庶儿善本，而词句增损，互有
得失。"其进步之处在于他已认识到即使是善本也有"词句增损"
的得失问题，并非一切皆好。

　　清代学术界最重视版本研究，随着版本研究的深入发展，清
人开始对"善本"作出具体的规范和明确的阐述。张之洞《𬨎轩
语·语学》"读书宜求善本"条说："善本非纸白版新之谓，谓其为
前辈通人用古刻版本精校细勘付印，不讹不阙之本也。"并具体规
定说："善本之义有三：一，足本，无阙卷，未删改；二，精本，
一精校，一精注；三，旧本，一旧刻，一旧抄。"清末浙江大藏书
家丁丙《善本书室藏书志》，对善本的区分收藏范围作了更详细的
规定和说明，他说："一曰旧刻，宋元旧刊，日远日鲜，幸传至
今，固宜球图视之。二曰精本，朱氏一朝，自万历后，剞劂固属
草草，然近溯嘉靖以前，刻书多翻宋刻，正统、成化，刻印尤精，
足本孤本，所在皆是。今搜集自洪武迄嘉靖，萃其遗佚，择其最
佳者，甄别而取之。万历以后，间附数部，要皆雕刻既工，世鲜
善本者，始行入录。三曰旧抄，前明姑苏吴氏、四明天一阁范氏，
二家之书，半系钞本，至国朝小山堂赵氏、知不足斋鲍氏、振绮

堂汪氏，多影抄宋元精本，笔墨精妙，远过明抄。寒家所藏，将及万卷，择其优异，始著于编。四曰旧校，校勘之学，至乾嘉而极精，出仁和卢抱经、吴县黄荛圃、阳湖孙星衍之手者，尤校雠精审，朱墨灿然，为艺林至宝，补脱文，订误字，有功于后学不浅。"显然，清人的"善本"概念要比宋人有所扩大发展，所扩大的是那些即使校勘未精，却具有"日远日鲜"、"笔墨精妙"、"雕刻既工，世鲜善本"等特点的版本，归结起来，主要是增加了一条时代久远、版刻较早的判断标准。"善本"概念内涵的扩大，是与图书版本自身的发展变化分不开的。宋人珍重唐以前的旧写本，清人则以宋元旧刻、旧抄为善。

　　回顾历史，引征文献，可见"善本"的标准自来即有宋人和清人两家之说。宋人说以校勘精良为唯一标准，清人说以校勘、时代为主要衡量标准。此后，学术界又不断推出种种新说，但归根结底仍未出宋、清两家说法的界限。比如傅振伦《〈中国善本书提要〉序》说："现在一般所谓善本书的范畴，包括宋、元、明等朝的刻本、清朝的精刻本和'禁书'，以及一些旧抄本、校本、精抄本或作者的稿本。"吴枫《中国古典文献学》认为："凡是较古的典籍，校勘精审，错误较少，字体清晰，纸地优良，墨色纯正，版式大方，装帧美观，都可以作为选择善本的参考条件。"刘昌润《"善本"漫谈》提出："综合前人的论述，善本书大致具有'旧、精、稀'三个特点。一部善本书虽不一定同时具备三方面的特点，但必互相关联，各有其主次之别而已。'旧'者乃就时间而言，宋椠元刊，去古未远，系出旧本，讹夺最少。明季精刊，亦本宋元。嘉万以后，始渐草率。但明本去今日远，日佚日少，于是也显得珍贵了。但也要妥为抉择，于明代误本、俗本及通行本不当称

'旧本'。如明汲古阁刊书，有精美者，亦有虽据旧本而臆改妄删，颇失本末，刷印既多，遂不为后世所重。'精'者，乃就内容而言。精校、精注的正本、足本，多半祖依旧本，反复校定，纠谬正讹，补阙删衍，又请名手书写，雕镂精工。此类只下旧本一等。精本求之者众，初刻初印，尤为难得，而补版、改版的后印本，就不足为重了。'稀'者，就数量而言，孤本独传，世所素重。传本既稀，因以为贵。"根据这三大特点，刘昌润还把善本细分成八种类型：旧刊本、精刊本、抄本、批校本、稿本、清代禁书、域外书、其他罕传本等。而最为概括的说法，还是这次编写《全国古籍善本目录》规定的体例，即以所谓"历史文物性"、"学术资料性"和"艺术典型性"这"三性"来作为确定善本的标准。但以上诸说，表述相异，实质相同，都是在沿袭清人之说的基础上略作调整补充而已。而另一派观点则坚持宋人所持的标准，如张舜徽的《中国文献学》和黄永年的《古籍整理概论》。他们认为，版本本身确实具有文物和学术两方面的价值，但"善本"的最初定义是指那些有较高学术价值（具体点说，是校勘价值）的版本，所以善本只是对学术研究而言，有些版本同时具有较高的学术价值和文物价值，但决定其为善本的，还是它的学术价值，至于那些只有文物价值的版本，似可用"珍本"来区别。

两说孰是孰非？从学术研究使用文献、利用版本的角度来看，从古籍整理研究的角度来看，坚持宋人之说的观点，坚持善本最初定义的观点是合理的。因为对他们的研究工作来说，重要的是版本校勘是否好，错舛讹脱是否少，而版本年代是否久远、流传是否稀少、刻印是否精良等问题，则无足轻重。但是，从图书馆保存古籍，收藏版本的角度来看，则不能不考虑到版本的文物价值，因为他们的任务不只是为学术界整理文献提供可靠的版本，他们还要为满足各方面的研究需要而提供那些在图书史上，在版刻艺术、装帧艺术、书法艺术上有特点、有价值的版本。再说，"善本"一词的最初提出虽有其特定的含义，但善与不善本来就是相对的、变化的、发展的。"善本"一词原是随着版本和版本研究的发展而提出的，那么随着版本和版本研究的深入发展，其概念范畴有所变化和扩展也是情理中的事情。明清以来，不少人注意从版本的外观形式来考辨版本的古近新旧，从版本的文物角度来评价善与不善。虽然这不是版本研究的全部内容，也不是主要内容，但既是学术本身发展的产物，当然应该承认它的合理性。张元济《宝礼堂宋本书录》说："余喜蓄书，尤嗜宋刻，固重其去古未远，亦爱其制作之精善，每一展玩，心旷神怡。余尝言一国艺事之进退，与其政治之隆讦，民心之仁暴，有息息相通之理。况在书籍，为国民智识之所寄托，为古人千百年之所留贻。抱残守缺，责在吾辈。"这番话正能说明在版本研究中是不能把那些只具有文物价值的图书版本从"善本"中驱逐出去的。事实上也从来没有一部善本书目能这样做过。

对善本概念的分歧，来源于不同的观察角度，然而这两种方面的考虑和需要又都是现实的、合理的。因此要消除分歧，决不能强行抑制一方。我们不妨规定善本有广义和狭义两种范畴。广义的善本包括具有较高学术价值和文物价值的版本在内，或两者兼备，或仅有其一。这是从版本研究的整体出发来考虑的。狭义的善本专指具有较高学术价值的版本，即校勘精良、少有讹误的版本。这是从使用文献、整理古籍等学术研究的角度来考虑的。这一设想若能成立，那末当我们在不同情况、不同场合下使用"善本"这个术语时，就不至于混淆不清而争论不休了。这种事例并非少见。如"校雠"就有广、狭二义，狭义的校雠是指古籍校勘，广义的校雠则是文献学的代名词。又如"版本"也有广、狭二义，狭义的版本专指刻印之本，广义的版本则指图书的各种本子。

二、比较版本优劣的方法

版本优劣同时表现在版本的形式外观和文字内容上。若以形式而论，凡字体端正、行格疏朗、版面整洁、纸张洁白、墨色浓黑、刻工精细、印刷清晰的版本皆可谓优者。但版本研究的根本目的在于为文献研究提供真实可信的版本依据，所以衡量版本优劣的主要因素不在形式外观，而在内容。正如黄丕烈《校旧钞本〈衍极〉跋》说的那样："凡书不可不细校一通，第就其外而观之，谓某本胜某本，此非定论也。"那么，比较版本优劣怎样"就其内而观之"呢？一般来说有如下几种方法：

1. 文字

版本文字是比较版本优劣最基本、最有代表性的方面，通常对善本的解释就是校勘精良、错字较少的版本。比较版本文字的方法就是校勘，它与校勘学中的版本对校法从方法上讲是一回事，不同的是，前者是用校勘的方法比较版本文字优劣，后者是用版本的异同来校勘文字。换句话说，比较版本文字是校勘学在版本学中的应用，而版本对校是版本学在校勘学中的应用。从这里也可以看出版本学与校勘学之间的密切关系。另外，两者在程度上也有差别。比较版本文字，只是对古籍版本的内容文字作局部的、初步的校勘，以为优劣比较的典型分析。而版本对校是校勘古籍的一种方法，要求用各种版本对古籍作全面深入的校勘订正。

比较版本文字，先要校出异同，然后才能分辨优劣。文字优劣包括两方面的含义，一是正误，二是优劣。如果一个本子的误字较另一个本子少，那么两本的优劣是很容易分辨的。问题在于判断版本异文的是非并非轻而易举之事。清代著名校勘学家王念孙在《读淮南杂志自序》中曾归结古书致误的缘由为六十二条，其他人的经验也都可据以参考。因为这是校勘学的主要内容，在此就不详说了。版本异文往往还有两者皆可、是非难定的情况存在，但细加分析还是能比较出异文的优劣来的，在校勘学中这就叫做"择善而从"、"择优而从"。比如《西厢记》"堂前巧辩"一折中红娘的一段唱词："猜他那穷酸做了新婚，猜你个小姐做了娇妻，猜我这贱人做了牵头……"有的版本"牵头"作"饶头"。牵头和饶头都是地方语，牵头的意思是牵线人、介绍人，饶头的词义则含有男女间第三者不正常关系的成分，犹如姘头的意思。戏曲书籍的改版经常要对文字作更改，所以很难说哪个对哪个错，因为都说得通。但按照《西厢记》的故事的原始情节，红娘在张生与莺莺的恋爱、婚姻关系中完全是个正派的角色，使用"饶头"这个词正反映了《西厢记》流传过程中沾染的一些庸俗倾向。所以从"牵头"、"饶头"的差异中也能反映出版本的优劣。除了异文外，版本文字优劣还反映在文字的衍阙、脱倒等方面的差异。

一般说来，版本总以文字舛讹、衍阙、脱倒较少为优，但也有例外。那些经人逞臆妄改的版本，看上去文通句顺，无一脱漏，实质上已违失原意。臆删妄改是校勘学的大忌，而由此造成的劣根谬种，在版本学上就叫做讹字。讹字是比较版本必须注意的问题。朱熹《书张氏所刻〈潜虚图〉后》说："范仲彪炳文家多藏司马文正公遗墨，尝示予《潜虚》别本，则其所阙之文甚多。问之，云温公晚注此书，未竟而薨，故所传止此。尝以手稿属晁景迂补之，而晁谢不敢。近见泉州所刻，乃无一字之阙，始复惊疑，然读至数行，乃释然曰：'此赝本也！'"又如钱牧斋曾言："微之集，旧得杨君谦抄本，行间多空字。后得宋刻本，吴中张子昭所藏，始知杨氏抄本空字，皆宋本岁久漫灭处，君谦仍其旧而不敢益也。嘉靖壬子，东吴董氏用宋本翻雕，行款如一，独于其空阙字样，皆妄以己意揣摩填补，如首行'山中思归乐'，原空二字，妄补云'我作思归乐'，文义违背，殊不可通。"这些例子说明两个问题，一是不能被表面的假象所蒙蔽，而应当去伪存真；二是即使同是错字，也有优劣之分，无意的错舛缺漏，错误的痕迹容易发觉，容易改正，有意的篡改难以察觉其劣，却是最劣的劣本。清人以旧刻旧抄为贵，自称"佞宋"，主要原因即出于此。如黄丕烈说："旧刻自宋而元而明初，纵有舛讹，皆属无心，非有意删削也。"这一点在比较版本文字优劣时尤当注意。

　　不同版本的文字异同，往往还会出现各有长短，互为优劣的情况，比如甲本错了的乙本对了，乙本错了的甲本对了。因此，版本文字优劣应该从版本的整体去比较考虑，适当的时候可以做些定量分析。如徐光烈《〈文献通考·征榷考〉校勘试探》一文，即选择《通考》各考中篇幅最短的《征榷考》为典型，用元余谦补修刻本、明慎独斋刻本、明冯天驭刻本、清武英殿刻本和浙江书局刻本等进行分析比较，把校勘所得文字异同及其是非优劣情况归纳分类，统计数字。把版本谬误的情况分成年号、人名、称号、制度、地名、数字、词语诸类，把版本谬误的形式分成讹、脱、衍三类，并绘制成"各本互校发现谬误统计表"，如下：

谬误＼版本	人名	年号	称号	制度		地名			数字				名物			词语			总计
	讹	讹	讹	讹	脱	讹	脱	舛	讹	脱	舛	衍	讹	脱	舛	讹	脱	衍	
元本	3	6		35	1	33	2	1	13	2		1	13	1	1	44	1	1	158
慎本	3	3	1	47	1	29	2		18	1			11	2	1	48	1	2	168
冯本	3			33	19	28	2	1	22	1	1		4	2	2	25	2		145
殿本		2	1	23	2	10	1	1	9	1			5	1		17			73
局本		2	1	21	2	10	1	1	8	2			5	1		15	1		70
备注																			

（载《上海师范学院学报（增刊）》一九八〇年十月，徐光烈《〈文献通考·征榷考〉校勘试探》）

　　图书版本学界历来认为，元泰定元年西湖书院刻余谦修补印本，既是《文献通考》最早的版本，又是《文献通考》最好的版本。清李兆洛《善一斋文集·跋元刻〈文献通考〉》说："《玉海》元刊本尚可得，而《文献通考》绝少。当世通行礼部本，讹舛极多。慎独斋本差佳，亦不免脱佚。如此本者，安可见矣！"清叶德辉《郋园读书志》也说："吾家所藏五本，一元本，三明本，一武英殿本，终以此为第一矣。"但正如王欣夫先生《文献学讲义》说的那样："评定版本的优劣，不可只凭耳食，也不可过信古人，必须亲自动手，从实践中得出结论，才是可靠的。"数字统计往往是最有说服力的证据。"各本互校发现谬误统计表"中的数字显示出这样一个事实，年代最早的元西湖书院刻本，版本误字却在最多之列，与慎独斋刻本、冯天驭刻本不相上下。相反，武英殿刻本和浙江书局刻本虽为晚出，原本不为藏书家所倚重，然而它们的谬误倒比号称善本的元刻和明刻少得多，况且浙江书局刻本还附有《通考考证》，仅《征榷考》部分就校订出武英殿本的三十一处谬误，虽未直接据改，却有益、方便于读者。经过这样的定性定量分析，《文献通考》各版本的优劣就有了准确而可靠的结论。当然，这种方法并非比较版本要一律仿效，有的版本比较简单，则通过校比掌握一定的数据即可。

2. 篇幅

版本差异还表现在全书的篇幅结构上。因为古籍版本在传刻过程中往往会因各种原因而增加、减少、改变其篇幅结构，以致出现不同版本的篇幅异同，其中自然存在着优劣之分。

版本篇幅以正文部分的差异最为重要，最能显示版本的优劣。正文的差异大多出现在集部图书里，像经、史、子类的大部分书籍，正文内容早已定局，差异多在个别文字、句段上。而古人诗文集的编纂刊印，大多有一个艰苦费日的过程，才渐趋完善。余嘉锡《四库总目提要辨证》说："凡宋人文集，往往有前后数本，多寡互异，大抵编辑愈后，卷数愈多。"历代文集基本如是。以杜甫诗集为例，最初有唐人编辑的《杜甫集》六卷本、樊晃《小集》六卷本、卷数不详的顾陶刻本和后晋开运二年官书本，以及二十卷的孙光宪序本和郑文宝序本。后有宋人孙仅编集的一卷本和苏舜钦编集的《老杜别集》二十卷本。北宋仁宗宝元二年（1039），王洙"搜裒中外书凡九十九卷，除其重复，定千四百有五篇，凡古诗三百九十有九，近体千有六。起太平时，终湖南所作，视居行之次，与岁时为先后，分十八卷，又别录赋笔杂著二十九篇为二卷，合二十卷。"这是宋代最完善的一次杜诗编集。著名的宋嘉祐四年（1059）王琪苏州公使库刻本即据此而来，并成为后世刊印杜集的祖本。但从王洙编集到王琪刊印，杜甫的诗作还没有收全。《直斋书录解题》记曰："王琪君玉，嘉祐中刻之姑苏，且为后记，元稹墓志铭亦附第二十卷之末。又有遗文九篇，治平中太守裴集刊附集外。"又有刘敞"从雪上吴员外，复得遗文数百篇"，编成《杜子美外集》五卷。又王安石"令鄞，客有授予古之诗世所不传者二百余篇，观之，予知非人所能为，而为之实甫者，其文与意之著也"，遂编成《杜工部诗后集》。至南宋绍兴间，黄伯思长睿重编杜集为《校定杜工部集》二十二卷，收诗凡一千四百四十余篇，多于王琪刊本，就是后人不断裒辑的结果。宋李纲《校定杜工部集序》说："公之述作，行于世者既不多，遭乱亡逸，加以传写谬误，浸失旧文，'鸟'三转而为'焉'者，不可胜数。长睿父官洛下，与名士大夫游，裒集诸家所藏，是正讹舛，又得逸诗数十篇，参于卷中；及在秘阁，得御府定本，校雠益号精密，非行世者之比。"杜集的早期版本就已经有了少至百篇、多至千篇的差异，其间优劣，十分明显。

另外，重刻古籍常有节录之本，节本与原刻足本相比，很容易看出两者的优劣。节本大都是丛书中的版本。比如北魏羊衒之《洛阳伽蓝记》，历朝翻刻，传本极多，大致分为两个系统。一种是五卷的足本，如《古今逸史》本、《津逮秘书》本、《学津讨原》本、《真意堂三种》本、《广汉魏丛书》本、《增订汉魏丛书》本等等。另一种是一卷或不分卷的节录本，如《说郛》本、《五朝小说》本、

《旧小说》本等等。虽然节本中也有个别文字较胜的可取之处，但从篇幅的完整性来说，毕竟不如足本为优。

和版本文字一样，版本篇数的完整性中还包括真伪的因素，比较优劣必须予以考虑。如唐孟浩然的诗集，唐、宋时代的各种传本都收诗二百一十首或二百一十八首，元代所刻刘辰翁评点本《孟浩然集》则有二百三十三首，而明代吴下刻本《唐十二家诗》中所收更多至二百六十三首。照常理说，当然是后出的、卷数多的为优。但黄丕烈就批评元刻刘辰翁评点本说："脱所不当脱，如《岁晚归南山作》，《新唐书》所云浩然自诵所为诗也，元刻在所缺诗中。衍所不当衍，如《除夜有怀》，明知《众妙集》中为崔涂诗也，元刻本所收诗中。去取果何据乎？"《四库全书总目提要》也曾批评明吴下刻《唐十二家诗集》本说："洪迈《容斋随笔》尝疑其《示孟郊诗》时代不能相及，今考《老安春早》一首，《文苑英华》作张子容，而《同张将军蓟门看灯》一首，亦非浩然游迹之所及，则后人窜入者多矣。"版本篇幅衍伪的情况比较复杂。比如《筹海图编》的明天启四年胡维极刻本，肆意篡改原版文字，除把有关原作者郑若曾的文字篇幅删削殆尽外，还附衍进朱平涵《平倭录》一类吹捧胡宗宪的文章。从版本篇幅内容上比较，它是一个劣本。清康熙郑起泓刻本依初版重刻，恢复了《筹海图编》的原来面目，固然为优，但却又恢复过了头，把郑若曾原编时简化的章节，用郑若曾其他文章的内容添加掺入，如书中《王官使倭事略》、《倭奴朝贡事略》和《倭国事略》等篇，郑若曾原是将他所著《日本图纂》中的相同部分节简而成，康熙重刻本却把《日本图纂》原文照搬进来，违失了原作的真意。重刻古籍适当做一些有关内容的增补本属正当之事，但若非原作本来文字，只能以附录形式出现，不能任意添入正文。像这样非自然的篇幅膨胀，只能是劣而不是优。当然，像康熙刻本《筹海图编》的伪添只是少量，是优本中的劣处，但作比较时仍应考虑。

比较版本篇幅内容的差异优劣，应该根据不同类型的图书，采取多种相适应的方法。比如宋代著名目录著作《郡斋读书志》的袁州刻本和衢州刻本，孰优孰劣，自清以来，一直众说纷纭，莫衷一是。孙猛《论〈郡斋读书志〉的成书、版本源流及衢袁二本之优劣》一文，在总结前人研究成果的基础上，根据目录书的特点，把《郡斋读书志》的篇幅内容分成收录书量、序文、分类、归类、编排、书名的著录、卷数的著录、编纂者或注释者的著录、解题等九个方面，来对衢本、袁本作比较。经比较，发现衢本收录书量较袁本实际多出十九部，小序多十三篇，类目多设两个。两本归类不同的有四十六例，大多衢本较优。类目编次虽两本都有窜乱之处，但衢本仍比袁本稍微整齐可观。衢本著录书名较袁本详，有利于揭示图书内容，著录卷数往往较袁本为多，是编辑在后，卷数增多的版本。著录编纂、注释者也以衢本为优，袁本未详或犹疑未决的，衢本大多有所确定，袁本考订失误的，衢本往往能予订正。衢本的解题也比袁本丰富，或补充著明释义，或订补篇目、篇数及编次，或补正成书原委，或增引原书序跋、附录，或增补辨伪、考订及历代书目的著录，或增补该书的内容介绍、编撰者生平事迹、评论文字、典章制度、掌故轶事，以及晁公武收书、藏书、校书等方面的情况。若衢本解题略于袁本的，则多为乙正错简、压缩复沓、删削怪异所致。根据以上各方面的比较，作者得出衢本优于袁本、衢本是袁本的补正本的结论，就比较有说服力了。

　　除正文外，版本篇幅的比较还应注意图书的附录部分。附录不是作者的文字，却是可供研究作者及作品的文字，故一种版本若有较好的附录，能增色不少。以序跋为例，它对考订成书、刊刻源流等问题有较高的参考价值，对版本鉴定、考订工作极有帮助，所以版本总以序跋完整为好。比如《筹海图编》初刻本有胡松、唐枢、茅坤、范惟一、徐师曾五篇序文和郑若曾自序一篇，以及后来因故撤除的胡宗宪序一篇，是研究该书的重要资料。明天启刻本为了掩盖真相，粉墨先祖，故意剔除了绝大部分序文，从而破坏了版本篇幅的完整结构。这也是天启本之所以为劣的道理。当然，比较版本的附录也应当注意它的真实性、合理性，不能唯多是好，不问合适与否。以《西厢记》为例，弘治间金台岳刻本《新刊奇妙全相注释西厢记》是现存最古的版本，该本系据比较粗劣的元刻本为底本翻刻，翻刻时增加了不少附录，是《西厢记》各本中附录最多的一个版本。但所附录的却颇多庸俗诗词，如与《西厢记》毫不相关的《钱唐梦》等。相比之下，万历间徐士范刻本《重刻元本题评音释西厢记》的附录总数虽少于弘治岳刻本，但徐本经过汰选，删去七种，增加三种，更加贴近、合理。其中所增李开先《园林午梦》一种，向称中国戏剧史上构思最独特、艺术风格最新奇的剧本，但该剧的单刻、合刻本均已散佚，能传至今日，幸亏徐士范收入《西厢记》附录。所以徐本附录虽少于岳本，价值却超过岳本。后来的熊龙峰刻本《重刻元本题评音释西厢记》，又对徐本的附录作了一番整理加工，增加了当时广为流传的《围棋闯局》、《蒲东崔张珠玉诗集》、《西厢八咏诗》、《西厢别调》、《满庭芳九阕》等五种材料，还给《莺红下棋》、《园林午梦》等配画插图，其中也不乏可取之处。

版本篇幅的多少和完整与否是指版本固有的情况，而不是指版本在流传藏弄过程中的残阙。当然，藏本的足与不足，也是版本优劣的一个方面，但不是我们在这里所要说的。

3. 编撰方式

版本内容的优劣，还反映在不同的编撰方式上。比如有笺注、音释的版本一般总比白文无注本好。而同样是注本，又有良莠之分。比如杜甫诗集的注本经过数百年的变化发展，基本形成了分门别类的千家注本系统和编年注本系统。王国维曾评论《集千家注分类杜工部诗》说："此书所集诸家注，其名重者，率伪作也。东坡注之伪，宋洪容斋已言之。馀如王原叔，仁宗时人，征引新史，犹可说也。乃引沈存中《梦溪笔谈》，岂不可笑，盖书肆中一手所为也。杜诗须读编年本，分类本最可恨，偶阅数篇注，支离可咰。少陵名重，身后乃遭酷，真不幸也。"同一类型的注本也有编撰优劣之区别。如流传至今的苏轼诗作多达两千首以上，自宋以来逐渐形成了全集本、分类注本和编年注本三种不同体裁的苏诗版本。和杜诗一样，苏诗也以编年本较优。孔凡礼先生在整理苏诗时，曾对编年本中最好的二种版本，清乾隆间冯应榴《苏文忠诗合注》和王文诰《苏文忠公诗编注集成》作了比较分析，归纳异同优劣约有如下几点：（1）冯应榴注本以注见长。而王文诰注本则在苏轼一生立身行事上下了很多功夫，他调整了《合注》本中一些诗的次第序列，大体可信。（2）冯应榴注本资料翔实，但征引过繁，往往喧宾夺主。而王文诰注本删去了《合注》本中的繁冗注文，对苏轼诗意间有发明，并增补了纪昀评语，诗注部分的篇幅比《合注》本减少十分之二，比较简明，但也有删略不当的地方。

（3）冯应榴注本长于考据，但个别处拘泥于一字一词的来历，反使诗旨晦涩。而王文诰认为诗乃"性灵所发"，但随其"性"之所至，有些解释未免主观武断，立论不周密。总的说来，王氏的编订，对传播苏诗，认识苏诗，是有意义的。《集成》的诗注部分，创见虽不多，但在前人的基础上还是有所发展的，它是比较切合实际需要的。整理者最后选用《集成》作为校点苏诗的底本，意实在此。

比较版本优劣的方法来源于实践，通过不断地实践，必定能总结出更多更好更切合实际的方法。与此同时，还必须重视学习前人的经验，参考前人的意见。我们反对"只凭耳食"、"过信古人"的做法，却也不必弃前人的学术成果不顾，事事从头做起。

三、宋元明本优劣辩证

在版本研究史上，宋元明本一向是研究的重点。撇开其文物价值不论，学术界对宋元明本是否在文献整理研究中比其他版本具有更高学术价值这一问题，始终持有不同的观点和态度，以至发生过激烈的争辩。宋元明本的优劣问题，不是某版本与某版本的具体比较，而是不同时代版本的普遍比较，所以是研究版本优劣一般规律的问题，具有指导一般的意义，故在此专为论述。

1. 宋元刻本的可贵和不可尽据

古书版本以宋元旧刊为贵，约始于明代中叶。嘉靖年间风靡一时的仿宋刻本，明末清初毛晋汲古阁几可乱真的影宋抄本，既是这种风气的产物，也是这种风气的标志。乾嘉以来，愈演愈烈，以至出现了许多专以收藏、鉴赏为主的研究家，就像自号"佞宋居士"的黄丕烈所说的那样："余生平无他嗜好，于书独嗜好成癖，遇宋刻苟力可勉，无不致之以为快。"在尊崇宋元旧刻的人中，虽不乏附庸风雅的盲目者、奇货可居的掠贩者，但能识得其真正价值的仍属主流。明谢肇淛《五杂组》说："书所以贵宋版者，不惟点画无讹，亦且笺刻精好，若法帖然。"随着考据学的愈趋精细，人们对宋元旧刻的认识日益清楚全面。从宋元文献中，他们发现不少批评时刻的文字言论。如《宋史·崔颐正传》说："咸平时，诸经版本多舛讹。"陆游《跋历代陵名》说："近世士大夫，所至喜刻书版，而略不校雠，错本书散满天下，更误学者，不如不刻之为愈也。"周辉《清波杂志》说："印版文字，讹舛为常，若麻沙本之差舛，误后学多矣。"元戴表元《题孙过庭书谱后》说："杭州陈道人印书，书之疑处，率以意改，令谐顺，殆是书之一厄。"通过校书实践，他们对宋元旧刻的弊短知之更甚，揭发更深。清王士禛《居易录》说："今人但贵宋椠本，顾宋椠本亦多讹误，但从善本可耳。"卢文弨说得更厉害："书之失真，亦每由于宋人。宋人每好逞臆见而改旧文。"即如顾千里、黄丕烈这些"佞宋"派的代表人物，也并不掩饰宋元本的不足之处，他们曾说："南宋时建阳各坊刻书最多，惟每刻一书，必借雇不知谁何之人，任意增删换易，标之新奇名目，冀以衒价，而此书多失其真。""书经重修，自不能无误，虽宋椠已如是矣。""书本之善，不必定以宋元本为可宝也。"尽管如此，宋元旧刻仍然十分可贵。因为这是在同其他时代刻本作比较后，从整体上得出的结论，主要理由有二条：

　　第一，宋元旧刻较后世刻本少传刻之误。古书版本的舛讹衍阙，大多是在展转传刻过程中不慎造成的，所谓"书经重修，自不能无误也"。即使经过校勘，也难免疏忽漏失，即所谓校书如扫尘，边扫边生。在传世的古籍版本中，宋元旧刻一般都是最早或较早的版本，是后刻诸本的渊源，当然较少传刻之误。正如卢文弨所说："今之所贵于宋本者，谓经屡写则必不逮前时也。"第二，宋元旧刻较明代刻本少臆改之误。版本的臆改之误是比传刻之误恶劣得多的错误。宋人刻书虽已先开"逞臆见而改旧文"之例，但真正大长此风的却是明人。顾炎武《日知录》说："万历间人多好改窜古书，人心之邪，风气之变，自此而始。"清黄廷鉴《校书说》说："妄改之病，唐宋以前谨守师法，未闻有此。其端肇自明人，而盛于启、祯之代。凡《汉魏丛书》，以及《稗海》、《说海》、《秘笈》中诸书，皆割裂分并，句删字易，无一完善，古书面目全失，此载籍之一大厄也。"所以，与明代刻本相比较，宋元旧椠中的臆改之误，犹如小巫见大巫，不足为道。非但明刻，即如疾恶臆改之弊的清人，也不是都能免除的；更有些通人大儒，据其所知，改其不知，改得"高明"、"巧妙"，误人更甚。就像卢文弨引所说："书所以贵旧本者，非谓其概无一讹也。近世本有经校雠者，颇贤于旧本，然专辄妄改者亦复不少。即如《九经》小字本，吾见南宋本已不如北宋本，明之锡山秦氏本又不如南宋本，今之翻秦本更不及焉。以斯知旧本之为可贵也。"黄丕烈所说："既而校勘群籍，始知书旧一日，则其佳处犹在，不致为庸妄人删润，归于文从字顺，故旧刻为佳也。"总之，版本以宋元旧刻为优为贵，是相对之言而非绝对之论，是因为去古未远，近乎古本之真。这个道理，清人已经领悟并提了出来。在所有尊崇旧刻的人中，他们站得最高，代表着主流。陈乃乾先生曾总结说："尝谓古书多一次翻刻，必多一误。出于无心者，鲁变为鱼，亥变为豕，其误尚可寻绎。

若出通人臆改，则原本尽失。宋元明初诸刻，不能无误字，然藏
书家争购之，非爱古董也，以其误字皆出于无心，或可寻绎而辨
之，且为后世所刻之祖本也。校勘古书，当先求其真，不可专以
通顺为贵。古人真本，我不得而见矣，而求其近于真者，则旧刻
尚矣。"当然，我们在作一般结论的同时，不能忽略宋元旧刻中也
有传刻之误和臆改之误，不能忽略宋元旧刻之间还存在着优劣差
别。清杭世骏《欣话斋藏书记》说："今之挟书以求售者，动称宋
刻，不知即宋亦有优有劣，有太学本，有漕司本，有临安陈解元
书棚本，有建安麻沙本，而坊本则尤不可更。"因此，如果把这个
比较结论改成"宋元刻本可贵而不可尽据"，那就更合理辨证而意
义明确了。

在清代学者当中，对宋元旧刻研究最多最深的应推顾千里、
黄丕烈两位。但由于他们执词言论比较偏激，所以往往被误解而
遭到批评指责。如顾千里尝言："书以弥古为弥善，可不待智者
而后知矣。乃世间有一等人，必谓书毋庸讲本子。噫！将自欺耶？
将欺人耶？"于是后人批判他说："顾氏抨击治学不讲求版本之说
是对的，但是'书以弥古为弥善'的说法则又陷于绝对化。这种说
法是清人'佞宋'风气的典型代表，它单纯追求形式，一意求古求
孤，而置图书内容于不顾。这正是自明以来，宋版书日益昂值，
沦为古董的原因所在，是不足取法的。"又说："清代有一部分人
对宋版书已到了迷信的地步，不问精不精，但问宋不宋，甚至以
叶论价。著名的版本学家黄丕烈甚至自号佞宋主人。所谓百宋一
廛、皕宋楼等等藏书楼名也都为了衒奇夸珍。"明清以来确有人盲
目迷信尊崇宋元旧刻，甚至以为奇货可居的古董。明谢肇淛《五
杂俎》说："浮慕时名，徒为架上媲美，牙签锦轴，装潢衒曜，牝

骊之外，一切不知，谓之无书可也。广收远括，毕尽心力，但图多蓄，不事讨论，徒浼灰尘，半束高阁，谓之书肆可也。"正是这等人的庸俗低劣行为，使人们对宋元旧刻的认识和研究误入歧路。而顾、黄虽以"佞宋"为旗帜，却不能与此辈人同日而语，更不是这种盲目迷信风气的代表人物。他们之所以持言激烈，是对有明以来好妄改古书遗风的矫枉过正，是对"世间有一等人必谓书毋庸讲本子"的反其道而行之的批判。至于他们的完整思想观点，我们从前面引述的一些引文中已能看出一些端倪，应该说还是符合实事求是精神的。

宋元旧本是中国古籍版本中的珍品，前人对宋元旧本的研究也取得了很大的成绩，如果没有这些，古籍版本史和版本研究史就会失色许多。

2. 明刻本的不可偏废

与宋元旧刻相比，明代刻本一向遭到藏书家的冷落，"身价"远远不如。这固然是由于明刻去古较远，距今较近的缘故，但更主要的原因却是明人刻书好逞臆妄改的坏风气使明刻本的声誉一落千丈。这一点不仅遭到清人的抨击，就连明人自己也常为之叹息不满。明杨慎《丹铅续录》说："古书转刻转谬，盖病于浅者妄改耳。如近日吴中刻《世说》，'右军清真'谓清致而真率也。李太白用其语为诗'右军本清真'，是其证也。近乃妄改作'清贵'。'兼有诸人之差'，谓各得诸人之参差。近乃妄改作'美'。'声鸣转急'，改'鸣'作'气'；'义学'改作'学义'，皆大失古人语意。聊举一二，他不能尽。"明人妄改，个把字毫不稀奇。黄丕烈曾说："明人喜刻书，而又不肯守其旧，故所刻往往戾于古。即如此书，能翻刻之，可谓善矣，而必欲改其卷第，添设条目，何耶？"叶德辉《书林清话》也说："明人刻书有一种恶习，往往刻一书而改头换面，节删易名。如唐刘肃《大唐新语》，冯梦桢刻本改为《唐世说新语》。先少保公《岩下放言》，商维濬刻《稗海》改为郑景望《蒙斋笔谈》。郎奎金刻《释名》改作《逸雅》，以合'五雅'之目。全属臆造，不知其意何居？"又若杭世骏所说："古籍皆手定，人不一集，集不一名。《东坡七集》、《栾城四集》、《山谷内外集》，明人妄行改窜，第曰《东坡》、《栾城》、《山谷集》而已。朱子集多至三百余卷，明人编定止四十卷。李纲《梁溪集》多至百三十余卷，《建炎进退志》及《时政记》附焉。闽中改刻，题曰《李忠定集》，亦止四十卷，前后互易，古人之面目失矣。宋刻《两汉书》，版缩而行密，字画活脱，注有遗落可以补入，此真所谓宋字也。汪文盛犹得其遗意。元大德版幅广而行疏，钟人杰、陈明卿辈稍缩小之，今人错呼为宋字，拘板不灵，而纸墨之神气薄矣。甚至《说文》而儳入《五音韵谱》，《通典》而儳入宋人议论，《夷坚志》而儳入唐人事迹，与元书迥不相谋。明人之妄如此！"诸如此类的批评还有很多很多，反映的基本上都是实情。所以明代刻本相对来说学术价值较低，也是通过客观比较后得出的结论。但这也同样只是一般的否定，而不是全盘否定。

宋元旧刻传至今日已日见稀少，在汗牛充栋的古籍版本中只是屈指可数的少数。相比之下，明代刻本传世多，距今近，流播广，阅读、整理、研究古籍，少不得要依据明本。这个问题早在对明刻批评最激烈的乾嘉时期就已提出。卢文弨曾说："书之传于世，相嬗也。远者不可得而见，见其近者。今世见宋本者曾几人？惟明世本通行，后之君子亦当有并不及见明世刻者。"他讲清了两个道理，一是明本通行于世，其影响和作用决非残存的少量宋元旧刻所能替代包揽。二是随着时光的推移，版本的自然损耗，明刻本也必将像宋元刻本一样成为日益稀少的旧本。因此就连以收藏、研究宋元版本著称的黄丕烈也发出必须重视研究明代刻本的呼吁。他在《明刊〈陈子昂集〉跋》里说："余于宋元刻本，讲之素矣，近日反留心明刻，非降而下之。宋元版尚有研求之人，前人言之，后人知之，授受源流，昭然可睹。若明刻，人不甚知，及今不讲明白，切究之，恐渐灭殆尽，反不如宋元之时代虽远，声名益著也。"明本的重要和研究明本的需要，随着时日转逝而益发突出。到了清末，大多数宋元版本都集中在几家大藏书楼里，成了秘不示人的稀世文物。而一些有见识的藏书、目录、版本学家就把收藏、研究的重心转移到明代刻本上。如杨守敬《日本访书志》、叶德辉《郎园读书志》等，都很注重于明本的考订。近代最著名的南浔刘氏嘉业堂藏书楼里，最有价值的藏本恰恰是明本而不是宋元本，其中仅为《四库》未收的明本就收藏了二百多种。其次，我们对明本多臆改之误这一点也要一分为二地辩证看待。明人好逞臆妄改的风气是有时间性和地域性的，明本也有优劣之分。一般认为嘉靖以前刻书改字的风气尚未形成。清钱曾《读书敏求记》说："嘉、隆以前，学人信而好古，非若近日椠书者，淆乱芟改，师心自是也。"特别是明初刻本，尚存元末遗风，且刻得少，存世少，弥足珍贵。黄丕烈《周职方诗文集跋》说："向听钱听默言，书籍有明刻而可与宋元版埒者，惟明初黑口版为然，故藏书家多珍之。余自聚书以来，宋元版固极其精妙，而明初黑口版亦皆有佳绝者，即如此《周职方诗文集》也。"又说："往闻前辈论古书源流，谓明刻至嘉靖尚称善本，盖其犹不敢不聪明以乱旧章也。"从地域上讲，明代各地刻本的妄改臆删程度也不相同。明谢肇淛说："金陵、新安、吴兴之地，剞劂之精者，不下宋版。近时书刻如《冯氏诗纪》、《焦氏易林》，及新安所刻《庄》、《骚》等本，皆极精工，不下宋人，然亦多费校雠，故舛讹绝少。"像苏常一带刻书，虽也难免受到世风影响，但相较他处，作风还算严谨。又如王重民《中国善本书提要》说：明代北方大名府刻本，"皆有经济实用，则尤与东南异趣。疑则疑，阙则阙，绝不妄为增删一字。"即使书坊刻本中也有优有劣，不能一概而论，像刘氏慎独斋刻本的质量就比较好。这些，我们在概述明代刻书一节里已举了不少例子。顾廷龙《明代版本图录初编叙》曾总结明本的优胜之处和不可偏废的道理，说："书景之业，尤为从事目录学者当务之急。杨氏之辑宋元明刻以及旧写本，兼有所采，惟不著附略说，先后无次，历代所刻，亦多寡不匀，美犹有憾。然其筚路蓝缕之功，为不可没。继而起者，中外不乏其人，第皆偏于宋椠元雕，莫及朱明。清代藏书之家，金以其相去未远，不甚珍视，虽并列插驾，屏诸著录，是明者之蔽也。而今之嗜书者，犹不能尽祛此见，人惟宋元旧抄相尚，每因也是一章、荛翁一跋，引为至宝，则又惑矣。不知宋元本于今日，非经模刻，即曾景印，或已校补重梓，或已勘列异同，撰记别行，其确为孤椠秘籍者有几何哉？明本之于今日，其可贵诚不在宋元之下。盖清初之去北宋末叶，与今日之距洪武纪元，其历年相若，一也。经史百家之中，若郑注《周礼》、《仪礼》、《纪年》、《周书》、《家语》、《孔丛》等书，无不以明覆宋本为最善，赖其一脉之延，二也。又以前明掌故之作，特盛往代，后世鲜有重刻之本，足以订补史乘之未备，而晚明著述，辄遭禁毁，其中正多关系重要者，三也。模刻旧本，惟妙惟肖，虎贲中郎，藉存真面，四也。"所以，我们对明刻本的态度，决不可用一般的比较代替具体的分析，决不能因其较多臆改之误而有所偏废。不仅如此，对不少古籍来说，明刻本还是大有潜力可挖，大有文章可做的。

附一　宋至清历代纪元暨帝讳简表

宋（960—1279）

北宋（960—1127）

帝号	名讳	年号	干支	公元	避讳
太祖	匡胤	建隆（4） 乾德（6） 开宝（9）	庚申 癸亥十一 戊辰十一	960 963 968	匡 眶 恇 筐 劻 胤 酳 靷 引
始祖	玄朗				玄 弦 眩 胘 絃 畜 懸 縣 朗 悢 浪 狼 閬
远祖	軒轅				軒 轅
高祖	眺				眺
曾祖	斑				斑 廷 庭
祖	敬				敬 儆 警 擎 竟 鏡 獍
父	弘殷				弘 泓 紘 殷 澱

（续表）

帝号	名讳	年号	干支	公元	避讳
太宗	炅（初名匡义，改名光义）	太平兴国（9） 雍熙（4） 端拱（2） 淳化（5） 至道（3）	丙子十二 甲申十一 戊子 庚寅 乙未	976 984 988 990 995	炅 耿 炯 光 义
真宗	恒（初名德昌，改元休，又改元侃）	咸平（6） 景德（4） 大中祥符（9） 天禧（5） 乾兴（1）	戊戌 甲辰 戊申 丁巳 壬戌	998 1004 1008 1017 1022	恒 峘 姮 元
仁宗	祯（初名受益）	天圣（10） 明道（2） 景祐（5） 宝元（3） 康定（2） 庆历（8） 皇祐（6） 至和（3） 嘉祐（8）	癸亥 壬申十一 甲戌 戊寅十一 庚辰二 辛巳十一 己丑 甲午三 丙申九	1023 1032 1034 1038 1040 1041 1049 1054 1056	祯 贞 侦 滇 桢 征 症 懲 旌
英宗	曙（初名宗实）	治平（4）	甲辰	1064	曙 署 暑 薯 坚 树 澍 杼 赎 實

（续表）

帝号	名讳	年号	干支	公元	避讳
父	允譲				允譲
神宗	項（初名仲鍼）	熙宁（10） 元丰（8）	戊申 戊午	1068 1078	項　勖　旭
哲宗	煦（初名傭）	元祐（9） 绍圣（5） 元符（3）	丙寅 甲戌四 戊寅六	1086 1094 1098	煦　昫　朐 酗　休　咻
徽宗	佶	建中靖国（1） 崇宁（5） 大观（4） 政和（8） 重和（2） 宣和（7）	辛巳 壬午 丁亥 辛卯 戊戌十一 己亥二	1101 1102 1107 1111 1118 1119	佶　吉　黠 咭　鮚　姞
钦宗	桓（初名亶，改名桓）	靖康（2）	丙午	1126	桓　垣　恒　完　院 絚　皖　莞　丸　紈 狟　汍　瑗　源　萑 鸐　荁　巘

南宋（1127—1279）

帝号	名讳	年号	干支	公元	避讳
高宗	構	建炎（4） 绍兴（32）	丁未五 辛亥	1127 1131	構　勾　鈎　呴 購　篝　覯　冓 遘　夠　雊　鴝 姤　逅　詬　觳

（续表）

帝号	名讳	年号	干支	公元	避讳
孝宗	昚（初名伯琮，改名瑗，又名玮）	隆兴（2） 乾道（9） 淳熙（16）	癸未 乙酉 甲午	1163 1165 1174	昚 慎 昚 真
光宗	惇	绍熙（5）	庚戌	1190	惇 敦 焞 錞 鹑 墩 村
宁宗	扩	庆元（6） 嘉泰（4） 开禧（3） 嘉定（17）	乙卯 辛酉 乙丑 戊辰	1195 1201 1205 1208	扩 矿 郭 槨
理宗	昀（初名贵诚）	宝庆（3） 绍定（6） 端平（3） 嘉熙（4） 淳祐（12） 宝祐（6） 开庆（1） 景定（5）	乙酉 戊子 甲午 丁酉 辛丑 癸丑 己未 庚申	1225 1228 1234 1237 1241 1253 1259 1260	昀 匀 驯 昀 巡 筠 诚
度宗	禥	咸淳（10）	乙丑	1265	
恭帝	㬎	德祐（2）	乙亥	1275	
端宗	昰	景炎（3）	丙子五	1276	
帝昺	昺	祥兴（2）	戊寅五	1278	

辽〔耶律氏〕（907—1125）

辽建国于 907 年，国号契丹，916 年始建年号，938 年（一说 947 年）改国号为辽，983 年复称契丹，1066 年仍称辽。

帝号	名讳	年号	干支	公元	避　讳
太祖	阿保机	一（10） 神册（7） 天赞（5） 天显 1 年	丁卯 丙子十二 壬午二 丙戌二	907 916 922 926	
太宗	德光	天显 2—13 年 会同（10） 大同（1）	丁亥十一 戊戌十一 丁未二	927 938 947	光
世宗	阮	天禄（5）	丁未九	947	
穆宗	璟	应历（19）	辛亥九	951	明
景宗	贤	保宁（11） 乾亨（5）	己巳二 己卯十一	969 979	贤
圣宗	隆绪	乾亨 统和（30） 开泰（10） 太平（11）	壬午九 癸未十一 壬子十一 辛酉十一	982 983 1012 1021	
兴宗	宗真	景福（2） 重熙（24）	辛未六 壬申十一	1031 1032	真　镇　慎

（续表）

帝号	名讳	年号	干支	公元	避　讳
道宗	洪基	清宁（10）	乙未八	1055	基
		咸雍（10）	乙巳	1065	
		大康（10）	乙卯	1075	
		大安（10）	乙丑	1085	
		寿昌（7）	乙亥	1095	
天祚帝	延禧	乾统（10）	辛巳二	1101	禧
		天庆（10）	辛卯	1111	
		保大（5）	辛丑	1121	

金〔完颜氏〕（1115—1234）

帝号	名讳	年号	干支	公元	避　讳
太祖	旻（本名阿骨打）	收国（2）	乙未	1115	
		天辅（7）	丁酉	1117	
太宗	晟	天会 1—13 年	癸卯九	1123	
熙宗	亶	天会 13—15 年	乙卯一	1135	
		天眷（3）	戊午	1138	
		皇统（9）	辛酉	1141	
海陵王	亮	天德（5）	己巳十二	1149	
		贞元（4）	癸酉三	1153	
		正隆（6）	丙子二	1156	

（续表）

帝号	名讳	年号	干支	公元	避 讳
世宗	雍	大定（29）	辛巳十	1161	
章宗	璟	明昌（7）	庚戌	1190	
		承安（5）	丙辰十一	1196	
		泰和（8）	辛酉	1201	
卫绍王	永济	大安（3）	己巳	1209	
		崇庆（2）	壬申	1212	
		至宁（1）	癸酉五	1213	
宣宗	珣	贞祐（5）	癸酉八	1213	
		兴定（6）	丁丑九	1217	
		元光（2）	壬午八	1222	
哀宗	守绪	正大（9）	甲申	1224	
		开兴（1）	壬辰	1232	
		天兴（3）	壬辰三	1232	

元〔孛儿只斤氏〕（1206—1368）

蒙古孛儿只斤铁木真于 1206 年建国。1271 年忽必烈定国号为元，1279 年灭南宋。

帝号	名讳	年号	干支	公元	避 讳
太祖	铁木真	（22）	丙寅	1206	
	拖雷	（1）	戊子	1228	

（续表）

帝号	名讳	年号	干支	公元	避讳
太宗	窝阔台	（13）	己丑	1229	
	乃马真后	（5）	壬寅	1242	
定宗	贵由	（3）	丙午七	1246	
	海迷失后	（3）	己酉	1249	
宪宗	蒙哥	（9）	辛亥六	1251	
世祖	忽必烈	中统（5） 至元（31）	庚申五 甲子八	1260 1264	
成宗	铁穆耳	元贞（3） 大德（11）	乙未 丁酉二	1295 1297	
武宗	海山	至大（4）	戊申	1308	
仁宗	爱育黎拔力八达	皇庆（2） 延祐（7）	壬子 甲寅	1312 1314	
英宗	硕德八剌	至治（3）	辛酉	1321	
泰定帝	也孙铁木儿	泰定（5） 政和（1）	甲子 戊辰二	1324 1328	
天顺帝	阿速吉八	天顺（1）	戊辰九	1328	
文宗	图帖睦尔	天历 1—3 年	戊辰九	1328	
明宗	和世㻋	天历 2 年	己巳	1329	
文宗	图帖睦尔	至顺 1—3 年	庚午五	1330	

（续表）

帝号	名讳	年号	干支	公元	避讳
宁宗	懿璘质班	至顺 3 年	壬申十	1332	
顺帝	妥懽帖睦尔	至顺 4 年	癸酉六	1333	
		元统（3）	癸酉十	1333	
		（后）至元（6）	乙亥十一	1335	
		至正（28）	辛巳	1341	

明（1368—1644）

帝号	名讳	年号	干支	公元	避讳
太祖	元璋	洪武（31）	戊申	1368	
惠帝	允炆	建文（4）	己卯	1399	
成祖	棣	永乐（22）	癸未	1403	
仁宗	高炽	洪熙（1）	乙巳	1425	
宣宗	瞻基	宣德（10）	丙午	1426	
英宗	祁镇	正统（14）	丙辰	1436	
代宗	祁钰	景泰（8）	庚午	1450	
英宗	祁镇	天顺（8）	丁丑一	1457	
宪宗	见深	成化（23）	乙酉	1465	
孝宗	祐樘	弘治（18）	戊申	1488	
武宗	厚照	正德（15）	丙寅	1506	

（续表）

帝号	名讳	年号	干支	公元	避讳
世宗	厚熜	嘉靖（64）	壬午	1522	
穆宗	载垕	隆庆（6）	丁卯	1567	
神宗	翊钧	万历（48）	癸酉	1573	钧
光宗	常洛	泰昌（1）	庚申八	1620	常 洛
熹宗	由校	天启（7）	辛酉	1621	校
思宗	由检	崇祯（17）	戊辰	1628	检

清〔爱新觉罗氏〕（1644—1911）

帝号	名讳	年号	干支	公元	避讳
世祖	福临	顺治（18）	甲申	1644	
圣祖	玄烨	康熙（61）	壬寅	1662	玄 炫 弦 率 牵 兹 烨 晔
世宗	胤禛	雍正（13）	癸卯	1723	胤 禛 真 贞
高宗	弘历	乾隆（60）	丙辰	1736	弘 纮 强 历
仁宗	颙琰	嘉庆（25）	丙辰	1796	颙 琰
宣宗	旻宁	道光（30）	辛巳	1821	宁
文宗	奕詝	咸丰（11）	辛亥	1851	詝 佇

（续表）

帝号	名讳	年号	干支	公元	避讳
穆宗	载淳	同治（13）	壬戌	1862	淳 醇
德宗	载湉	光绪（34）	乙亥	1875	湉
	溥仪	宣统（3）	己酉	1909	仪

附二 主要参考引用论著目录

叶德辉:《书林清话》,中华书局 1959 年。

钱基博:《版本通义》,上海商务印书馆 1933 年。

毛春翔:《古书版本常谈》,上海人民出版社 1977 年。

陈国庆:《古籍版本浅说》,中华书局 1964 年。

王欣夫:《文献学讲义》,上海古籍出版社 1986 年。

孙毓修:《中国雕版源流考》,上海商务印书馆 1918 年。

张秀民:《中国印刷术的发明及其影响》,人民出版社 1978 年。

魏隐儒:《中国古籍印刷史》,印刷工业出版社 1984 年。

魏隐儒等:《古籍版本鉴定丛谈》,印刷工业出版社 1984 年。

张舜徽:《中国文献学》,中州书画社 1982 年。

吴枫:《中国古典文献学》,齐鲁书社 1982 年。

来新夏:《古典目录学浅说》,中华书局 1981 年。

北京大学图书馆学系、武汉大学图书馆学系:《图书馆古籍编目》,中华书局 1985 年。

刘国钧:《中国书史简编》,书目文献出版社 1982 年。

陈登原:《古今典籍聚散考》,上海书店 1983 年。

[清]孙庆增:《藏书纪要》,古典文学出版社 1957 年。

[清]叶昌炽:《藏书纪事诗》,古典文学出版社 1958 年。

吴晗：《江浙藏书家史略》，中华书局 1981 年。

邱陵：《古籍装帧艺术简史》，黑龙江人民出版社 1984 年。

潘吉星：《中国造纸技术史稿》，文物出版社 1979 年。

［清］江标：《宋元本书目行格表》，清光绪二十三年江氏刻本。

［清］张惟骧：《历代讳字谱》，清小双寂庵丛书本。

北京图书馆：《中国版刻图录》，文物出版社 1961 年。

潘承弼、顾廷龙：《明代版本图录初编》，上海开明书店 1941 年影印本。

王国维：《五代两宋监本考》，《王国维遗书》，上海书店 1983 年。

王国维：《两浙古刊本考》，《王国维遗书》，上海书店 1983 年。

［明］刘若愚：《内板经书纪略》，民国《松邻丛书》本。

罗振玉：《宋元释藏刊本考》，民国铅印本。

蒋唯心：《金藏雕印始末考》，南京支那内学院 1935 年。

陶湘：《明吴兴闵板书目》，涉园铅印本。

［宋］陈振孙：《直斋书录解题》，《丛书集成初编》本。

张元济：《涉园序跋集录》，古典文学出版社 1957 年。

傅增湘：《藏园群书经眼录》，中华书局 1983 年。

王重民：《中国善本书目提要》，上海古籍出版社 1983 年。

武新立：《明清稀见史籍叙录》，金陵书画社 1983 年。

万曼：《唐集叙录》，中华书局 1980 年。

蒋星煜：《明刊本〈西厢记〉研究》，中国戏剧出版社 1982 年。

吴则虞：《版本通论》，《四川图书馆》1978 年，4 期。

郭松年：《古籍版本与版本学》，《吉林省图书馆学会会刊》1980 年，4 期。

卢中岳：《版本学研究漫议》，《贵图学刊》1982 年，2 期。

顾廷龙：《版本学与图书馆》，《四川图书馆》1978年，11期。

谢国桢：《明清时代版本目录学概述》，《齐鲁学刊》1981年，3期。

黄永年：《版本目录和标点古籍》，《古籍整理研究通讯》1983年，试刊号。

吴则虞：《版本系年要录》，《四川图书馆》1978年，11期。

邵胜定：《版本学有广狭二义论——从版本学的对象说起》，《图书馆杂志》1985年，4期。

严佐之：《版本学没有广狭二义论》，《图书馆杂志》1986年，3期。

黄永年：《册叶制度》，《陕西师范大学学报》1980年，2期。

黄强祺：《古籍牌记简述》，《图书馆杂志》1985年，4期。

何槐昌：《刻工与版本初探》，《图书馆研究与工作》1981年，1期。

蒋元卿：《徽州黄姓刻工考略》，《江淮论坛》1980年，4期。

张秀民：《关于毕升与明代刻印工事迹考略》，《上海图书馆建馆三十周年纪念论文集》，上海图书馆1983年。

李致忠：《"善本"浅论》，《文物》1978年，12期。

刘昌润：《"善本"漫谈》，《古籍论丛》，福建人民出版社1982年。

严佐之：《黄丕烈版本学思想辨析》，《图书馆杂志》1985年，1—2期。

向达：《唐代刻书考》，《中央大学国学图书馆年刊》1928年，1期。

殷洙恒：《唐代四川雕版印刷》，《四川大学学报》21辑。

洪焕椿：《浙江雕版印书杂识》，《浙江文献丛考》，浙江人民出版社 1983 年。

方品光：《浅谈福建古代的刻书》,《福建师范大学学报》1978年，1 期。

刘纬毅：《山西古代刻书考略》,《山西大学学报》1979 年，2 期。

叶万忠：《苏州历史上的刻书和藏书》,《古籍论丛》，福建人民出版社 1982 年。

沈燮元：《明代江苏刻书事业概述》,《学术月刊》1957 年，9 期。

严佐之：《论明代徽州刻书》,《社会科学战线》1986 年，3 期。

徐建：《明代安徽刻书考》,《图书馆工作》1986 年，2 期。

叶树声：《明清徽刻考略》,《图书馆工作》1986 年，1 期。

孔毅：《汲古阁刻书考略》，华东师范大学硕士论文铅印本。

邱健群：《康熙刻本考》，华东师范大学硕士论文铅印本。

金良年：《清代武英殿刻书述略》，华东师范大学硕士论文铅印本。

谢国桢：《从清武英殿版谈到扬州诗局的刻书》,《故宫博物院院刊》1981 年，1 期。

宋效先：《清代版本举要》,《吉林省图书馆学会会刊》1980 年，2 期。

刘志盛：《中国书院刻书述略》,《岳麓书院一千零一十周年纪念文集》第一辑，湖南人民出版社 1986 年。

严佐之：《论书院刻书的历史传统》,《岳麓书院一千零一十周年纪念文集》第一辑，湖南人民出版社 1986 年。

傅振伦：《中国活字印刷术的发明和发展》,《史学月刊》1957年，8 期。

冀淑英：《中国的活字印刷和版画》,《图书馆工作》1957 年，

3 期。

　　张秀民：《元明两代的木活字》,《图书馆》1962 年，1 期。

　　张秀民：《明代的铜活字》,《图书馆》1961 年，4 期。

　　陶宝庆：《明代中期无锡的活字印本》,《图书馆杂志》1985 年，1 期。

　　潘天桢：《明代无锡会通馆印书是锡活字本》,《图书馆工作》1984 年，2 期。

　　［元］王桢：《造活字印书法》,《万有文库》本《农书》附。

　　［清］金简：《钦定武英殿聚珍版程式》, 清乾隆武英殿聚珍版全书。

　　姚海泉：《武英殿聚珍版及其识别问题》,《图书馆工作》1979 年，6 期。

　　燕义权：《铜版和套色印刷的发明与发展》,《中国科学技术发明与科学技术人物论集》, 三联书店 1955 年。

　　程溯洛：《论敦煌、吐鲁蕃发现的蒙元时代古维文木刻活字和雕版印刷品与我国印刷术西传的关系》,《中国科学技术发明与科学技术人物论集》, 三联书店 1955 年。

　　侯恺、冯鹏生：《应县木塔秘藏辽代美术作品的探讨》,《文物》1982 年，6 期。

　　叶启勋：《四库全书目录版本考》,《图书馆学季刊》7—10 卷。

　　王绍曾：《廿四史版本沿革考》,《国专月刊》1935 年，1、2、3 期。

　　杨鉴：《百衲本〈史记〉考略》,《古籍论丛》, 福建人民出版社 1982 年。

　　陈乐素：《袁本与衢本〈郡斋读书志〉》,《上海图书馆建馆三十周年纪念论文集》，上海图书馆 1983 年。

孙猛：《论〈郡斋读书志〉的成书、版本源流及衢、袁二本之优劣》，复旦大学硕士论文铅印本。

毕素娟：《世所仅见的辽版书籍〈蒙求〉》，《文物》1982 年，6 期。

胡道静：《上海图书馆所藏稀见与珍贵古农书对传统农学研究作出的贡献》，《上海图书馆建馆三十周年纪念论文集》，上海图书馆 1983 年。

李致忠：《谈〈筹海图编〉的作者与版本》，《文物》1982 年，6 期。

汪向荣：《关于〈筹海图编〉》，《中日关系史文献论考》，岳麓书社 1985 年。

陈先行：《〈说郛〉再考证》，《中华文史论丛》1982 年，3 期。

马克昌：《略论〈古今图书集成〉》，《古籍论丛》，福建人民出版社 1982 年。

沈文焯：《记近年所见清代学者读书杂记未刊稿》，《古籍论丛》，福建人民出版社 1982 年。

陈左高：《袁昶〈渐西村人日记〉未刊稿》，《古籍论丛》，福建人民出版社 1982 年。

陈左高：《李慈铭〈癸巳琐院旬日记〉未刊稿》，《古籍论丛》，福建人民出版社 1982 年。

［法］伯希和：《俄国收藏之若干汉籍写本》，《图书季刊》1945 年。

阎文儒：《契丹藏和辽代刻经》，《文物》1982 年，6 期。

杨绳信：《论〈碛砂藏〉》，《文物》1984 年，8 期。

童炜：《元代官刻大藏经的发现》，《文物》1984 年，12 期。

周绍良：《明永乐年间内府刊经》，《文物》1985 年，4 期。

李孝友：《浅谈明代刊刻的〈径山藏〉》，《文献》1980 年，2 辑。

徐自强：《〈清藏〉经版小记》，《文献》1980 年，2 辑。

吴文治：《柳宗元集校点后记》，中华书局 1978 年。

孔凡礼：《苏轼诗集前言》，中华书局 1982 年。

胡道静：《天一阁藏书经眼录、嘉业堂抄校本目录序》，华东师范大学出版社 1985 年。

中华大藏经编译局：《中华大藏经（汉文部分）》内容简介，中华书局 1984 年。

后 记

　　从最初接触古籍版本到如今编撰成这本《古籍版本学概论》，时间已经过去十五年了，回想起来，总觉得在同辈的同行中自己是十分幸运的一个。先是进上海图书馆古籍组工作，这座古籍版本的宝库为我提供了难能可贵的学习条件和实践机会，更幸而能从师于著名版本学家顾廷龙、潘景郑先生，时时追随左右，事事得到他们的教诲和传授。这样的机缘是多少向学之士所求之不得的啊！后来我斗胆越级报考研究生，全靠这五六年间打下的基础。在华东师大古籍研究所，又有幸受业于徐震堮、程俊英、叶百丰等著名教授门下，浏览文史，研读经典。毕业后留所工作，专事校理古籍之役，因而对版本问题有了不同于图书馆工作的新体验。继而又被指派为周子美教授的助手。周老在古籍所主讲版本目录学课，深受研究生们欢迎，但为了培养新人，他却把教鞭连同他的宝贵经验一齐移交给我。于是才有了我的自编教材，以及在此基础上修订成功的这本书。乃至最近，顾老、潘老和周老还不顾高龄暑溽，为此书亲笔撰序题名。每念及此，我都会因自己受惠太多、贡献太少而汗颜。

　　为了不辱师命，我尽可能地广泛搜集有关古籍版本的论著和资料，但也深知现存的东西只能借鉴，不能搬用，如果像留声机那样径直收放而无一点己见新意，只会让听者瞌睡，讲者尴尬。所以我原初的讲义，只是针对古籍整理专业特点和需要，以及现有教材的不足，而拟定的十来个专题。如整理校勘古籍皆须先行考订版本源流，比较版本优劣等，以往的论著却都未曾涉及这方面的内容。又如抄、校、稿本是整理古籍常用的版本种类，现有的论述大都介绍过于简略。没想到试讲一过，效果尚可，使我信心倍增。这时，版本学界有同志提出建立科学版本学的意见，其中一些观点正与我不谋而合。由此启发，我便不无异想天开地萌生了把原有讲义扩充成一本科学的版本学专著的念头，并立刻编写和用作教学，结果居然也还不错。于是经所领导和老师们推荐，引来了出版社的约稿。以后，又边教边改，几易其稿，方始形成现在的面目。当初得知书稿有可能出版，真是大喜过望。然而事到临头，却又不禁胆怯起来，担心试用《古籍版本学概论》这个科学名称，是否太不自量力，当然更担心书的名实不能相副，有愧读者。我的唯一企望是它还能起一块垫路石的作用，并热心盼望着新的、真正的、科学的版本学专著早早问世，然后便可以放心地把它放进箱底，仅作历史的纪念而已。

最后，谨向顾廷龙、潘景郑、周子美诸老和华东师范大学出版社编辑部，以及在写作过程中给予我支持和帮助的同志，致以衷心的敬意和谢意！

严佐之

一九八七年七月于上海

再版后记

　　这部小书写于 40 年前，是我初出茅庐、不自量力的稚嫩之作，只因聊胜于无，可解一时缺书之渴，故亦稍稍流行过一阵，还承先师顾廷龙先生寄言勉励，说是"极便初学，外省读者展转求之"。古籍版本学发展至今，自非昔日可比，当年的冷门绝学已一跃而成当下热门显学，尤其是版本鉴定，名家高手纷纷撰述，年轻才隽层出不穷，推陈布新，后出转精。感谢崇文书局把这部已走进历史的小书打捞出来，收入"古典·新知"丛书再版重印。我想这当然主要是历史纪念的意义，或也因其尚存可供借鉴的历史价值，比如拙著《版本的考订》一章的设置和构建。

　　版本研究究竟应该研究些什么，这是个见仁见智的问题，历来如此，迄今犹然。我的观点是"应包括版本形式和内容两方面"，《版本的考订》章的思考和设置即由此而生。初版《后记》曾交代自己之所以有此认知，是源于在华东师大古籍研究所的学习经历和工作经验，懂得"整理校勘古籍皆须先行考订版本源流，比较版本优劣"，"因而对版本问题有了不同于图书馆工作的新体验"。但实际上给我启发和影响的，还有先师顾廷龙先生的版本学说。先生《版本学与图书馆》一文，即对此版本学重要命题，明确表达过自己的观点："什么叫作版本之学？有人把它看得很狭，好象仅仅限于讲究宋板元板一些旧刻。讲究宋元旧刻，固然是版本之学的一项内容。……依我看来，版本的含义实为一种书的各种不同的本子，古今中外的图书，普遍存在这种现象，并不仅仅限于宋、元古籍，在九世纪以前，经过不断的传写，在印刷术发明以后，经过不断的刻印，因而产生了各种不同本子。有了许多不同本子，就出现了文字、印刷、装帧等等各方面的许多差别。研究这些差别并从错综复杂的现象中找出其规律，这就形成了版本之学。所以版本学的内容实在是相当丰富的，如关于图书版本的发生和发展，各个本子的异同优劣，制版和印刷的技术，版本的鉴别，装订的演变以及研究版本学的历史等等，应该可以成为一门专门的科学。"这篇文章发表在1978年《四川图书馆》杂志上，拙著附录《主要参考引用论著目录》曾予著录。读此文时我还在读研，对先生之说，理解尚不能充分，后来有了古籍整理校勘实践，对版本学除须鉴定时代、甄别真伪外，还要研究"各个本子的异同优劣"，有了切身体验，也因而成为后来思考、设置"版本的考订"章的思想资源。

　　给予拙著影响的还有黄永年先生。黄先生精于版本鉴别，坊间流传他看一眼书根便知是何时刻本的"神话"。殊不知黄先生也很重视版本的渊源递嬗和优劣比较。他说："古籍经过多次抄写刻印，流传到今天往往有好几个内容有出入的本子，哪个本子好，哪个本子不好，这些本子之间有什么渊源递嬗关系，就构成一种专门的学问。"认为："从这一角度来研究版本至少应该是和鉴别版本同样重要的事情。对阅读古籍、整理古籍的人来说，这有时候比能鉴别版本更有意义。"提出："版本学应该由两大块来组成：（1）是版本鉴别和版本史，即结合版本的发展演变，弄清楚各个时期、地区以至官刻、家刻、坊刻的特征，以便比较科学地从事鉴别。(2)是版本目录，这不是版本加目录，而是就重要的古籍讲它有过哪些版本，这些版本之间有无渊源递嬗关系。"上述文字出自黄先生《古文献学四讲》中的《版本学》。该书2003年出版，当然不是我写书时所能看到，但那原是他1979年就启用的硕士研究生课程讲义。黄先生80年代初，曾不止一次莅临敝所为研究生讲授版本目录学，我都有幸陪侍听讲，具体讲些什么，今虽记不清楚，但他"版本学应该由两大块来组成"一说，却印象深刻。那时我已着手编写讲义，知道自己的认知与黄先生之说相合，无疑增强了学术自信。这件往事我在2007年撰写的《〈版本通义〉导读》中曾有说及，可以证明现在提出绝非临时起意。

除顾、黄二位先生外，持同样观点或类似说法的版本学者还有不少。然向来著述，总是讲版本鉴别者多，讲版本文字异同优劣者少，恕我孤陋寡闻，所见仅四部著述设有专章讲述。一部是黄先生《版本学》的《版本目录》部分，下分"参考书""研究方法"二节(后出《古籍版本学》改称章)。另一部是1932年出版的钱基博《版本通义》的《读本篇》，专讲重要常用古籍"有哪些版本以及版本的渊源和善否"。还有一部是1993年出版的姚伯岳《中国图书版本学》，其中"古籍版本鉴别的一般方法""版本源流""版本评价""版本目录"数章并有涉及。再有即拙著《古籍版本学概论》第五章《版本的考订》之"版本源流及其考订""版本优劣及其比较"二节。有意思的是，这四部书不仅章节标题各异，研究角度和结构内容也大相径庭。

黄先生以"版本目录"称名此章，是鉴于传世古籍目录中"记版本的简目""讲版本的题跋""书目和题跋合一的藏书志""综合性版本目录"，大多不同程度记录了"古籍有过哪些版本，哪个本子校勘精善，哪个不善，其间有什么渊源递嬗的关系"的信息，掌握熟悉这些版本目录参考书，便可学到并积累这方面知识。只是这块"至少应该是和鉴别版本同样重要的"部分，实际所写却不及全书"百分之三的篇幅"。比照其"版本史和版本鉴别"部分，于"参考书""研究方法"之下，理应还有可讲而未讲的内容。为何可讲而不讲？黄先生坦承是"不得已而为之"，因"我国的古籍实在太多"："在这数以千计的每种书下缕述有过哪些本子，本子之间的关系如何，怕写上三五十万字也未必打得住。所以这本书里讲'版本目录'，只能先告诉大家应该熟悉并时常翻阅查看哪些主要的参考书，同时让大家知道掌握版本目录这套学问的方法，这就用不到说太多的话。至于此书有哪些版本，彼书又有哪些版本，则得照这里开列的方法，由大家逐步通过自学来掌握。"可知是因不能每书缕述，而付诸阙如。其实黄先生并不是要求每种书都需一一缕述，而"是就重要的古籍讲"。他说："真正掌握版本目录这门学问，就要求能做到人家随便提起一部古籍，当场回答出它有哪些版本，而大体上没有遗漏。当然这只是指古籍中比较重要而且常用的，次要的冷僻的谁也不可能统统记得住。达到这个水平，说明你在版本目录上已过了关，甚至可以说够得上个专家。过去的版本目录专家以及真正懂行的藏书家和旧书营业人员，一般都具备这一级的水平。"若就此而言，则非不能为也。钱基博《版本通义·读本篇》就是讲的这个。

　　钱先生治版本偏主校读一途，认为读书毋需刻意追求宋元古旧，但用精善易得者可耳。故其《读本篇》约举"古籍中比较重要而且常用"者，如经部之《十三经》、《四书章句集注》，史部之《二十四史》、《资治通鉴》，子部之周秦诸子，集部之《昭明文选》、《古文辞类纂》，类书之《艺文类聚》、《初学记》、《太平御览》等。并于每书之下备述易得之本、孰优孰劣、渊源递嬗。如云《二十四史》之"汇刻行于世者"，有"明南北监之《二十一史》，毛晋汲古阁之《十七史》，清武英殿之《二十四史》，金陵、淮南、江苏、浙江、湖北五局傥配之《二十四史》"等。又比较各本优劣说："明南监本多存宋监、元路学旧板，其无正德以后修补者，品不亚于宋元。北监校勘未精，讹舛弥甚，且多不知妄改。""汲古开雕，称随遇宋版精本考校，然讹脱不少，反多臆改。其为世最所通行者，莫如武英殿本。至于金陵、江苏、淮南、浙江、湖北五局合刻《二十四史》，其中金陵书局刻《史记》、《汉书》、《后汉书》、《三国志》、《晋书》、《宋书》、《南齐书》、《梁书》、《陈书》、《魏书》、《北齐书》、《周书》、《南史》、《北史》，淮南书局刻《隋书》，浙江书局刻《新唐书》，湖北书局刻《新五代史》，皆依汲古阁本。浙江书局刻《旧唐书》，则依江都岑氏懼盈斋本。而依武英殿本者，仅湖北书局刻《旧五代史》、《明史》，浙江书局刻《宋史》，江苏书局刻《辽》、《金》、《元》三史，六书而已。"复列举各种翻刻、覆刻武英殿本，如同文书局石印本、竹简斋印本、涵芬楼《四部丛刊》景印本等。并指出："武英殿刻虽号精审，而天禄琳琅之珍秘、内阁大库之丛残，史部美不胜收，当日均未及蒐讨。"最后结言《二十四史》，惟张元济涵芬楼影印本《百衲本二十四史》最称精善："其中所得宋本十有五种、元本六种、明本一种，以校殿本，有正文多出数叶者，有史注多出数十条者，其余订讹补阙，不胜枚举，洵足以补殿本之罅漏，而为乙部空前之秘笈矣！"窃以为，若循钱氏之例而扩充之，增多重要常用之书，不限易见易得之本，集约一编，令初学者熟读熟记，假以时日，要想达到黄先生说的"这一级的水平"，应该也不是什么万难之事。

拙著《版本的考订》章是从历史文献和实践经验中，提炼、归纳出一套如何考订版本源流与异同优劣的方法，与《版本目录》、《读本篇》的切入角度和内容结构全然不同。打个不尽恰当的比方：如果说"版本目录"是提供做菜的食材，"读本"是提供已做成的菜，那么"版本的考订"就是提供做菜的方法。我想，对于从事古籍整理的人来说，掌握如何考订版本源流和异同优劣的方法，有时候是比"能做到人家随便提起一部古籍，当场回答出它有哪些版本，而大体上没有遗漏"更有意义。至于姚著又完全是另一种思路和结构。该书提出版本学研究有"版本现象"和"版本鉴别方法"两个方面。"版本现象"指"一书各本在形式、内容方面的特征和差异"，"版本的真伪、优劣、价值大小"等；"版本鉴别方法"则包括"版本鉴定"和"版本源流的考证"。那是把版本形式与内容、版本鉴定与异同优劣混合在一起讲。如其《古籍版本鉴别的一般方法》一章，既讲外观形态鉴别，又讲文字对勘方法；《版本评价》一章，也是"文字内容"与"外观形态"兼述。

倘若我们认同"版本学应该由两大块来组成"的观点，那么拙著设置《版本的考订》一章以对应《版本的鉴定》，似宜有自成其说的合理性，抑或可供借鉴的历史价值。然拙著之局限与稚嫩，也显然肉眼可见，距离现代学科建设的要求，更是相差甚远。故值此再版之际，我仍如40年前所愿："热心盼望着新的、真正的、科学的版本学专著早早问世，然后便可以放心地把它放进箱底，仅作历史的纪念而已。"而此次再版重印，也仅对旧版手民之讹与失校之误，认真核对，一一订正，至于原书的内容结构、观点表述等，即使有觉不妥，也不作任何增损修改，一切保持原貌。我想，这对愿意回顾当代版本学研究发展史的读者来说，应该是一个比较合宜的方式。谨此交代，是为后记。

严佐之
2025 年 3 月 18 日于上海

图书在版编目（CIP）数据

古籍版本学概论 / 严佐之著. -- 武汉：崇文书局，

2025.7. -- ISBN 978-7-5403-7730-4

Ⅰ．G256.22

中国国家版本馆 CIP 数据核字第 20248AE724 号

古籍版本学概论
GUJI BANBENXUE GAILUN

丛　　书　古農·新起

策　　划　李艳丽

责任编辑　王　璇

封面设计　甘淑媛

责任校对　郭晓敏

责任印制　邵雨奇

出版发行　长江出版传媒｜崇文书局

地　　址　武汉市雄楚大街 268 号 C 座 11 层

电　　话　（027）87679712　　邮政编码　430070

印　　刷　湖北恒泰印务有限公司

开　　本　880mm×1230mm　1/32

印　　张　8.375

字　　数　186 千

版　　次　2025 年 7 月第 1 版

印　　次　2025 年 7 月第 1 次印刷

定　　价　89.00 元

（如发现印装质量问题，影响阅读，由本社负责调换）